한·중·일 고대사
16가지 비밀과 진실

고집불통 고대사

다시 쓰기

이준한 지음

주류성

한·중·일 고대사
16가지 비밀과 진실

고집불통 고대사

다시 쓰기

목차

프롤로그 • **7**

제1장 / 한반도에서 발견된 고대 서양인 유골 • **19**

제2장 / 신라 시조 박혁거세의 탄생과 사망 신화의 의미 • **31**

제3장 / 조로아스터교의 장례 흔적인 고인돌과 스톤헨지 • **47**

제4장 / 제왕절개 수술을 통해 태어난 알영부인과 아리랑의 어원 • **87**

제5장 / 선도성모와 서왕모 • **101**

제6장 / 신녀왕과 만파식적 • **115**

제7장 / 서왕모 화상석에 그려진 행렬도의 의미 • **135**

제8장 / 월지국인가, 목지국인가? • **149**

제9장 / 박혁거세의 뿌리 페르시아 아케메네스 왕조 • 161

제10장 / 김알지의 뿌리 석가족(사카 스키타이족) • 173

제11장 / 누란의 미녀와 부리야트 – 코리족 • 189

제12장 / 석가모니와 한민족은 같은 뿌리에서 나왔다 • 205

제13장 / 불국사 다보탑과 지구라트 • 249

제14장 / 낭산 능지탑과 문무대왕 수중릉 • 259

제15장 / 서왕모로 숭배 받은 선도성모 • 273

제16장 / 방사성탄소연대측정법의 문제점과 요하 문명권의 정체 • 287

에필로그 • 325

프롤로그

　2015년 현재 고등학교 2학년이 응시하게 될 2017학년도 대학수학 능력시험부터 한국사가 필수 과목으로 지정되었다. 그 말인즉슨, 지금까지는 굳이 우리나라 국사를 제대로 공부하지 않아도 대학진학이 손쉽게 가능했지만, 앞으로는 국사 공부를 제대로 하지 않으면 좋은 대학에 진학하기가 쉽지 않게 되었다는 이야기다.

　그런데 2015년 현재 고등학교에서 배우는 한국사 책에는 신라의 성립에 대해 "경주 지역의 토착민 집단과 유·이민 집단이 결합해 세운 신라는 초기에는 박, 석, 김의 3성이 교대로 왕위를 차지하였다. 그러나 4세기 후반 내물왕 때부터 김씨가 왕위를 계속 이어가게 되었다."고 간략하게 기록하고 있다.

　즉, 신라 시조인 박혁거세와 그 뒤를 잇는 석탈해의 후손들이 계승한 왕들은 개략적으로 기술한 후 넘어가고 김알지 후손인 내물왕 때부터의 역사를 중심으로 서술한 것인데, 이것은 물론 박혁거세와 석탈해에 대한 탄생신화를 문헌학적으로나 고고학적으로 그 역사적 진실 여부를 밝히기가 어려워서 그랬을 것이라고 짐작이 된다.

하지만 역사학자 이종욱은 그의 책 『민족인가, 국가인가―신라 내물왕 이전 역사에 답이 있다』에서 17대 내물왕 이전의 시기에 신라는 초기 국가를 형성하여 발전하였고, 그 과정을 거쳐 신라의 구조적인 틀을 갖추었다고 주장하고 있다. 여기서 내물왕 이전의 역사라는 것은 박씨와 석씨의 왕조를 의미하는 것이다. 즉, 내물왕은 13대 미추왕을 제외하고는 본격적인 김씨 왕조가 시작되는 시점이기 때문에 이종욱은 신라 김씨 왕조가 아닌 박씨와 석씨 왕조가 신라 역사의 출발점일 뿐만 아니라 나아가 현재 한국·한국인의 정체를 파악하는 출발점이라고 강조한 것이다.

참고로 독자 여러분의 이해를 돕기 위하여 신라 왕조의 지배자 성씨 변천 과정을 살펴보면, 전체 56대 왕 중에서 1대 박혁거세부터 3대 유리왕까지는 박씨이다. 그리고 4대 왕이 최초의 석씨인 석탈해이며, 다시 5대 파사왕부터 8대 아달라왕까지가 박씨이다. 그리고는 8대 아달라왕 사후에 후손이 없다는 이유를 들면서 9대 벌휴왕부터 본격적인 석씨의 시대로 넘어가며, 김씨 왕인 13대 미추왕을 제외하고 16대 흘해왕까지 석씨 왕조가 이어진다. 그 후 17대 내물왕부터 52대 효공왕까지 김씨 왕조가 계속 이어지다가, 느닷없이 53대에 이르러서 후손이 없다던 박씨 왕조 8대 아달라왕의 먼 후손이라는 신덕왕이 등장한다. 그리고 역시 박씨인 54대 경명왕과 55대 경애왕이 왕위를 계승하다가 마지막 56대에는 다시 김씨 후손인 경순왕이 즉위하여 신라 왕조의 문을 닫게 된다.

'한민족 뿌리 찾기'와 '한국 고대사 바로 알기' 대장정에 대하여 독자 여러분들의 흥미를 유발하기 위하여, 필자는 여기에서 일본 야마타이국 신공왕후의 신라 침공 및 소위 임나일본부설과 관련된 앞으로의 사건 전개에 대하여 한 가지 복선을 미리 깔아 두려고 한다. 복선이라는 것이 원래 문학 작품에서 독자가 눈치 채지 못하게 몰래 설치하는 것이기 때문에, 엄밀한 의미로는 복선이라기보다는 오늘날 서로서로 못 잡아먹어서 안달이 난 한일관계가 왜 이렇게 되었는지 그 역사적 근원에 대하여 힌트를 미리 드리자는 것이다.

그것은 다름이 아니라 『삼국유사』에 기록되어 있는, 바위를 타고 일본으로 건너가서 왕이 되었다는 연오랑과 세오녀 설화는 8대 아달라왕 4년(157년) 때의 일이라는 것이다. 그리고 『삼국사기』에는 연오랑·세오녀 부부가 일본으로 건너간 지 1년 후인 아달라왕 5년(158년)에는 왜인이 선물을 들고 찾아왔다(내빙來聘)고 기록되어 있으며, 그로부터 다시 15년 후인 아달라왕 20년(173년)에는 일본 야마타이국 여왕 비미호가 사신을 통해 선물을 보내왔다고 기록되어 있다. 여기서 여왕의 이름인 비미호(卑彌呼 ; '비미'라고 부르다)는 삼한시대 마한 54국에 속해 있는 비미국과 이름이 같아서 묘하게 눈길을 끄는데, 마치 호주에 처음 도착한 뒤 이상하게 생긴 동물이 뛰어다니는 것을 본 탐험가가 원주민에게 그 동물의 이름을 물어봤더니 원주민의 '캥거루(몰라요)'라는 대답이 그 동물의 이름이 되었다는 일화를 연상시킨다.

아달라왕 이전에는 일본 동북 천 리 정도 거리에 있었다는 다파나국 출신인 석탈해왕 시절에만 일본과 서로 사신을 주고받았다(교빙交聘)는 최초의 우호적인 기록이 있으며, 나머지 일본과의 기록은 모두 일본의 침략에 대한 기록만 존재했었다. 그런데 웬 일로 연오랑·세오녀 부부가 일본으로 건너간 아달라왕 시절에만, 그것도 시기적으로도 연오랑·세오녀 부부가 일본으로 건너간 직후에 일본에서 두 번이나 사신이 선물 보따리를 싸들고 찾아 온 것일까? 또한 연오랑·세오녀 부부가 일본으로 건너간 지 8년 후인 아달라왕 12년(165년)에는 아찬 길선이 모반하다 발각되자 사형이 두려워 백제로 도망갔다는 신라 건국 후 처음으로 반란 기록[1]이 등장하는데, 이 모든 기록들의 행간을 살펴보면 아달라왕 당시 신라에는 뭔가 심상치 않은 일들이 벌어지고 있었음에 틀림없다.

그리고 그 후에 아달라왕이 죽자 신라에서는 박씨 왕조의 후손이 끊겼다며 석씨인 9대 벌휴왕을 세움으로써 석씨 왕조로 넘어가게 되는 것이다. 그러다가 느닷없이 53대에 이르러서 후손이 끊겼다던 아달라왕의 먼 후손인 신덕왕이 다시 등장한 것인데, 과연 신라 초기의 박씨 마지막 왕인 아달라왕 시절에 도대체 무슨 일이 벌어졌던 것일까? 그리고 석씨 왕인 9대 벌휴왕 10년(193년)때에는 왜인이 큰 기근으로 먹을 것을 구하러 온 사람이 1000여 명이었다고 기록되어 있어서 석씨 왕조 초기에는 신라와 왜의 관계가 그다지 나쁘지 않았음을 알 수 있다. 그러다가 10대 내해왕 이후부터 서서히 관계가 나빠지기 시작하다가 본격적으로 잦은 침략이 시작된 것은 김씨 왕조가 이어지기 시작되는 17대 내물왕 때부터인 것을 『삼국사기』 기록을 통해서 알 수 있다.

여기에서 우리는 삼국시대 이래 오랫동안 견원지간이었던 한일

---

1. 「백제 본기」에는 개루왕 28년(155년)의 일로 기록되어 있으나, 신라에서 일어난 일이니 「신라 본기」의 기록이 더 정확할 것이며, 사건의 전후 사정을 따져 봐도 연오랑·세오녀 부부가 일본으로 건너간 이후인 아달라왕 12년(165년)이 더 정확할 것으로 판단된다.

관계가 왜 그렇게 되었는지 그 근원에 대한 중요한 단서를 포착할 수 있다. 즉, 연오랑·세오녀 설화가 생긴 이후의 박씨 아달라왕 시절에 일본과 관계가 갑자기 좋아졌으며, 석씨가 왕이 된 9대 벌휴왕 초기에는 좋은 관계가 이어지다가 그 다음의 석씨 왕조인 10대 내해왕과 그 뒤를 잇는 김씨 왕조인 17대 내물왕 때부터 본격적으로 신라와 왜국 간의 갈등이 시작되는 것이다. 이런 일이 일어나게 된 근본적인 이유에 대해서는 후속 연구서에서 다룰 연오랑·세오녀 설화와 돌로 만든 배石舟의 의미, 광개토대왕비에 나타나는 '백잔신라百殘新羅'의 의미, 신공왕후와 일본임나본부설의 정체와 함께 이 연구서의 연작물에서 자세히 다루어 질 것이니 독자 여러분들은 잠시 기다려 주시기 바란다.

다시 앞의 내용으로 되돌아가서 이종욱은 이러한 내물왕 이전의 신라 역사를 쓰다 소키치 등이 발명한 일본 식민사학이 소위 임나일본부설을 지지하기 위해 의도적으로 은폐·말살하였다고 주장했다. 그리고 해방 후에도 지난 60여 년 동안 현대 한국사학의 학문 권력을 장악한 관학파가 내물왕 이전의 역사를 말살·은폐·축소하여 왜곡해 왔다고 강렬한 어조로 비판하면서 이러한 후식민사학자들에 의해 작성된 국사 교과서의 개편 필요성을 역설하고 있다.

그리고 그동안 관학파 역사학자들이 박혁거세를 비롯한 삼국시대 초기 역사는 허구라고 강하게 주장하다가, 나정 유적지 등과 같은 박혁거세 탄생 신화를 증명할 수 있는 유적·유물이 발굴되고, 서울시 송파구에 위치한 풍납토성의 연대 측정 결과로 인하여 삼국시대 초기의 유적지가 과학적으로 증명되자 더 이상 그들의 주장을 강하게 내세우지 않고 오히려 이종욱 교수가 주장했던 내용들을 마치 처음부터 자신의 학설인양 내세우는 경우도 있다고 비난했다.

그러나 박혁거세에 의한 신라 건국을 옹호하는 그마저도 "고조선의 실체를 부정하는 것은 아니지만 단군을 시조로 하는 민족은 없었으며, 고구려는 현재 한국·한국인을 만드는 데 남긴 역사적 유산이 거의 없다"고 주장하면서 신라와 고구려·백제가 별개의 뿌리에서 나온 것으로 인식하고 있다. 그리고 이와 같이 한국 고대사의 주체인 신라·고구려·백제가 서로 다른 뿌리에서 나왔다는 인식은 관학파·비관학파 구분 없이 현재 대부분 역사학자들의 공통된 의견으로 여겨진다.

과연 그러한가? 진실로 단군을 시조로 하는 민족은 없었고, 고구려는 현재의 한국과 한국인을 만드는 데 남긴 역사적 유산이 거의 없었으며, 신라·고구려·백제는 서로 다른 뿌리에서 나온 것이 확실한가?

이러한 질문에 대해 필자는 역사학·고고학·언어학·문학·문화인류학·종교학·신화학·천문학·지질학·생물학·화학·물리학·논리학 등과 같은 다양한 학문분야에서 기존에 이미 밝혀진 자료들과 필자의 적절한 추론 및 분석에 의해 각 분야에서 새롭게 밝혀진 자료들을 결합하여 정확한 해답을 이 연구서 연작물에서 제시할 것이다.

미국 메이저리그에서 가장 가난한 구단 중 하나이며 스타플레이어 하나 없는 꼴찌 팀인 오클랜드 애슬레틱스가 2002년 아메리칸 리그의 최다 연승기록인 20승이라는 위업을 달성한 과정을 그린 마이클 루이스의 『머니볼Moneyball』에는 "프로야구에서는 얼마나 돈을 많이 갖고 있느냐 하는 것보다 얼마나 돈을 잘 쓰느냐가 여전히 더 중요하다"고 기술되어 있다.

2002년 시즌 개막 당시 가장 부유한 구단인 뉴욕 양키스의 팀 총 연봉이 1억 2,600만 달러인 반면 가장 가난한 구단인 오클랜드 애슬

레틱스의 연봉 총액은 양키스의 3분의 1에도 못 미치는 4,000만 달러에 불과했다. 그런 열악한 상황 아래에서도 오클랜드 팀은 기존의 관행적인 선수 평가방식에서 탈피하여 체계적이고 과학적으로 선수들의 역량을 재평가하여 선발하는 방식을 통하여 2002년 3년 연속으로 플레이오프에 진출했으며, 앞에서 소개한 바와 같이 아메리칸 리그의 최다 연승기록이라는 위업까지 달성한 것이었다.

기존 부자 구단들이 펼치는 물량공세를 따라 할 수 없었던 오클랜드의 이러한 창의적이고 실험적인 행보 밑바탕에는 야구에 대한 생각을 바꿔보자는 의지가 깔려 있었으며, 어떻게 구단을 운영하고 경기를 펼치며, 누가 가장 훌륭한 선수이고 왜 그런지에 대한 근본적인 질문을 던진다.

마찬가지로 의사결정이론 및 의사결정시스템을 전공한 경영학자인 필자는 역사 기록이 부족한 우리나라 고대사 연구에서 관련학계의 기존 학자들이 지금껏 관행적으로 해왔던 고정된 관점과 분석틀을 이용하여 자신의 분야에 단순히 얼마나 많은 시간을 투자해서 연구했느냐 하는 것보다는 오히려 보다 통합적인 관점에서 얼마나 창의적인 방법과 분석틀을 이용하여 문제해결에 필요한 자료들에 시간을 집중적으로 투자해서 연구했느냐 하는 것이 더 중요하다는 것을 한·중·일 고대사의 비밀을 밝혀낸 이 연구서를 통해 증명하려 한다.

그리고 이제껏 관행적인 방법론을 답습한 기존학자들과 전혀 다르게 필자만의 새로운 접근방법으로 첫째, 백지 상태에서 처음부터 다시 그림을 그리는 '제로베이스 사고zero-based thinking', 둘째, 명탐정 셜록 홈즈가 문제해결을 위해 즐겨 사용한, 결과에서부터 그 원인을 거꾸로 추적하는 '가추법abduction', 그리고 마지막으로 일정한 형태나 양식 또는 유형을 의미하는 '패턴을 이용한 분석기법pattern analysis'을 혼합해서 적용할 것이다. 그리고 필자가 이 연구를 위해서 왜 이렇게 독특한 방법을 사용했는지에 대한 이유는 이 책의 마지막 장인 16장에서 밝히도록 하겠다.

이러한 독특한 접근방법을 이용하여 이끌어 낸 필자의 연구결과는 현재 학계에서 소수의 학자들만이 단편적으로 필자와 유사한 연구결과를 제시하고 있으며, 소위 고대사 분야의 주류학자들의 학설과는 전혀 다르다. 따라서 본 연구결과는 기존의 고착된 사고의 틀에 사로잡힌 학자들에게는 충격적으로 여겨질 것이며, 이로 인해 필자의 연구결과를 흔쾌히 받아들이지 못할 학자들이 많을 것으로 생각된다. 이러한 필자의 판단은 결코 기존의 전공학자들을 무시하기 위하여 필자 혼자서 억측을 하는 것이 아니라 충분한 근거가 있는 것인데, 이러한 필자의 판단 근거에 대해서는 이 책에서 차차 밝히도록 하겠다.

미국의 과학사학자이자 철학자인 토머스 쿤이 그의 저서 『과학혁명의 구조』에서 제시한 개념인 패러다임은 "어떤 한 시대 사람들의 견해나 사고를 지배하고 있는 이론적 틀이나 개념의 집합체"를 의미한다. 쉽게 풀어서 설명하자면 특정 시대에 가장 많은 사람들에 의해서 지지받는 이론이 패러다임인 것이다. 그런데 보통의 경우 이러한 패러다임은 영원불변의 진리가 아니라 시대에 따라 변하게 되는데, 이러한 변화를 '패러다임의 전환'이라고 한다.

즉, 하나의 패러다임이 나타나면 이 패러다임이 설명하지 못하는 갖가지 문제점들을 해결하기 위해 과학자들은 계속 연구·탐구 활동을 하게 되는데, 이를 '정상과학'이라고 한다. 그리고 정상과학을 통해 일정한 성과가 누적되다 보면 기존의 패러다임은 차츰 부정되고, 경쟁적인 새로운 패러다임이 나타나게 된다. 그러다가 과학혁명이 일어나면서 한 시대를 지배하던 패러다임은 완전히 사라지고, 경쟁관계에 있던 패러다임이 새로운 패러다임으로 자리를 대신하게 된다는 것이 이른바 '패러다임의 전환'의 요지이다.

간단한 예를 들자면, 중세시대까지만 해도 지구가 우주의 중심으로 고정되어 있어서 움직이지 않으며, 지구의 둘레를 달·태양·행성들이 돈다는 우주관인 천동설이 지배적인 패러다임이었다. 그러나 기존의 천동설로서는 설명할 수 없는 관측 현상들이 빈번히 발생하게 되었다. 그리하여 이러한 문제를 제대로 설명하기 위해 16세기 이후 천동설과 반대로 태양의 주위를 지구가 돈다는 지동설이 코페르니쿠스와 갈릴레오 갈릴레이 등에 의해 제시되었다. 그리고 이러한 지동설이 올바른 우주관으로 인정받아 마침내 '패러다임의 전환'이 일어나게 된 것이다.

마찬가지로 이 책에서 기술하는 한국 고대사의 형성주체에 대한 필자의 주장은 특정 지엽적인 부분이 아니라 전반적인 부분에서 기존의 소위 주류이론들을 완전히 뒤집어엎는 새로운 패러다임의 시발점이 될 것이다. 지나친 오만으로 비칠지도 모르는 위험을 무릅쓰고 필자가 감히 이렇게 주장하는 이유는 다음과 같다.

지금껏 단편적으로 필자의 주장과 유사한 연구들이 여러 분야에서 각자 진행되어 왔었던 것은 사실이다. 하지만 그러한 연구결과들이 전체적으로 연결되어 역사적 진실을 명쾌히 설명해주는, 각 분야를 아우르는 통합적인 연구결과는 아직 없었다.

상대성 이론으로 유명한 아인슈타인은 자연에 존재하는 4가지 힘인 만유인력, 전자기력, 약력, 강력을 하나로 묶을 수 있는 통일장 이론을 연구하며 말년을 보냈다. 하지만 끝내 그가 꿈꾸었던 물리학 분야에서의 통일장 이론을 완성하지는 못했었다.

그런데 필자는 신라 시조 박혁거세의 뿌리를 찾는 과정에서 원래의 목적을 뛰어넘어 아인슈타인이 물리학 분야에서 추구했던 통일장 이론처럼 한국 고대사에서 지금껏 해결되지 않았던 여러 주요한 문제들을 하나의 일관된 이론으로 설명할 수 있는 이른바 '한국 역사의 통일장 이론(단순히 이론으로 끝나는 것이 아니라 역사에 실재하는 사실이라고 확신하는)'을 발견하게 되었다.

즉, 단군조선의 실존문제와 단군조선과 부여·신라·가야·고구려·백제와의 관계, 부처와 한민족과의 관계, 고인돌과 옹관(독무덤)의 관계와 그 의미, 고인돌·스톤헨지 등과 같은 전 세계 거석문화의 형성 주체와 시기, 한반도 도처에 존재하는 페르시아 문화의 전파 주체와 시기, 중국이 동북공정론의 근거로 제시하고 있는 홍산 문화를 비롯한 요하 문명의 정체, 일본 천황가와 신라 박씨 왕조의 관계 및 고구려 광개토대왕비문에 나타나는 '백잔신라百殘新羅'의 의미, 일본이 주장하는 임나일본부설의 정체와 같은 것들을 하나의 일관된 이론으로 설명할 수 있는 '고대 한·중·일 역사 분야의 통일장 이론'을 찾아냈으며, 이것을 이 책을 비롯한 앞으로의 연작물에서 하나씩 밝힐 계획이다. 어찌 보면 지나친 오만으로 느껴질 수도 있는 필자의 이런 주장이 절대 과장이 아님을 독자 여러분들은 이 책을 다 읽고 난 후에 아시게 될 것이다.

그리고 이 책을 통하여 지금까지 역사적 진실에 더 가까웠음에도 불구하고 소위 주류이론에 의해 무시당해 왔거나 숨죽여 왔던 비주류이론들이 재조명될 수 있는 새로운 장을 펼침으로써, 한국 고대사에서 새로운 패러다임의 전환이 일어날 수 있는 계기를 마련하고자 한다. 또한 이를 통하여 국내뿐만 아니라 전 세계에 흩어져 있는 한민족들이 자신의 뿌리를 정확히 알 수 있도록 하는 것이 이 책을 발간하는 목적이다.

마지막으로 필자의 이러한 연구 결과에 의하여 지금 현재 학생들이 배우는 한국사 책과 각종 한국사 책의 고대사 부분을 완전히 새롭게 고쳐 써야 한다고 감히 주장한다. 만약 그렇지 않고 2016년에 실시하는 2017학년도 수능시험부터 대학진학을 위하여 필수로 지정된 한국사 시험과 각종 공무원 시험에서 기존의 잘못된 내용으로 고대사 문제가 출제된다면 정답을 오답으로, 그리고 오답을 정답으로 판정하는 일이 생기게 될 것이다. 그리고 필자의 책을 읽고 한국 고대사를 올바로 알게 된 수험생이 오히려 피해를 입는 중차대한 문제가 생기게 될 수도 있다.

계속적으로 원고 수정 작업을 하고 있는 오늘, 2013년도에 치러진 2014학년도 수능시험에서 세계지리 과목의 오류가 있다는 것을 교육부가 인정한 사상 초유의 일이 뉴스에 발표되었다. 마찬가지로 만약 필자의 주장을 무시한 채, 지금까지처럼 잘못된 한국 고대사 문제를 제출해서 피해를 입는 수험생들이 발생하면 이런 일이 재발되지 않는다는 보장이 결코 없을 것이다. 지나간 시험은 이제까지 역사의 진실이 제대로 밝혀지지 않았기 때문에 어쩔 수 없었다할 지라도, 본서에 의해 역사의 진실이 명확히 밝혀진 이상 더 이상 그런 일이 발생해서는 안 될 것이다.

따라서 앞으로 고대사의 여러 문제에 대하여 필자가 주장한 내용과 관련하여 학문적인 검증을 위한 토론과 연구가 여러 학자들에 의해 먼저 이루어져야 할 것이다. 그리고 그 결과로서 역사적 진실에 대한 정확한 합의가 이루어질 때까지 필자의 이 연구서와 앞으로 나올 연작물에서 다룰 내용과 관련이 있는 고대사 문제를 출제해서는 안 된다는 것이 필자의 생각이다.

필자의 이러한 의견에 대한 타당성 여부는 건전한 상식을 가진 독자 여러분들이 이 책을 읽고 난 후에 직접 판단하시기 바란다. 그리고 한국 고대사의 비밀을 밝히는 지적 탐사과정에 필자는 건전한 상식인인 독자 여러분들의 적극적인 참여를 유도할 계획이며, 이를 위해 필요한 단서들은 그때그때 독자 여러분에게 제공하도록 하겠다. 그러니 지금부터 필자와 함께 독자 여러분들도 한국 고대사의 비밀을 밝히는 여행을 떠나가 보도록 하자.

제1장

한반도에서 발견된 고대 서양인 유골

한민족의 뿌리는 과연 어디에서 왔을까?

누구나 한 번쯤은 우주의 근원에 대해 의문을 품어봤듯이, 우리나라 역사에 대해 별다른 관심이 없는 사람들도 한 번쯤은 품어봤음직한 의문일 것이다. 왜냐하면 자신의 근원에 대해 의문을 가지는 것은 너무나도 당연한 인간적인 속성이기 때문이다.

필자의 학창 시절, 미국의 흑인 소설가 알렉스 헤일리는 자신의 조상 쿤타킨테가 노예로 처음 잡혀온 이래 6대에 걸친 모계측 내력을 1976년에 『뿌리』라는 소설로 완성했다. 이 작품은 1977년 퓰리처상 및 미국도서특별상을 받았으며, TV 미니시리즈로 방영되면서 미국은 물론 전 세계에서 선풍적인 인기를 모았는데, 당시 필자도 열심히 본 기억이 있다. 이처럼 동서고금을 막론하고 자신의 근원에 대해 호기심을 가지는 것은 너무나도 당연한 일이다.

그리고 지금까지 수많은 학자들이 우리 한민족의 뿌리와 한·중·일간의 상호관계를 통하여 한반도 고대사의 형성 과정을 밝히기 위해 쉼 없이 연구를 해왔으며, 그 결과 다양한 이론들을 제시해왔다. 그러나 아직까지도 많은 부분들이 베일에 싸여 있으며, 고대사에 대하여 학자들이 밝혀낸 사실도 단일한 이론으로 수렴되지 못하고 서로 상충되거나 갑론을박하는 경우가 허다하다.

　참으로 우연한 기회에 신라 시조 박혁거세의 뿌리에 대하여 연구를 시작한 필자는 이러한 한·중·일 고대사의 비밀들을 하나의 일관된 흐름으로 설명할 수 있는 역사적 사실을 파악하게 되었는데, 지금부터는 그 진행 과정을 독자 여러분과 함께 추적하면서 하나하나 밝히도록 하겠다.

　1961년 가을, 석회암 지대인 충북 제천시 청풍면 황석리에 위치한 고인돌군群 중 한 곳에서 마제석검 1개와 석촉 12개, 그리고 또 하나의 파괴된 고인돌에서 거의 완전한 붉은간토기(홍도)[1]가 마을 청년 유강렬에 의해 발견되어 국립박물관에 제출되었다. 당시 이 지역은 충주댐 건설로 인한 수몰예정지구였는데, 이 제보로 인해 유적들의 상태와 유물 출토 당시의 상황을 자세히 알게 된 국립중앙박물관은 곧 그 지역에 대한 발굴 계획을 세웠다. 그리고 유강렬의 제보는 1962년, 국립중앙박물관에서 전국 최초로 이 지역의 고인돌군을 발굴 조사했을

---

1. 뒤에서 밝히겠지만 붉은간토기(홍도)는 검은간토기(흑도)와 함께 우리나라 고대국가 형성과정을 밝히는 주요 단서가 된다.

그림 1-1. 경주 반월성 전경(남쪽에서 북쪽으로. 출처 : 국립경주문화재연구소)

뿐만 아니라 전국의 고인돌을 조사하는데 실마리를 제공했다.

고인돌들이 분포한 황석리 유적지 부근의 지형을 살펴보면, 그 남쪽으로 남한강이 동쪽에서 서쪽으로 흐르는 반달 모양의 강기슭의 모래층에 위치하고 있었는데, 이 지역의 입지조건은 마치 〈그림 1-1〉과 같이 신라의 수도인 경주 남천이 반월성을 둘러싸고 흐르는 것을 연상시킨다.

또한 〈그림 1-2〉는 황석리 유적의 분포도인데, 동쪽에서 서쪽으로 흐르는 남한강 물줄기의 일부가 오른쪽의 양수장에서부터 황석리 유적을 마치 해자(垓字; 성 주위에 방어 목적으로 둘러 판 인공 연못)처럼 감싸고 흐르는 것을 볼 수 있다. 마찬가지로 필자가 최근에 몇 번이고 반복해서 찾아봤던 경주 남천을 끼고 있는 반월성 역시 성 안쪽으로 해자가 발굴되어 최근에 복원된 바 있다. 이처럼 황석리 유적지의 입지조건과 신라 수도인 경주의 입지조건이 비슷한 것은 단순히 우연의 일치일까? 그리고 혹시라도 이것이 우연의 일치가 아니라 의

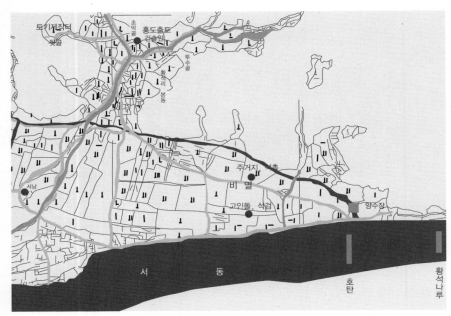

그림 1-2. 황석리 유적의 분포도(출처 : 유금렬, 황석리인)

도된 것이라면 그 이유는 무엇일까?

아무튼 이 황석리 고인돌군이 중요한 이유는 상석 부분이 파괴된 채 흙에 파묻혀있던 13호 고인돌 아래에서 당시 국립박물관 막내 학예사인 이난영이 완전한 사람의 뼈(인골人骨)를 발굴했기 때문이다. 첫 발굴에 소위 대박을 터뜨린 이난영에 의해 발견된 이 인골은 그 후 황석리인이라고 불리게 되며, 곧 세상의 이목을 집중하면서 한민족의 유전적인 형질의 기원을 밝히는데 토대가 되었다. 발굴 당시 발굴단은 서울대 의대(나세진·장신요 박사팀)에 인골분석을 의뢰했는데, 그 결과는 깜짝 놀랄만한 것이었다.

분석팀은 당시 "인골의 신장이 1m74 정도"라면서 "두개골과 쇄골·상완골 등 모든 부위에서 현대 한국인보다 크다"는 결론을 끌어

냈다. 또한 이마·뒤통수의 길이와 귀와 귀 사이의 길이 비율을 나타
내는 "두개장폭지수가 66.3"이라면서 "현대 한국인이 단두형인데 반
해 이 인골은 장두형인 점이 흥미롭다"고 했다. 이것에 대해 고고학
자 김병모는 "두개장폭지수는 한국인의 경우 100대 80~82인데 반해
서양인은 100대 70~73 사이"라면서 "황석리 인골의 지수(66.3)로 보
아 이 인골은 한반도로 이주한 초장두형 북유럽인"이라고 결론을 내
렸다.

또한 얼굴 복원 전문가인 조용진 교수가 이 인골의 두개골을 복원
한 결과도 역시 서양인의 얼굴형과 거의 똑같았는데, 그는 "인골의 왼
쪽 이마가 볼록하고 코가 높으며 얼굴이 좁고 길고, 이가 큰 북방 계
통의 사람일 것"이라고 추정했다. 덧붙여 그는 "황석리 사람과 가장
유사한 사람은 유럽인적 특징을 보이는 서부시베리아형(알타이형)북
방계이며, 같은 북방계라도 동부시베리아형은 위턱이 작고 뒤로 들어
가 있는 등 황석리 사람과는 차이가 있다"라고 밝혔으며, "황석리 사
람처럼 생긴 사람들이 지금도 남한강변인 원주와 충주 지역에 집중적
으로 살고 있다"고 설명했다.

이 인골에 대하여 방사성탄소에 의한 연대측정을 실시한 결과,
2360±370 B. P. 라는 연대가 나왔다. 이것은 다소 전문적인 용어로서
확률 함수에서 모집단의 일부인 표본(샘플)으로 그 모집단의 특징을
추정할 때, 모집단의 대푯값이 들어 있을 수 있는 확률값의 범위를 나
타내는 통계학의 신뢰구간을 적용한 개념이다. 골치 아픈 독자들께서
는 이런 내용들은 그냥 이런 것도 있구나 하고 넘어가도 전체 내용을
파악하는데 아무런 지장이 없으니 그냥 넘어가도록 한다.

아무튼 방사성탄소연대측정법에서 B.P.는 'Before Present'의 약

자로서 이 방법이 발견된 무렵인 1950년을 기준으로 한다. 따라서 2360±370 B.P.라는 측정결과는 이 인골의 주인공이 중심연대인 기원전 410년(1950년에서 2360년을 뺀 연도)에서 1 표준편차인 ±370년을 적용한 값인 기원전 780년에서 기원전 40년 사이에 살았을 확률이 68%라는 의미이다. 그리고 연대측정에 대한 정확도를 높이기 위해 1 표준편차를 늘릴 때마다, 기원전 410년을 기준으로 좌우로 370년씩 증가된 연대 속에 이 인골이 살았던 시점이 존재한다는 것이다.

즉, 2360년을 기준으로 좌우로 2 표준편차인 740년을 ±한 기원전 1150년에서 기원후 330년 사이에서 살았을 확률이 약 95%, 3 표준편차인 1110년을 ±한 기원전 1480년에서 기원후 700년 사이에서 살았을 확률이 약 99.7%의 정확도를 가지게 된다. 결국 어느 정도의 정확도를 요구하느냐가 관건인데, 왜냐하면 100%의 정확도를 요구하게 되면, 결국 인류가 처음 출현한 시점부터 2015년 현재까지 중 어느 시점에 이 인골의 주인공이 살았을 확률이 100%라고 해석되기 때문에 인골에 대한 연대측정이 무의미해지기 때문이다.

그 후 2005년, 강원도 정선군은 아우라지(정선군 북면 여량2리) 일대를 아리랑을 주제로 한 관광단지로 조성한다는 야심찬 계획을 세웠다가, 강변의 충적대지에서 고대 유적지가 발견되는 바람에 그 계획을 포기해야만 했다. 정선읍으로부터 19.4km 거리에 위치한 아

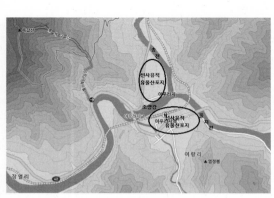

그림 1-3. 정선 아우라지 조사지역 지도

우라지는 산수가 아름다운 여량8경의 한 곳으로 〈그림 1-3〉과 같이 송천과 골지천이 이곳에서 합류되어 한데 어우러진다 하여 '아우라지' 라 불리고 있으며, 아우라지가 위치한 정선 지역은 황석리인이 발견 된 황석리와 마찬가지로 우리나라의 대표적인 석회암 지대 중 하나 이다.

당시 그 지역을 조사한 결과 신석기·청동기·철기·신라 시대 유적 이 층층이 나왔는데, 그 중에서 청동기 초기의 대표적 유물인 덧띠새 김무늬토기(각목돌대문토기)는 국사 교과서에 의하면 중국 요녕, 러 시아 아무르강과 연해주 지역에서 들어온 것이라고 한다. 그리고 고 고학자 최몽룡과 이형구 교수에 의하면 이런 종류의 토기가 발해 연 안에서부터 한반도 신의주 신암리, 평북 세죽리, 평남 공귀리, 강화 황석리·오상리, 서울 미사리, 여주 흔암리, 필자가 살고 있는 경주 충 효동, 진주 남강, 산청 소남리 등지에서 확인된 바가 있다고 한다. 한 마디로 요동반도에서부터 시작해서 한반도 전체에 걸쳐 발견된다는 이야기이다.

그 해 7월 14일 오후, 당시 조사단(강원문화재연구소) 현장책임자 였던 윤석인은 아우라지 유적 한쪽에 있던 고인돌 4기 가운데 한 곳에 서 사람의 두개골과 대퇴부뼈를 발굴했으며, 이듬해 12월에는 고인돌 에서 출토된 사람 뼈가 백인의 것일 가능성이 있다는 유전자 분석 결 과가 나왔다. 즉, 서울대 의대 해부학교실 신동훈 교수가 아우라지 유 적을 발굴 조사한 강원문화재연구소의 의뢰로 인골을 분석한 결과, 키 170cm 정도의 남성으로 영국인과 비슷한 DNA 염기서열이 나타난 것이다. 한반도에서 백인에 가까운 것으로 보이는 인골이 나온 것은 앞에서 소개한 1962년 충북 제천 황석리 13호 고인돌에 이어 두 번째로서, 아우라지 사람에 대해 발굴단은 부장품이 적어 정확한 연대 측정은 어렵지만 인근의 유적·유물들과 비교할 때 기원전 970년 정도로 추정했다.

그리고 황석리와 아우라지는 남한강으로 연결되는 동일생활권으로, 이곳의 유적지 역시 경주 반월성, 충북 제천의 황석리 유적지와 마찬가지로 강으로 둘러싸인 반달 모양인데, 앞에서도 의문을 제시한 것처럼 과연 이것은 우연의 일치일까? 이 의문에 대한 답은 이 연구를 진행해 나감에 따라 밝혀진다.

한편 2010년부터 2011년까지 한국문물연구원은 부산과 거제도 사이에 위치한 부산에서 가장 큰 섬이자 진해만으로 들어가는 해로의 관문인 가덕도에서 고대 유적지에 대한 조사를 실시하였다. 그 결과 신석기 시대 전기의 대규모 무덤 지구(인골 48개체)와 구덩 100여 기, 전기에서 후기까지의 돌무지 유구 90여 기가 발견되었다. 전기의 무덤 지구는 우리나라 최대 규모로 돌무지 유구, 구덩 유구 등이 함께 조성되어 있었으며, 무덤 지구에서는 파손되지 않은 100여 개의 토기를 비롯하여 옥제 드리개, 무늬가 새겨진 골제품, 고래 늑골, 상어 이빨, 흑요석 등이 발굴되었다. 그리고 그로부터 3년 후인 2014년, 중앙대 생명과학과팀(이광호 교수 연구팀)은 1차로 유골 10여 구의 유전자를 분석한 뒤 이들에게서 현대 한국인들에게는 없는 유럽형 유전자를 발견하였다.

인골은 배치상태로 보아 등고선에 평행한 남북방향으로 안치하였고, 머리의 방향은 대체로 북서쪽과 북동쪽이었다. 주검을 처리하는 방식에는 기본적으로 펴묻기와 굽혀묻기(굴신장)가 모두 확인되었는데, 인골 48개체 중에서 매장자세를 확인할 수 없는 17개체를 제외하면, 굽혀묻기 23개체, 펴묻기 8개체로 굽혀묻기가 74%를 차지했다. 우리나라의 신석기 시대 매장방법이 대부분 눕혀펴묻기인데 반해 가덕도 장항유적은 굽혀묻기의 비율이 높은 점이 특징적이었으며, 인골 위를 토기로 덮었고, 주변으로 그릇 3점, 적색 안료 2점이 출토되었다.

2014년 9월 11일, 〈KBS 파노라마〉에서 가덕도 신석기인들이 유럽형 유전자를 가졌다는 사실에 대해 방영한 것을 우연히 알게 된 필자는 방송 며칠 후 방송국 사이트에 접속하여 다시보기로 본 후에 직접 가덕도 장항유적지를 찾았다. 필자가 '한민족 뿌리 찾기'와 '한국 고대사 바로 알기'를 연구하기 시작한 후에 가능하면 해당 유적지를 직접 가보기로 마음먹고 실천하고 있었는데, 그 이유는 책이나 인터넷 상에서 타인의 시각으로 제시한 자료를 보는 것보다는 직접 현장을 들렀을 때 필자만의 시각으로 새로운 것을 찾을 수 있는 경우가 많았기 때문이었다. 그리고 이것은 앞으로 기술할 청도 범곡리 고인돌군이나 화순 고인돌 공원, 의령 상정리 고인돌, 창원 성산동 패총(조개무지), 김해 지역 패총, 망산도 유주암, 울산 반구대 암각화 및 천전리 각석, 포항 칠포리 곤륜산 암각화, 몽촌토성과 서울 석촌동 고분군, 그리고 경주 내의 여러 유적지에서도 마찬가지였다.

필자는 먼저 〈그림 1-4〉의 장항유적지를 둘러보았는데, 기존의 학자들이 기

그림 1-4. 가덕도 장항유적지

그림 1-5. 장항 유적 인근 암벽

원전 6000년 전까지 거슬러 추정하고 있는 신석기 시대 유적과 유적지 너머로 보이는 21세기의 부산 신항만 모습이 교차되어 묘한 기분이 들었다.

그리고 유적지 인근에 위치한 암벽을 보고서는 울산 천전리나 반구대 암각화처럼 고대인들이 그림 그리는 화판으로 사용하기 좋았겠다는 생각이 문득 들었는데, 그 까닭은 가덕도 유적지에서 고래 뼈가 발견되었듯이 반구대 암각화에는 고래사냥 그림이 그려져 있는 공통점이 있었기 때문이었다. 해안도로와 암벽 사이를 흐르는 하천을 사이에 두고 제법 떨어진 거리에서 암벽을 살펴보았기 때문인지 혹은 원래 그림이 없어서였는지는 알 수 없지만, 겉으로 드러난 암벽에서 그림의 형태를 확인할 수는 없었다. 하지만 나무 덩굴로 뒤덮여 있는 암벽 표면을 자세히 조사할 필요는 있을 것 같다는 생각이 들었다.

필자가 장항유적지를 둘러본 후 해안도로를 따라 두문고개를 넘어 찾아간 곳은 다름 아닌 두문마을에 있는 고인돌이었다. 필자가 두문마을에 고인돌이 있다는 것을 알게 된 까닭은, 신석기 시대로 추정된 이 유골이 유럽형이라는 것을 안 뒤에 인터넷에서 가장 먼저 확인해 본 것이 바로 가덕도 내에 고인돌이 있는가 하는 것이었기 때문이다. 그리고 어떤 이유에서인지는 차차 밝히겠지만, 전 세계 고인돌의 절반 가까운 숫자가 우리나라에 분포한다.

두문마을에 도착하여 마을 주민들에게 물어물어 겨우 고인돌의 소재지를 찾았는데, 마을 주민들 대다수가 고인돌이 있는지도 몰랐으며 필자에게 고인돌의 소재지를 가르쳐 준 주민도 고인돌이 아닌

그림 1-6. 가덕도 두문마을 고인돌

데 자꾸만 고인돌이라고 외부에서 찾아온다는 반응이었다. 하지만 필자가 두문마을에 있는 고인돌을 확인해본 결과, 큰 돌 밑에 여러 개의 작은 돌들을 고여 놓은 형태로서 자연적으로 이루어진 것이 아니라 인공적으로 만들어진 형태인 것을 확인할 수 있었다. 원래 고인돌이라는 용어 자체가 큰 돌 밑에 작은 돌들을 고여 놓았다는 의미로 만들어진 것이다. 그리고 이 가덕도 유적에 대하여 기존 연구자들이 방사성탄소연대측정법에 의하여 기원전 6000년 전후라고 밝힌 연대 추정이 잘못되었다고 필자는 판단하는데, 이러한 판단 근거는 방사성탄소연대측정법의 문제점을 과학적으로 밝힌 제16장에서 제시하도록 하겠다.

그러면 왜 이처럼 한반도의 여러 고대 유적지에서 서양인의 유골들이 발견되는지에 대해 독자 여러분들은 의문을 가지게 될 것이다. 그리고 이 서양인 유골들의 정체가 과연 무엇이며, 머나먼 극동 지역에 위치한 한반도에 이 서양인 유골의 주인공들이 무슨 까닭으로 이곳까지 와서 묻히게 된 것인지도 매우 궁금할 것이다.

이러한 독자 여러분들의 궁금증을 해소하기 위해 지금부터 필자는

역사·고고학의 탐정이 되어 독자 여러분들과 함께 이 서양인 유골들의 정체를 밝히는 수사를 진행해나가도록 하겠다. 아무쪼록 독자 여러분들도 필자와 함께 국내외 각지에 흩어져 있는 단서들을 찾아서 지금까지 제대로 밝혀지지 않았던 한·중·일 고대사의 퍼즐 조각들을 차근차근 맞춰봄으로써 이들의 정체와 이역만리 한반도까지 오게 된 그들의 속사정을 알아보도록 하자. 그리고 필자가 제공하는 단서들의 대부분은 결코 어려운 학문적 내용이 아니며, 일반 상식을 가진 사람이라면 쉽게 파악할 수 있는 내용들이니 걱정할 필요가 전혀 없음을 미리 알려드리는 바이다.

제2장

신라 시조 박혁거세의 탄생과
사망 신화의 의미

한국 사람이라면 누구나 한 번쯤은 신라 시조 박혁거세가 알에서 태어났다는 신화를 들어본 적이 있을 것이다. 어린 시절의 흐릿한 기억을 더듬어 보면 필자는 1970년대 당시 초등학교에서 실시했던 〈고전읽기〉 수업을 통하여 알에서 태어났다는 박혁거세의 탄생신화를 읽었던 것 같다. 그리고 그밖에 여러 가지 위인전을 통하여 연작 시리즈에서 다루게 될 주몽이 어린 시절에 잠을 방해하는 파리를 잡기 위해 어머니에게 활을 만들어 달라고 부탁해서 물레에 붙어 있는 파리를 잡았다는 이야기도 읽었던 기억이 있다.

다시 박혁거세의 탄생신화로 되돌아가서, 조류나 파충류가 아닌 사람이 과연 알에서 태어날 수 있을까? 당연히 그렇지 못할 것이다. 그렇다면 박혁거세가 알에서 태어났다는 이 탄생신화의 의미는 과연 무엇일까? 게다가 특이하게도 신라 시조인 박혁거세 외에도 고구려 시조인 고주몽, 가야 시조인 김수로왕, 그리고 신라 4대 왕인 석탈해 역시 알에서 태어났다고 전해져 내려와, 한국 고대사에는 날고 기는 난생신화의 주인공들이 여러 명 존재한다.

이처럼 삼국시대 초기에 등장하는 주요 인물들이 공통적으로 난생신화를 가지는 것은 단순히 우연의 일치일 것인가? 만약 우연이 아니라면 이러한 난생신화가 우리나라 고대사의 주요 인물들에게 공통적으로 나타나는 이유는 과연 무엇일까? 지금부터는 신라 시조 박혁거세의 탄생과 사망 신화에 대한 기존 학자들의 주장에 구애받지 말고, 새롭고 합리적인 시각으로 신화를 재해석해봄으로써 이러한 난생신화가 의미하는 것이 무엇인지 알아보도록 하자.

비교종교학자 조지프 캠벨은 "신화란 다른 누군가의 종교를 부르는 이름이다"라고 말한 바 있고, 북한의 역사학자 리상호는 신화를 바라보는 관점에 대하여 다음과 같이 말한 바 있다.

"그 어떠한 신화나 전설이라도 현실적, 역사적 계기를 초월하여 발생하거나 형성될 수 없으며 존재할 수도 없다. 신화 형성의 물질적 기초는 바로 현실적인 해당 역사이다. 임의의 신화에서 해당 역사적 기초를 인식하고 못하는 문제는 별개 문제다. 그것은 우리의 인식 능력에 속하는 문제다. 과업은 신화나 전설의 기초로 되고 있는 역사적 현실의 정체를 과학적으로 옳게 해명하고 인식하는데 있을 뿐이다."

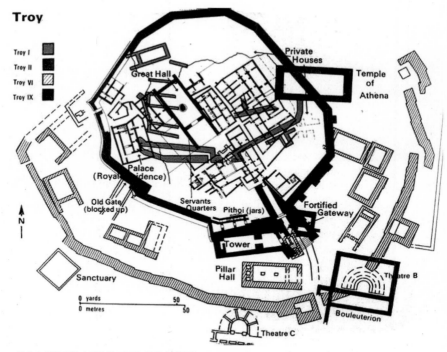

그림 2–1. 하인리히 슐리만의 트로이 유적지도(출처 : Wilhelm Doerpfeld, Troja und Ilion)

    이 두 사람의 언급에서 알 수 있는 것은 신화란 실재하는 역사의 또 다른 이름이라는 것이며, 이러한 신화 속에서 올바른 역사를 파악할 수 있는 것은 그것을 연구하는 연구자의 인식 능력에 달려있다는 것이다. 이것을 몸소 증명한 독일의 하인리히 슐리만은 어린 시절 읽었던 호머의『일리어드』에 심취해 일평생을 트로이 유물 발굴을 위해 준비한 결과, 마침내 트로이 전쟁 유적지를 발굴해냄으로써 호머의 신화를 역사적 사실로 밝혀낸 바 있다. 비록 그가 유적지를 발굴하면서 트로이 전쟁 시기보다 더 깊이 존재했던 다른 층을 트로이 유적이라고 잘못 판단했지만 트로이 유적 발굴이 그의 업적임은 부인할 수 없는 사실이다.

그림 2-2. 나정 유적지 안내 표지

그러면 지금부터는 기존의 학자들이 신화 혹은 설화로 생각하고 넘어갔던 박혁거세의 탄생과 죽음에 대한 기록을 여러 문헌에 근거하여 합리적으로 재해석함으로써 신화로 표현된 역사의 의미를 제대로 밝혀보도록 하겠다. 이를 위해 먼저 『삼국사기』에 기록되어 있는 박혁거세의 탄생과 사망과 관련된 기록을 살펴보면 다음과 같다.[1]

"시조. 성은 박씨이고 이름은 혁거세이다. 전한 효선제 오봉 원년(기원전 57년) 갑자 4월 병진(혹은 정월 15일이라고도 한다)에 왕위에 오르니, 이를 거서간이라 했다. 그때 나이는 13세였으며, 나라 이름을 서나벌이라 했다. 이보다 앞서 조선 유민들이 산곡 사이에 나뉘어 살아 육촌을 이루었다. 첫째는 알천 양산촌, 둘째는 돌산 고허촌, 셋째는 취산 진지촌(간진촌이라 한다), 넷째는 무산 대수촌, 다섯째는 금산 가리촌, 여섯째는 명활산 고야촌이라 하였으니, 이것이 진한 육부가 되었다.

고허촌장 소벌공이 양산 기슭을 바라보니, 나정 옆 수풀 사이에서 말이 무릎을 꿇고 울고 있었다. 이에 가보니 문득 말은 보이지 않고 큰 알이 있었다. 이를 갈라보니 갓난아이가 나왔다. [아이를] 거두어 길렀는데, 나이 10여 세가 되자 재주가 특출하고 숙성하였다. 6부인들은 그 출생이 신이하므로 이를 받들고 존경하였는데, 이때에 이르러 받들어 임금으로 삼은 것이다.

---

1. 출처 : 한국사데이터베이스

진인은 박[호瓠]을 박朴이라 했고 처음에 [혁거세가 태어났던] 큰 알이 박과 같았기 때문에 박으로 성을 삼았다. 거서간은 진[한] 사람들의 말로 왕을 가리킨다."

"61년 봄 3월에 거서간이 세상을 떠나 사릉에 장사지냈다. 담암사의 북쪽에 있다."

다음으로 『삼국유사』에 기록되어 있는 박혁거세의 탄생과 사망과 관련된 기록은 다음과 같다.[2]

"전한 지절 원년 임자(기원전 69년)(고본에 이르기를 건무 원년(25년)이니 건원 3년(기원전 138년)이니 한 것들은 다 잘못이다.) 3월 초하룻날 6부의 조상들이 각각 자제들을 데리고 다 함께 알천 언덕 위에 모여 의논하기를 "우리들이 위로 백성들을 다스릴 만한 임금이 없어 보내 백성들이 모두 방종하여 제멋대로 놀고 있으니 어찌 덕이 있는 사람을 찾아내어 그를 임금으로 삼아 나라를 창건하고 도읍을 정하지 않을 것이랴!' 하였다.

이때에 모두 높은 데 올라가 남쪽을 바라보니 양산 및 나정 곁에 이상한 기운이 번개처럼 땅에 드리우더니 웬 흰 말 한 마리가 무릎을 꿇고 절하는 시늉을 하고 있었다. 조금 있다가 거기를 살펴보니 보랏빛 알 한 개(또는 푸른 빛 큰 알이라고도 한다)가 있고 말은 사람을 보자 울음소리를 길게 뽑으면서 하늘로 올라갔다. 그 알을 쪼개 보니 형용이 단정하고 아름다운 사내아이가 있었다. 놀랍고도 이상하여 아이를 동천(동천사는 사뇌벌 북쪽에

---

2 출처 : 한국사데이터베이스

있다)에서 목욕을 시키매 몸에는 광채가 나고 새와 짐승들이 모조리 춤을 추며 천지가 진동하고 해와 달이 맑게 빛났다. 따라서 이름을 혁거세왕(아마도 향언일 것이다. 혹은 불구내왕이라고도 하니 광명으로써 세상을 다스린다는 말이다.

설명하는 사람이 말하기를 "이는 서술성모가 낳은 것이다. 그러므로 중국 사람의 선도성모를 찬미하는 글에 '어진 인물을 배어 나라를 창건하라'라는 구절이 있으니 이것을 두고 하는 말일 것이다'라고 하였다. 또는 계룡이 상서를 나타내어 알영을 낳았으니, 또한 서술성모의 현신이 아니겠는가!)라고 하고 왕위의 칭호는 거슬한(혹은 거서간이라고도 하니, 이는 그가 처음 입을 열 때에 자신을 일컬어 말하기를 알지 거서간이 크게 일어난다 하였으므로, 그의 말에 따라 이렇게 불렀으니 이로부터 임금의 존칭으로 되었다)이라 하니 당시 사람들이 다투어 축하하여 말하기를 "이제 천자가 이미 이 땅에 내려왔으니 마땅히 덕이 있는 여군을 찾아서 배필을 정해야 하겠다"고 하였다."

"나라를 다스린 지 61년 만에 왕이 하늘로 올라갔는데 이레 뒤에 유해가 땅에 흩어져 떨어졌으며 왕후도 역시 죽었다고 한다. 국인들이 합장을 하려고 했더니 큰 뱀이 나와서 내쫓아 못하게 하므로 5체를 5릉에 각각 장사지내고 역시 이름을 사릉이라고도 하니 담엄사 북쪽 왕릉이 바로 이것이다."

이상에서와 같이 박혁거세의 탄생 및 죽음과 관련하여 백마, 알, 나정, 선도성모(서술성모), 하늘에서 떨어진 조각난 시체, 뱀 등의 단서가 등장한다. 이러한 단서들 중 박혁거세의 탄생에 대한 비밀을 해결하기 위해서는 과연 어떤 단서를 선택해야만 할까? 독자 여러분이라면 어떤 단서를 가지고 추적을 시작하시겠는가? 잠시 시간을 가지고 고민을 해본 후에 다음 내용으로 넘어가시기를 부탁드린다.

그림 2-3. 오릉

필자가 박혁거세의 뿌리에 대한 연구를 시작하면서 처음에 고민한 부분은 바로 지금까지 소개한 박혁거세의 탄생에 대한 여러 역사 기록 중에서 무엇을 단서로 추적을 시작할 것인가였다.

필자가 전공하는 경영학에서는 효과성effectiveness과 효율성efficiency이라는 용어가 자주 등장하는데, 경영학의 대가인 피터 드러커는 효과성을 "올바른 일을 하는 것", 그리고 효율성을 "올바른 방법으로 하는 것"으로 정의하고 있다.[3] 그리고 올바른 일을 하는 효과성과 올바른 방법으로 하는 효율성은 둘 다 중요하겠지만, 둘 중에서 보다 중요한 것은 올바른 일을 하는 효과성이다. 이 개념을 독자 여러분께서 좀 더 쉽게 이해할 수 있도록 평소에 필자가 학생들에게 이 개념에 대해 예시하는 비유를 말씀드리겠다.

경주에 사는 필자가 서울에 갈 때, 방법은 여러 가지가 있을 것이다. KTX를 이용할 수도 있고, 차를 몰고 갈 수도 있고, 버스를 타고 갈 수도 있고, 포항이나 대구에 가서 비행기를 이용할 수도 있다. 혹은 자전거를 타거나, 뛰어서 갈 수도 있을 것이다. 어쩌면 평소에 걷는 것을 좋아하는 필자가 그리 바쁜 일도 없기 때문에 유람 삼아 사

---

3. Efficiency is doing the thing right. Effectiveness is doing the right thing.

부작사부작 걸어갈 수도 있을 것이다. 이 중에서 어떤 방법을 이용하는 것이 비용 대비 가장 좋으냐를 따지는 것이 효율성의 문제이다. 그런데 약속시간도 급하고 해서 가장 효율적으로 판단한 KTX를 타고 가기로 결정했다고 생각해보자.

신경주역으로 간 필자는 때마침 역으로 진입하는 기차에 무심코 올라탔다. 그런데 아뿔싸! 알고 보니 필자는 아무 생각 없이 서울이 아니라 반대로 부산 방향으로 가는 기차를 탄 것이다. 그리고 목적지 방향을 잘못 택했기 때문에, 일 처리 방법으로 가장 효율적이어서 선택한 KTX의 속도가 빠르면 빠를수록 필자가 원래 의도한 목적지(효과성)인 서울과는 더욱 빨리 멀어지게 되는 것이다. 결국 이러한 비유는 어떤 일을 함에 있어서 올바른 방향을 먼저 파악하는 효과성이 그 일을 처리하는 방법의 효율성보다 더 중요하다는 것을 의미한다.

한편, 의사결정자의 모델이론을 정립하여 노벨 경제학상을 수상한 허버트 사이먼은 합리적인 의사결정 과정을 '문제의 인식Intelligence', '문제 해결을 위한 대안 개발Design', 그리고 '최적대안의 선택Choice'이라는 세 가지 단계로 파악하였다. 여기서 가장 먼저 나오는 '문제의 인식' 단계는 주어진 상황에서 문제가 무엇인지를 정확하게 정의하는 단계이다.

우리가 어떤 문제를 제대로 해결하지 못하는 대부분의 경우는, 그 문제가 무엇인지 정확하게 정의되지 않았거나 정의하기 힘들기 때문이다. 따라서 어떤 문제를 해결하기 위해서는 먼저 그 문제가 무엇인지가 정확하게 정의되어져야만 하며, 일단 문제가 정확하게 정의되기만 하면 대부분의 경우 그 문제를 해결하는 해결책들을 찾는 것은 그다지 어렵지 않게 된다. 이것은 마치 병원에서 정확한 병의 원인(혹은 병명)만 파악되면 불치병을 제외하고는 그에 대한 치료가 가능하나, 많은 경우 정확한 병의 원인을 발견하기 힘들어 처방할 때 여러 번의 시행착오를 겪는 것과 비슷하다.

아무튼 필자의 경우 이 문제를 해결하기 위하여 박혁거세의 출생과 관련된 난생신화나 백마의 등장 등은 기존 학자들과 마찬가지로 단순한 비유와 상징으로 파악했었다. 물론 이러한 단서들도 추후의 연구진행 과정에서 유용한 단서가 되었지만, 연구의 첫출발선 상에서 문제해결을 위해서는 신선술을 익히고 중국에서 건너왔다는 선도성모를 핵심단서로 삼을 수밖에 없었다. 왜냐하면 박혁거세가 알에서 태어났다는 것보다는 그래도 신선술을 익히고 한반도로 건너온 선도성모가 낳았다는 것이 더 합리적이고 실현가능한 일이었기 때문이었다.

한편 국어학자 성호경 서강대 교수는 신라 향가인 사뇌가와 페르시아 시가와의 관계를 연구한 논문에서 '박불구내'가 고대 페르시아에서 하늘을 뜻하는 '박bagh'과 아들을 뜻하는 '푸르púr'의 결합어('하늘의 아들'이란 뜻)에서 유래한 것이라고 밝혔다.

이러한 논문을 읽을 즈음에 필자는 이미 상당한 연구를 진행하여 선도성모의 연원이 페르시아와 관련이 있음을 파악하고 있었지만, 추가적인 정보를 얻을 수 있을까 해서 선도성모의 이름인 '사소'나 '파소'라는 단어가 혹시 페르시아어에 있는지 이 연구자에게 메일로 문의를 했었다. 회답 결과 선도성모의 이름에 대한 의미를 파악하지는 못했지만 그 대신 조로아스터교의 경전을 기록한 아베스타어 사전의 인터넷 사이트 주소를 알게 되었다.[4] 그리고 한국 고대사와 관

---

4. http://www.avesta.org/avdict/avdict.htm#dcta

련 있음직한 이런저런 단어들을 검색해봄으로써 아주 유용한 정보들을 얻을 수 있었다.

'사소'나 '파소'라는 단어가 그 사전에 없었던 것이 오히려 전화위복이 된 셈이었다. 만약 그런 단어가 사전에 있었다면 단지 신라의 국가 형성과 관련된 단서 하나를 더 찾는 결과만을 가져왔을 것이다. 하지만 아베스타어 사전에서 다양한 단어들을 찾아봄으로써, 오히려 신라와 부여, 고구려, 백제, 가야와의 관계에 대한 단서와 단군신화에 대한 단서도 찾을 수 있게 된 것이었다. 이러니 인간만사 새옹지마라는 옛말이 하나도 틀림이 없는 것이었다.

그리고 선도성모의 이름인 '파소'와 비슷한 음가를 가진 신라 5대 왕 이름인 '파사婆娑'는 페르시아를 나타내는 한자음인 '파사波斯'와 동일하다. 이것은 비록 한자는 다르지만 페르시아를 표기하기 위해 서로 다른 한자음을 빌려온 것으로서, 중앙아시아 국가인 '소그드Sogd'를 표현하기 위해 '속독束毒' 또는 '속특粟特'이란 다른 한자음을 빌려서 사용하는 것과 같은 이치인 것이다.

그러면 박혁거세 탄생과 사망신화의 의미를 파악하기 위해, 먼저 박혁거세가 탄생하면서 외쳤다는 "알지 거서간이 크게 일어난다"에 대해서 생각해보자. 앞에서 비교종교학자 조지프 캠벨과 북한의 역사학자 리상호가 신화에 대해 언급했듯이, 신화는 구체적인 역사적 정황 속에서 출현한 인간 상상력의 산물이며, 특정한 사실과 관련하여 어떤 의도를 갖고 만들어졌다.

그러므로 『중동 신화』를 저술한 사무엘 헨리 후크가 말한 것처럼 신화에 대한 올바른 첫 번째 물음은 "이것은 사실인가?"가 아니라, "이 신화가 의도하는 바는 무엇인가?"라는 질문이다. 따라서 우리는 박혁거세의 탄생 신화에 대해 그것의 사실 여부를 따져야 하는 것이 아니라, 그 신화가 나타내고자 하는 의미를 살펴봐야 할 것이다. 그렇다면 알에서 나왔다는 박혁거세 탄생 신화의 진정한 의미는 과연 무엇일까?

필자의 연구에 의하면 박혁거세의 탄생 신화에서 등장하는 '알지'는 아베스타어 'azhi'에서 나온 것으로 추정되며, 이것은 '뱀' 또는 '용'을 의미한다. 메소포타미아를 비롯한 세계 각지의 창조 신화에 의하면, 세상은 태초의 대양에 살던 뱀이 낳은 알에서 태어나거나 혹은 태초의 물에서 우주의 알이 생겨났고 그 알에서 뱀이 나왔다고 한다. 다른 신화에 따르면 알은 새가 낳았고, 뱀이 그 알을 깨고 나왔다고도 한다. 여러 민족의 고대 신화에서 뱀은 땅을 대표하는 형상이었고, 알은 뱀의 상징이자 지상에 살고 있는 모든 식물과 동물의 어머니로 여겨지는 대지신의 상징이다.

마찬가지로 뒤에서 박혁거세의 뿌리로 드러나는 아리안족이 그리스 반도로 이주하기 이전에 그곳에 살았던 원주민인 펠라스고이족 신화에서는 태초에 어머니인 에우리노메 여신이 오피온이라는 뱀과 어우러져 우주의 알을 낳는다. 결국 알에서 박혁거세가 나왔으며, 박혁거세의 또 다른 이름인 알지가 뱀을 의미하는 것은 이러한 고대 메소포타미아의 신화에서 유래된 것이다. 또한 이 뱀은 박혁거세의 사후에도 하늘에서 떨어진 5체를 합쳐서 묻으려는 사람들을 방해하기 위하여 나타나기도 했다.

그리고 '뱀' 또는 '용'을 의미하는 아베스타어 'azhi'는 그 파생어로 'azhish'와 'azhîm'이 있다. 독자 여러분들은 이 단어들에서 현재 우리가 널리 사용하고 있는 어떤 단어들이 각각 떠오르지 않는가? 특히 전라도, 경상도 그리고 강원도 출신의 독자라면 쉽게 떠올릴 수 있을 것이다. 필자가 어릴 때 삼촌을 '아재' 혹은 여자들은 '아지야', 숙모를 '아지매'라고 불렀으며, 요즘도 '오촌 당숙'이란 표현보다는 '오촌 아재'라는 표현을 주로 쓴다. 그리고 필자의 고향 야구팬들은 '마산 아재'라는 별명으로 유명한데, 여기서 '아재' 혹은 '아지야'라는 단어는 아베스타어 'azhi'에서 나왔음을 알 수 있다. 그리고 'azhish'는 바로 오늘날 '아저씨'의 어원이었으며, 'azhîm'은 '아주머니'의 전라도 방언인 '아짐'과 경상도와 강원도의 방언인 '아지매'와 연관된 단어로 '아주머니'의 어원이었음을 쉽게 추측할 수 있다.

역사학자 홍윤기에 의하면 매년 11월 23일에 올리는 일본 천황가 황실에서 대대손손 카라카미韓神에게 올리는 축문의 말미에 일본말 'おけ阿知女おおおおけ(오게 아지매 오오오오오게 ; 오소서! 아지매어서 오오오오오소서!)'라고 한다는데, 이때 '아지매'는 단순히 오늘날의 '아주머니' 개념이 아니라, 고대 시대에 여신으로 숭상 받던 그 누군가를 부르는 호칭이었던 것이다.

한편 이와 관련하여 전관수는 『주몽신화의 고대 천문학적 연구』에서 우리말의 사투리이자 비속어인 '간나'라는 단어에 대하여 다음과 같은 주장을 한 바 있는데, 필자의 조사에 의하면 이것 역시 아베스타어와 관련이 있다.

"우리말에 여자를 가리키는 사투리이자 비속어로도 쓰이는 간나(ganna ; 함경, 평안, 경북), 간나이(gannai ; 경북) 등은 모두 옛말 '간나히 gannahae에서 온 말이다. 이 말은 일본으로 건너가서 간나기(gannagiかんなぎ)가 된 것 같은데, 일본말로는 여자 무당을 뜻하는 말로 쓰인다. 남녀를 구별할 때에는 남자 무당, 즉 박수는 오간나기(ogannagiおかんなぎ)라고 하고, 여자 무당은 메간나기(megannagiめかんなぎ)-여기서 메란 딸의 뜻을 가진 무스메(musume むすめ)의 메일 것이다라고 한다. 우리의 옛말 간나히 가 원래 무당의 뜻이 었다는 것을 알 수 있다."

필자가 아베스타어 사전에서 찾아본 결과 우리말에서 여자를 가리 키는 사투리이자 비속어인 '간나'에 해당하는 아베스타어는 'kanyâ'라 는 단어인데, 그 의미는 '숫처녀virgin' 혹은 '처녀maiden'의 의미이다. 결 국 우리말의 '간나'는 아베스타어 'kanyâ'에서 유래했으며, 이것이 일 본으로 건너가서 '간나기'가 된 것임을 알 수 있다.

그밖에 한반도의 지명에 남아 있는 아베스타어의 흔적으로는 다음 과 같은 것들이 있다. 먼저 신라와 경주를 지칭하는 서나벌徐那伐에서 '들판'을 의미하는 우리말 '벌'의 한자음을 제외한 '서나'는 아베스타어 'snâ'에서 나온 것으로 그 의미는 '목욕시키다to bathe'이다. 그리고 이 것은 박혁거세가 태어난 후에 동천에서 목욕시키고 그의 부인 알영을 북천에서 목욕시킨 것에서 유래한 것이다.

마찬가지로 낙동강이 굽이쳐 흐르는 곳에 자리 잡고 있는, 삼한시 대 불사국不斯國이었던 창녕의 옛 지명인 비사벌은 '마을의 수호천사 guardian angel of the village'를 의미하는 아베스타어 'vîsya'에서 유래한 것 이다. 또한 단군신화에서 단군이 최종적으로 도읍으로 정한 아사달 이란 이름에서도 아베스타어의 흔적을 발견할 수 있다. 즉, 신채호는 아사달의 '달'이 산을 의미한다고 했는데, 결국 아사달은 아베스타어 'Asha'와 산을 의미하는 '달'의 합성어인 것이다.

그리고 아베스타어로 'Asha'의 뜻은 '진리·정의·세계의 질서·영원한 법칙truth · righteousness · world order · eternal law' 등을 의미한다. 여기서 'asha'가 '아사'로 발음되는 것은 'vîsya'가 '비사'로 발음되는 것과 같다. 마지막으로 강릉의 옛 지명인 하슬라 역시 아베스타어 'hathra'에서 유래된 것으로, '함께together', '동시에at the same time', 그리고 '연맹united'이라는 의미를 가지고 있다. 그밖에도 한반도 고대사의 비밀을 밝힐 수 있는 아베스타어들이 많이 있는데, 그것들은 각각 해당 내용에서 언급하도록 하겠다.

한편 신화학자 서대석은 『한국 신화의 연구』에서 "박혁거세의 사후에 하늘로 올라갔다가 이레 뒤에 유해가 땅에 흩어져 떨어졌으며, 합장을 하려고 했더니 큰 뱀이 나와서 내쫓아 못하게 하므로 5체를 5릉에 각각 장사지냈다"는 박혁거세가 죽은 뒤 나타난 기이한 행적에 대하여 오시리스 신화에서 죽은 오시리스의 시체를 조각내어 여러 곳에 흩어서 뿌리게 한 것과 유사한 것으로 혁거세의 곡신穀神적 면모를 보여준다고 했다. 그러나 이러한 해석은 그야말로 신화적 해석에 불과하다. 박혁거세의 사후 이적의 실상은 조로아스터교가 국교였던 고대 페르시아 시대부터 1970년대까지 이란에서 행해졌던, 새가 뜯어 먹을 수 있도록 특정한 장소에 시체를 놓아두는 조장鳥葬 풍습을 신화적으로 포장한 표현일 뿐이다.

〈그림 2-4〉는 영암 월송리 송산고분에서 출토된 옹관(독무덤)으로 두 개의 옹관을 서로 맞붙인 것이다. 한반도 각지에서 발견되는 전형적인 옹관 형태인데, 이러한 형태의 옹관이 〈그림 2-5〉와 같이 메소포타미아 남부 칼데아 지역에서 출토된 바 있다.[5]

---

5. 출처 : G. Maspero, History of Egypt, Chaldea, Syria, Babylonia, and Assyria, Vol. 13.

또한 16장에서 살펴보겠지만 선도성모 집단과 관련있는 중국 앙소 문화 유적지 외에 산서·산동 지역의 여러 문화 유적지에서도 옹관이 발굴된 바 있다. 결국 옹관 역시 고대 메소포타미아 문화의 흔적임을 알 수 있는 장면이다. 당시 조로아스터

그림 2-4. 전남 영암 출토 옹관(출처 : 공공누리)

그림 2-5. 메소포타미아 남부 칼데아 지역 출토 옹관

교인들은 뒤에서 자세히 살펴볼 '다크마Dakhma' 혹은 '침묵의 탑Tower of Silence'이라는 장소에 시체를 놓아두고 조장을 한 후에 뼈만 골라서 독으로 만든 옹관에 보관했었다.

　조로아스터교인들이 이처럼 시체를 땅에 묻지 않고 조장 풍습을 따른 이유는 시체를 부정한 것으로 보았기 때문에 시체가 신성한 땅을 오염시키는 것을 방지하기 위한 것이었다. 또한 조로아스터교는 불을 신성시했기 때문에 신성한 불에 부정한 시체가 닿는 것을 피하기 위해 화장에 의한 장례도 이용하지 않았다. 반면에 인도로 건너간 아리안 계통이 화장법을 이용한 것은 불교가 생기고 난 이후의 일로 추정된다. 그리고 지금도 조장을 행하고 있는 티베트에서는 시체를 천장대天葬臺라는 직사각형 모양의 바위에 올려놓고 새들이 먹기 좋게 사지를 절단한다.

　결국 박혁거세의 사후에 하늘로 올라갔다가 이레 뒤에 유해가 땅에 흩어져 떨어졌으며, 흩어진 5체를 수습하여 오릉에 장사지냈다는 기록은 이러한 조장을 하기 위해 시체를 절단하고, 새들이 그 시체를

뜯어 먹었다는 역사적 사실을 신화적으로 표현한 것에 불과하다. 이처럼 우리나라 고대 신화의 뒤에는 이러한 역사적 사실이 숨겨져 있음을 알 수 있는데, 이것은 앞으로 살펴볼 삼국시대의 다른 신화 역시 마찬가지이다.

그리고 이러한 천장대 역할을 하는 것이 아직 한반도 곳곳에 남아 있는데, 독자 여러분들은 다음 장으로 넘어가기 전에 첫 번째 역사 추리문제인 천장대의 정체가 과연 무엇인지 한 번 추측해보시기 바란다. 힌트를 드리자면 시체를 올려놓을 수 있을 정도의 평평한 공간이 되어야 하며, 경주 시내 평지에 많은 고분이 있듯이, 산기슭에서 발견되는 경우도 있지만 평야 지대에서 흔히 볼 수 있다는 것이다. 골치 아프다고 그냥 넘어가지 마시고, 아무쪼록 독자 여러분들의 추리 본능을 마음껏 뽐내보신 후에 페이지를 넘기시기 바란다.

제3장

조로아스터교의 장례 흔적인
고인돌과 스톤헨지

2015년 현재, 고등학교 국사책에는 고인돌과 독무덤(옹관)에 대해 "청동기 시대에 고인돌과 돌널무덤이 만들어졌고, 철기 시대에는 널무덤과 독무덤이 만들어졌다. 고인돌은 제작 과정에서 많은 인력이 필요하였는데, 이를 통해 당시 부족장이나 지도자들의 영향력이 컸음을 짐작할 수 있다"고 기록하고 있다. 고인돌을 청동기 시대의 대표적 유물로 간주하면서 부족장이나 지도자들의 신분과시용으로 파악하고 있는 뉘앙스다.

지금까지 선사 시대 거석문화의 대표적인 상징이었던 고인돌은 출처에 따라 조금씩 차이가 있지만 전 세계에 분포되어 있는 것 중 절반 가까운 숫자가 우리나라에 있는 것으로 알려지고 있다. 이로 인해 우리나라는 고창·화순·강화 지역의 고인돌이 유네스코에서 지정한 세계문화유산에 등재되어 있다. 필자가 학창시절 즐겨 읽었던 박수동

화백의 만화 〈고인돌〉에서는 만화 제목으로 사용했을 만큼 우리나라는 일종의 고인돌 강국인 셈이다.

고인돌은 한자로 지석묘라고 부르기도 한다. 즉, 고임돌(지석支石)로 큰 덮개돌(개석蓋石)을 받쳤다고 하여 붙인 이름이다. 전 세계적으로 분포되어 있는 거석기념물인데, 영어로는 돌멘Dolmen이라고 한다.

필자는 학창 시절 고인돌의 영어 이름을 듣고서는 '돌사람들'이라는 생각을 해 본 적이 있다. 그런데 이 연구를 진행하면서 인터넷에 있는 자료들 중 고인돌의 영어 명칭을 우리말의 '돌멩이'와 연관시키는 것을 본 후에 오히려 그럴 수도 있겠다는 생각이 강하게 들었다. 왜냐하면 뒷부분에서 곧 밝히겠지만, 고인돌의 전파 경로는 남부시베리아 스텝 지역인 파지리크에서 출발하여 중국 내륙, 한반도, 일본과 동남아시아를 거친 뒤에 태평양과 대서양을 건너 유럽으로 건너갔기 때문이다. 따라서 고대 한반도에서 '돌멩이'라고 부르던 것을 유럽으로 건너간 뒤에 그 이름을 그대로 부르다가 'Dolmen'으로 되었다는 주장은 상당히 신뢰할 만한 것으로 여겨진다. 이웃 중국에서는 돌멘을 '책상 모양'의 돌과 같이 생겼다고 하여 '스펑(석붕石棚)'이라 한다.

고인돌의 성격과 기능은 지속적으로 학계의 관심을 받아 왔으나, 지금까지 연구는 공통된 의견을 이끌어내지 못하였다. 또한 해방이후 남북 분단 상황이 만들어지면서 고인돌 연구의 가장 핵심이 되는 고인돌 축조의 중심 연대와 사회의 성격을 규정함에 있어서 북한에서는 고인돌 축조시기를 단군조선시기로 못 박고 있다. 북한에서는 고인돌이 단군조선시대의 대표적인 표지 유물로 여겨지고 있는 것이다. 이것은 남한의 경우도 마찬가지여서 학생들이 배우는 중고등학교 국사책에는 〈그림 3-1〉과 같이 비파형 동검과 탁자식 고인돌의 분포 지역을 고조선 관련 문화 범위로 나타내고 있다. 고인돌이 고조선 관련 문화라는 이 부분에 대해서는 연작물에서 단군신화와 관련해서 다시 살펴보기로 하겠다.

그림 3-1. 고조선 관련 문화 범위(출처 : 고등학교 한국사)

고인돌은 학자에 따라 여러 가지로 분류되지만, 크게 그 모양에 따라 〈그림 3-2〉와 같이 탁자식, 바둑판식, 개석식 고인돌로 분류된다. 탁자식 고인돌은 잘 다듬은 판석 3~4매를 땅 위에 고임돌로 세워 돌방을 만들고 주검을 놓은 뒤 그 위에 덮개돌을 얹은 모습이고, 바둑판식 고인돌은 땅 아래에 판석을 세우거나 깬 돌을 쌓아 무덤방을 만들어 주검을 묻고 땅 위에 고임돌을 낮게 놓은 상태에서 덮개돌을 얹은 모습이다. 바둑판식 고인돌과 비슷하지만 고임돌 없이 덮개돌만 얹은 것이 개석식 고인돌이다.

고인돌의 성격과 기능에 대해 중국사회과학원 고고연구소 출신의 백운상白雲翔에 의하면 다음과 같은 4가지 견해가 존재한다고 한다.

첫째, 종교제사의 기념물이라는 견해이다. 혹은 원시사회의 종교의례가 행해지는 장소로서 태양과 달을 상징한다.

그림 3-2. 고인돌 종류(좌로부터 탁자식, 바둑판식, 개석식, 출처 : 변광현, 고인돌과 거석문화)

둘째, 원시 씨족 사회의 공공활동 장소 혹은 고대부락에서 지도자가 제사를 드리는 장소라는 견해이다.

셋째, 무덤이라는 견해이다. 고인돌에서는 사람의 인골과 부장품이 발견되기에 이러한 관점을 가진 학자들이 많다. 동시에 학자들은 고인돌이 당시 무덤 주인의 신분이 귀족 혹은 씨족 부락의 족장이라는 견해도 있다. 그러나 고인돌이 무덤인 동시에 옛 사람들이 조상을 숭배하고 제사지내던 성지라는 견해도 있으며, 일련의 자연숭배사상도 포함되었다고 주장하는 학자들도 있다. 그리고 고인돌이 무덤이라는 견해를 부정하는 학자도 존재한다.

넷째, 가장 큰 가능성을 가지는 것으로 시신을 안치하는 방 혹은 화장의 장소로 보는 견해로, 먼저 시신을 고인돌 내부에 놓고, 화장을 한 후 상석을 덮는다고 하였다.

지금까지의 조사에 의하면, 중국의 고인돌 분포지역은 남쪽으로는 절강성 서안에서 북쪽으로 길림성 동남부의 동부 연해지대와 길림성·흑룡강성·요녕성으로 대표되는 동북지구이다. 그러나 양자강 남쪽에 위치한 절강성 서안의 고인돌은 적은 수량이 발견되었고, 산동에서도 매우 적게 분포해 있다. 따라서 중국에서 고인돌이 가장 집중된 곳은 동북지구이며 특히 요동반도 남부지구에 가장 밀집되어 있다.

이와 관련하여 백운상은 발해연안 및 그 인접 지역인 요녕, 하북,

천진, 북경, 산동 등의 환발해 지역과 한반도 지역, 그리고 일본의 큐슈 야요이 시대에 등장하는 옹관묘가 시기적으로 비슷하여 그들간의 연관성에 대해서 주목했다. 같은 맥락으로 그는 중국에서 고인돌이 가장 집중된 곳은 동북지구, 특히 요동반도 남부지구에 가장 밀집되어 있으며, 기본적으로 한반도와 일본 큐슈의 남방식 고인돌과 매우 유사하다고 하여, 고인돌과 옹관 분포의 유사성에 대해서 언급한 바 있다. 이것은 마치 한반도의 석관묘계열에 속하는 유적들에서 동검·동경·곡옥의 유물이 같이 나타나듯이, 고인돌과 옹관 역시 세트로 같이 나타나는 일종의 공반共伴 유물임을 보여준다.

이상과 같이 고인돌에 대한 기존 학자들의 의견을 살펴보았는데, 우리나라 곳곳에 널려 있는 고인돌의 축조 연대와 축조 목적에 대한 진실은 과연 무엇일까? 박혁거세의 탄생과 죽음에 대한 앞 장의 설명에서 필자는 조로아스터교의 조장 풍습에 대해서 언급한 바 있다. 그리고 지금도 조장 풍습이 있는 티베트에서는 시체를 '천장대'라는 바위 위에 올려놓고 사지를 절단한다고 했으며, 이란에서는 조장을 한 후에 뼈를 추려서 옹관에 보관한다고 했다. 그리고 고인돌과 옹관은 세트로 나타나는 일종의 공반 유물이라고 했다.

결국 우리가 이제껏 일반적으로 선사시대의 무덤이라고 알아왔던 고인돌은 바로 이 천장대였던 것이다. 백운상은 고인돌의 용도에 대해 가장 가능성이 높은 것으로 시신을 안치하는 방 혹은 화장의 장소로 보는 견해를 제시하였고, 우리나라의 기존 연구자 중 일부도 고인돌에서 별다른 부장품이 나오지 않는 경우가 많아 이 고인돌이 그 자체로 무덤이 아니라 세골장(洗骨葬; 장사를 지내고 일정 기간 뒤에 시신을 다시 옮겨 묻는 일)을 위한 용도일 가능성에 대해 언급한 바 있다.

그들의 생각대로 고인돌은 세골장을 위해 시체를 올려놓은 바위였던 것이며, 그 후에 옹관에다 유골을 수습하여 묻었던 것이다. 그리고 이러한 사실로 미루어 보아 전 세계에 흩어져 있는 고인돌은 직접적으로 조로아스터교를 믿었던 아리안 계통의 흔적으로 추정할 수 있겠다.

지금부터는 고인돌이 조장을 위한 천장대라는 필자의 주장에 대한 구체적인 근거를 제시하겠다. 필자는 처음에 천장대가 '침묵의 탑'이라고 불린다는데 착안해서, 절에서 흔히 볼 수 있는 '탑'이 천장대일 가능성에 대해 생각해봤었다. 하지만 곧 머리를 가로젓고 말았는데, 그 이유는 아무리 생각해봐도 뾰족하게 생긴 탑 위에 시체를 올려두기는 불가능했기 때문이었다. 그 후 한참의 궁리 끝에 결국은 무엇이 천장대인지 밝혀내게 되었는데, 그것이 바로 전 세계에서 한국에 가장 많이 분포하고 있는 고인돌이었던 것이다.

그리고 고인돌에 대하여 필자가 이러한 확신을 가지게 된 근거는 인터넷에서 천장대 자료를 찾다가 지금은 이웃 블로거가 된 분의 블로그[1]에서 발견한 〈그림 3-3〉과 같이 110여 년 전에 티베트에 있는 천장대를 찍은 사진이었다. 그리고 이웃 블로거의 도움으로 이 사진의 소재가 미국 위스콘신 대학교 밀워키 캠퍼스의 디지털 도서관[2]인 것을 찾을 수 있었는데, 이 사진에 나타난 천장대는 개석식 고인돌과 동일함을 알 수 있다. 그리고 〈그림 3-4〉는 3년 전 필자가 들른 아일랜드 풀나브론 고인돌 지역의 고인돌 사진인데, 탁자식 고인돌과 함께 티베트의 천장대와 꼭 닮은 개석식 고인돌을 볼 수 있다.

---

1. http://blog.naver.com/dafuyou
2. https://archive.today/zO7p

필자는 2장에서 조로아스터교의 조장 장례 풍습에 대해서 설명한 바 있다. 그러면 당연히 조장 풍습이 시작된 메소포타미아 지역에서도 고인돌이 발견되어야 할 것이지만, 사실은 그렇지 않다. 그리고 조

그림 3-3. 110년 전 티베트 천장대 사진(위스콘신대학교 밀워키 캠퍼스 소장)

장 풍습이 시작된 메소포타미아 지역에 오히려 고인돌이 없는 이유는 바로 이집트 문명의 유적과는 달리 메소포타미아 문명의 건축물 유적이 오늘날까지 별로 남은 것이 없는 이유이기도 하다. 즉, 메소포타미아 지역은 대부분 허허벌판 사막지대여서 돌을 구하기가 어려웠다. 1991년 걸프전 당시 미군을 중심으로 한 연합군의 이라크 바그다드에 대한 공습 작전명이 '사막의 폭풍'이었음을 떠올려보시면 이해가 쉽게 되실 것이다.

그래서 그들은 건축물을 지을 때 돌 대신 흙으로 벽돌을 구워서 건축자재로 사용하였다. 그런데 이렇게 만든 벽돌 건물은 햇볕에 오래 노출되면 쉽게 부서지고 말며, 이런 까닭으로 메소포타미아 문명의 중심지인 지금의 이라크 지역에는 몇몇 계단식 피라미드인 지구라트

그림 3-4. 풀나브론 고인돌 지역

외에는 이집트의 돌로 만든 피라미드처럼 남아 있는 건축 유물이 드물게 된 것이다. 그리고 그들의 벽돌과 기와를 굽는 기술과 그것을 사용한 문화가 계속 전승되어 한반도에서도 돌을 벽돌처럼 깎아서 만든 수많은 모전석탑과 구운 기와인 와당이 발굴되게 된 것이다.

그러면 그들은 당시에 조장을 위하여 고인돌 대신 무엇을 사용했을까하는 의문이 생긴다. 그것은 바로 '침묵의 탑'이라고 불리는, 조장을 위하여 벽돌로 지어진 공공 장례건축물이었다. 이러한 형태의 침묵의 탑은 후에 7~8세기 무렵 페르시아가 아랍에 의해 정복된 후, 이슬람교도의 종교 박해를 피해 인도로 이주한 조로아스터교도의 후예인 파시교도에 의해 인도에 전파되었다. 다음 〈그림 3-5〉는 침묵의 탑의 내부 구조도이다.

파시교도의 본거지인 인도 뭄바이 지역에 있는 침묵의 탑 구조를 살펴보면 가운데에 구멍이 뚫려 있고, 가운데에 위치한 구멍과 외

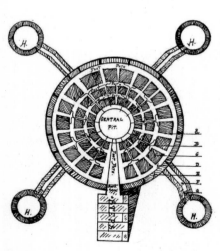

그림 3-5. 침묵의 탑 구조도(출처 : National Geographic, December 1905)

부 벽 사이에 세 개의 동심원 형태를 갖추고 있다. 그리고 이 세 개의 동심원은 안쪽으로부터 차례로 어린이, 여자, 그리고 남자 시체를 눕히는데 사용된다. 그리고 조장이 끝난 잔해는 가운데에 있는 구멍으로 쓸어내는데, 이 구멍 아래는 지하수를 통하여 아라비아해로 연결되어 있다고 한다. 독자 여러분들은 세 개의 동심원 형태로 이루어진 침묵의 탑 구조를 잘 기억해두시기 바

란다.

그렇다면 이들이 조장을 위하여 '침묵의 탑'이 아니라 고인돌을 사용하게 된 것은 언제부터였을까? 이것에 대한 답은 이들이 메소포타미아 지역을 떠나 남부시베

그림 3-6. 알타이 지역 아파나시에보 문화 유적(출처 : The Frozen Tombs of the Altai Mountains Phase 1 2005-2006.)

리아의 스텝 지역인 파지리크 계곡에 거주할 때부터인 것으로 필자는 추측한다. 그리고 이러한 필자의 추측에 대한 근거는 다음과 같다. 〈그림 3-6〉은 남부 시베리아 알타이 지역에 있는 아파나시에보 문화유적인 돌무지인데, 그림을 자세히 보면 바깥으로 크게 돌들이 원 모양을 형성하고 있고 그 내부로도 작은 돌들이 원형 비슷한 형태를 이루고 있음을 알 수 있다. 즉, 침묵의 탑 구조인 세 개의 동심원 구조와 비슷한 것을 알 수 있다.

그리고 〈그림 3-7〉 중앙아시아 아글라흐트이 산 아래의 샤먼 바위 사진을 보면 한 눈에 척 봐도 개석식 고인돌임을 쉽게 알 수 있다. 그밖에도 〈그림 3-8〉과 같이 알타이 지역의 고인돌 위에 사람이 누워 있는 사진 등을 보면 알타이 지역 역시 아직도 고인돌의 흔적이 남아 있는 것을 알 수 있다.

그림 3-7. 아글라흐트이 산 아래 샤먼바위(출처 : 동북아 역사넷)

그림 3-8. 알타이 고인돌(출처 : World Heritage and Climate Change: Lessons From Indigenous Peoples of Altai, Russia)

필자는 신라 박씨가 알타이 지역의 파지리크 계곡에서 생활하던 월지족 출신이라는 사실을 알게 된 후에, 추가 단서를 찾기 위해 파지리크 지역과 관련된 다양한 자료들을 검토했었다. 그러다가 여러 자료에서 〈그림 3-6〉과 같은 돌무지들을 보게 되었는데, 당시는 그 돌무지의 용도가 무엇인지 도무지 상상이 되지 않았다. 그러다가 그 원형 돌무지의 용도를 깨닫게 된 것은, 자료를 찾아 발품을 팔며 돌아다니던 어느 무더운 여름날의 일이었다.

어느 날, 무덤 주위에 십이지신상이 새겨져 있는 흥덕왕릉(경주 안강읍 소재)을 조사하러 갔던 필자는 흥덕왕릉을 둘러본 후, 역시 그 주변에 위치한 『삼국사기』「옥산서원본」이 발견되었던 옥산서원을 둘러봤다. 그리고 나서 집으로 가는 길에 멀리서 보이는 특이한 건물이 눈에 띄어, 찾아가본 곳이 대흥사라는 사찰이었다.

그리고 당시 팔길상문의 기원과 의미에 대해서 동시에 연구하고 있던 필자의 눈에 띈 것은 〈그림 3-9〉와 같이 대흥사 내에 설치되어 있는 법륜과 역시 팔길상문 중

그림 3-9. 대흥사 법륜과 깃자

하나인 만자(卍字; swastika)
였다. 팔길상문에서 '길상결
(吉祥結; Endless Knot)'이
라는 것은 이러한 '卍'자가 여
러 개 연결된 형태를 말한다.
그렇게 사찰을 둘러보고 있
던 필자의 눈에 또 하나 띈

그림 3-10. 대흥사 원형 돌무지

것이 바로 〈그림 3-10〉과 같
이 사찰 바깥에 위치한 돌로 둥글게 둘러싼 돌무지였다. 그 장소를 보
는 순간 그동안 그 용도를 알지 못했던 파지리크 고분 지역에서 자주
발견되는 원형 돌무지들이 생각났다.

필자는 곧 사찰 스님에게 그 장소가 무엇에 사용되는 것인지를 물
어봤다. 그곳은 다름 아닌 사찰 스님들의 다비장소였는데, 이러한 원
형 돌무지를 다비장소로 사용하는 것은 종파에 따라서 다르다고 하
였다. 그동안 정체를 알 수 없었던 파지리크 지역의 둥글게 쌓아 놓은
돌무지들의 정체를 깨닫는 순간이었다. 그리고 그 후 추가적인 조사
를 통하여 이처럼 둥글게 쌓은 돌무지들이 고대 페르시아의 조로아스
터교 장례법에서 기원한 것임을 알아낼 수 있었다. 결국 돌이 귀한 페
르시아 지역에서는 벽돌로 '침묵의 탑'을 만들었고, 돌을 쉽게 구할 수
있는 파지리크 지역에서는 〈그림 3-6〉과 같이 원형으로 돌을 쌓음으
로써 '침묵의 탑'을 대신한 것이었다.

또한 북아일랜드 출신 고고학자 맬로이 교수는 앞에서 소개한 〈그
림 3-6〉과 같이 돌로 둘러싼 아파나시에보 매장방식과 비교된다면
서 타림 분지에 위치한 〈그림 3-11〉과 같이 나무로 만든 동심원 유적

그림 3-11. 타림 분지 동심원 유적(출처 : Bronze Age Languages of the Tarim Basin.)

을 소개한 바 있는데, 이곳은 월지족으로 추정되는 '누란의 미녀' 미라가 발견된 곳이다. 그림에서 알 수 있듯이 이 동심원 유적의 형태는 나무 말뚝을 지면에서 대략 10~20cm 높이로 몇 겹으로 둥글게 박아놓은 형태이다.

뒤에서 자세히 살펴보겠지만 '누란의 미녀'가 발견된 타림 분지 지역은 파지리크 지역에서 거주하던 월지족이 흉노의 공격에 밀려서 이주한 곳인데, 이곳에서는 돌을 구하기가 힘들어서 돌 대신 나무로 동심원 모양의 조장 장례터를 조성한 것으로 추정할 수 있겠다. '누란의 미녀'에 대한 자세한 내용은 DNA 분석 결과와 함께 11장에서 다시 살펴보도록 하겠다.

이상의 연구 결과에서 고인돌은 원래 조로아스터교를 믿는 고대 페르시아 출신인 월지족들이 '침묵의 탑'을 대신하기 위해 파지리크 지역에서 사용한 장례 공간임을 알 수 있다. 그리고 고인돌의 전파 경로에 대해서 앞에서 언급했듯이, 이러한 고인돌은 서역에서는 돌을 구하기 힘들어 잠시 주춤했다가 이들의 중국 내의 이동 경로에 따라 중국 동북부 지역과 한반도, 그리고 일본, 동남아시아, 그리고 머나먼 바다를 건너서 아메리카 대륙과 유럽 지역에 차례로 등장하게 된 것이다.

혹시 독자 중 누군가는 필자의 이런 주장에 대해 고인돌이 천장대 역할을 하는 것은 그렇다손 치더라도 유럽에 있는 고인돌이 페르시아 지역에서 직접 유럽으로 전파되거나, 혹은 파지리크에서 유라시아 대륙의 북방 초원지대를 동서로 횡단하는 초원로를 통하여 직접 유럽으로 전파될 수도 있지 않는가라고 질문을 던질 수도 있을 것이다. 이 질문에 대한 대답으로 먼저 페르시아 지역에서 직접 유럽으로 전파되는 것은 있을 수 없는 일이다. 왜냐하면 앞에서 살펴봤듯이 고인돌 자체가 돌을 쉽게 구할 수 없는 페르시아 지역에서 사용되었던 장례 방법이 아니고 파지리크 지역에서 새롭게 만들어진 장례 방법이기 때문이다.

두 번째로 파지리크 지역에서 초원길을 통하여 유럽으로 고인돌이 전파되었을 가능성을 물론 완전히 배제할 수는 없다. 하지만 앞으로의 연구에서 밝혀지듯이 이들은 어떤 하나의 목적을 가지고 계속 이동하였다. 즉, 중국에서 한반도로, 한반도에서 다시 일본으로, 그리고 일본에서 다시 바다 건너 아메리카 대륙과 유럽으로 끊임없이 이동하였다.

이와 관련하여 임태홍은 한국 고대 건국신화의 구조적 특징에 관한 논문에서 "한국 건국신화는 건국세력이 이동하는 모습이 중요하게 부각되어 있다. 하늘에서 지상으로, 북쪽에서 남쪽으로 강을 건너, 역동적으로 이동하는 모습이 특징적이다."라고 지적한 바 있다. 마찬가지로 고고학자 김병모는 남태평양 폴리네시아인들의 특징은 한 섬에서 정착하는 것이 아니라 섬들 간에 끊임없이 이동하는데 있다고 했다. 비록 그가 거석문화의 이동방향에 대해서는 잘못 판단했지만, 끊임없이 이동하는 특징을 간파한 것은 정확한 역사적 사실이었다.[3]

그리고 그 이동의 결과가 바로 전 세계에 흩어져 있는 다양한 거

---

3. 김병모는 고인돌의 이동방향을 기존 학자들과는 달리 북방이 아니라 남방에서 한반도로 전해졌다고 인과관계를 거꾸로 판단했으나, 고인돌이 난생신화와 관련성이 있음을 밝힌 것은 정확한 것이었다.

석문화로서, 이동 순서대로 나열하면 남부 시베리아 파지리크·중국·한반도·일본·동남아시아·아메리카·유럽 대륙의 고인돌, 미국 일리노이 주 인디언 유적지와 멕시코 마야 문명에서 발견되는 계단식 피라미드, 영국 솔즈베리 평원의 스톤헨지, 심지어 이스터 섬의 모아이 석상 등은 모두 이들의 이동 흔적이었던 것이다. 따라서 파지리크 지역에서 초원로를 통하여 유럽으로 전파된 것이 아니라, 앞에서 열거한 이동경로를 통해 거석문화가 전파된 것이다. 그리고 이러한 필자의 주장에 대한 추가적인 근거는 뒤에서 살펴볼 고인돌의 양식 변화를 통해서도 알 수 있다.

이 책에서는 필자의 이런 주장을 뒷받침할 수 있도록 먼저 영국 솔즈베리 평원에서 발견된 스톤헨지와 고인돌의 관계에 대해서만 살펴보도록 하자. 필자가 고인돌의 정체를 파악하고 난 뒤로도 가능하면 가까운 곳에 위치한 더 많은 고인돌들을 찾아 다녔다. 그렇게 한 이유는 어쩌면 너무나 당연한 이야기겠지만 한 권의 책을 더 볼 때마다, 그리고 하나의 유적지를 더 찾을 때마다 새로운 단서나 필자의 연구 내용을 뒷받침해주는 추가적인 단서를 찾는 경우가 많았기 때문이다.

어느 날, 평소 필자의 연구에 대하여 자주 이런저런 이야기들을 주고받던 학과 동료인 윤상환 교수와 함께 당시 진행되고 있는 연구 내용과 관련하여 이야기를 나누다가 고인돌 이야기가 나왔다. 여담이지만 윤상환 교수는 학부부터 석·박사를 모두 일본에서 마친 일본통이어서 앞으로 필자가 일본으로 건너간 우리 조상의 흔적을 찾는 연구를 같이 하자는 이야기를 나눈 적이 있는데, 하루빨리 그런 날이 오기를 희망한다.

그런데 윤교수는 필자에게 청도에 고인돌이 많다는 정보를 알려

줬다. 몇 년 전에는 필자도
학교 일로 자주 청도를 왕래
했음에도 불구하고 그런 사
실을 몰랐던 터라, 치료를 받
기 위해 1~2주에 한 번씩 가
는 대구 방문길에 청도를 들
렀었다. 처음 경주에서 대구
로 가는 길에 들른 곳은 청도

그림 3-12. 범곡리 지석묘군 안내 표지

천 주변에 위치한 새마을 공원에 있는 고인돌이었는데 그때는 둘러본
후에도 별다른 새로운 정보를 얻지 못했다. 치료 시간을 놓칠 수 없었
기 때문에 일단 대구로 가서 볼 일을 본 후 돌아오는 길에 다시 방문
한 곳이 범곡리 지석묘군이었다. 이곳은 가운데에 나 있는 도로를 경
계로 동쪽과 서쪽에 30여 기의 고인돌들이 흩어져 있었다. 이쪽저쪽
을 돌아다니면서 사진을 찍고 고인돌 위에 올라가서 혹시라도 돌에
새겨진 구멍인 성혈性穴이 있는지도 조사했다.

  그러다가 그 옆에 세워져 있는 지석묘군에 대한 〈그림 3-12〉의 안
내표지에서 눈에 번쩍 띄는 글귀를 발견하게 되었는데, 그 내용은 다
음과 같다.

  "범곡리 지석묘군은 청도천 유역에서도 지석묘가 가장 많은 34기가 밀
  집 분포하는 유적지이다. 이 지역에는 80m 간격을 두고 동쪽으로 22기, 서
  쪽으로 12기의 지석묘가 남동-북서 방향으로 열을 지어 위치해 있다."

  위의 내용 중 필자의 눈을 끌었던 내용이 무엇인지 혹시 짐작이 가

시는가? 필자의 눈을 끈 대목은 다름 아닌 이 지석묘들이 남동쪽에서 북서 방향으로 열을 지어 위치해 있다는 부분이었다. 그리고 이 방향은 바로 우리나라의 일출 방향으로, 건축학자 송민구 성균관대 교수에 의하면 첨성대를 비롯하여 신라 조영물의 상당수가 동남동 30도 각도의 일출 방향을 향하고 있다고 한다. 또한 조경학자인 정기호 성균관대 교수도 1991년 그의 논문에서 일출 방향을 향해 나 있는 석굴암과 선덕여왕릉이 첨성대의 동지일출선 축과 일치하며 선도산에서 비롯된 동서 위도선과 동지일출선이 교차하는 지점에 첨성대가 있다고 하였다.

다만 범곡리 지석묘군의 표지에는 '남동—북서' 방향이라고 되어 있어서, 동지일출 방향인 동남동 방향과는 다소 차이가 있다. 이것에 대해서는 범곡리 지석묘군의 방위를 정확하게 다시 측정해보든지, 혹은 경주와 청도의 위치가 다르기 때문에 다소 일출 방향의 차이가 생긴 것인지에 대해서 보다 자세한 조사를 해봐야 할 것이다.

그리고 이 안내 표지를 보기 전에 필자는 자료 수집 과정에서 솔즈베리의 스톤헨지도 하지의 일출 방향과 관련이 있다는 내용을 본 적이 있었기 때문에 쉽게 고인돌과 스톤헨지의 연관성을 떠올릴 수가 있었던 것이다. 그동안은 화순 고인돌 유적지를 제외하고는 이처럼 여러 개의 고인돌이 한 장소에 모여 있는 것을 본 적이 없었기 때문에 고인돌의 배치 구도에 대해서는 전혀 생각하지 못했었는데, 범곡리에 있는 고인돌군에서 생각지도 못한 의외의 수확을 거두게 된 것이었다.

같은 맥락으로 잉카 문명에서는 4개의 도로로 나누어지는 4개 구역이 있는데, 학자들은 이것들이 위치한 방향 역시 12월 하지의 일출

과 일몰, 그리고 6월 동지의
일출과 일몰과 관계가 있는
것으로 추측하고 있다.

그 이름이 색슨어의
Stanhengest 즉, '매달린 돌'
에서 유래한 〈그림 3-13〉 스

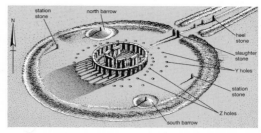

그림 3-13. 스톤헨지의 구조(출처 : 브리태니커 백과사전)

톤헨지의 구조를 살펴보면 직경이 141m나 되는 원을 바깥 테두리로
하는 삼중의 원형 구조로 이루어져 있으며, 그 중앙부에는 이중의 원
형 위에 입석이 배치되어 있다. 이러한 삼중의 원형 구조는 바로 앞에
서 우리가 살펴보았던 '침묵의 탑'의 세 개의 동심원 구조와 일치한다.
그리고 지름이 약 32m에 달하는 바깥의 원은 〈그림 3-14〉와 같이 본
래 30개(현재 16개)의 입석 위에 대들보가 올려져 있다. 그리고 내부
에도 두 개의 돌기둥 위에 돌이 얹혀 있는 데, 실물을 보지 못하고 단
지 그림을 통해서 파악하기 때문에 정확히 알 수는 없지만 필자에게
는 일종의 탁자식 고인돌 형태처럼 느껴진다. 그리고 하지의 일출 방
향으로는 우리나라에서도 고인돌과 함께 흔히 볼 수 있는 선돌이 서
있다.

그림 3-14. 스톤헨지

그리고 지금까지 남아 있는 스톤헨지에 관한 기록 가운데 가장 오래된 것은 8세기에 웨일스 출신의 역사가 네니우스가 쓴『영국사』인데, 네니우스는 이 책에서 스톤헨지에 대해 멀린이라는 마술사가 초능력을 써서 아일랜드에서 이곳으로 옮겨 왔다고 기록하고 있다고 한다. 이 기록에서 눈여겨 볼 것은 유럽 대륙에 가까운 영국에서 대서양에 가까운 아일랜드로 옮겨간 것이 아니라 거꾸로 아일랜드에서 영국으로 옮겨 왔다는 대목이다. 이후 켈트족의 사제인 드루이드족은 스톤헨지가 자신의 조상이 만든 유적이라고 주장했는데, 켈트족 역시 아리안족의 한 분파이다.

결국 이러한 내용들을 종합해보면 중앙아시아 혹은 파지리크 지역에 위치해 있던 아리안족이 유럽을 통하여 아일랜드로 건너간 것이 아니라 반대로 한반도에서 일본을 거쳐 아메리카 대륙으로 건너갔고, 그곳에서 대서양을 건너 먼저 아일랜드에 도착한 뒤에 고인돌을 세우고 계속해서 영국으로 건너가서 스톤헨지를 만들었다는 필자의 추측이 힘을 받게 되는 것이다.

여기서 한 가지 확실히 해 둘 것은 유럽에 진출한 모든 아리안 계통이 필자가 생각하는 시기에 태평양과 대서양을 건너갔다는 의미는 아니라는 것이다. 즉, 월지족들이 아직 파지리크에서 거주하고 있을 때, 이미 일부 아리안 계통인 켈트족이 유럽에서 활동을 하고 있었다. 하지만 당시의 켈트족들은 필자의 추정에 따르면 고인돌을 사용하지 않았을 것이다. 필자가 그렇게 추정하는 이유는 다음과 같다.

앞에서 아일랜드 풀나브론 고인돌 지역에 있는 탁자식과 개석식 두 가지 고인돌 사진을 보여준 적이 있는데, 파지리크 지역의 고인돌과 월지족으로부터 조장의 풍습을 전승받은 것으로 추정되는 티베트의 천장대가 개석식 고인돌이고 탁자식과 바둑판식이 발견되지 않는 것을 보면 아마도 개석식이 가장 먼저 생긴 고인돌 형태이며, 탁자식과 바둑판식은 그 후에 변형된 형태인 것으로 추정할 수 있다. 즉, 처음에는 단순히 시체를 올려놓기 위한 천장대 용도로만 개석식 고인돌이 사용되었다가, 나중에는 탁자식과 바둑판식 고인돌 밑에 옹관까지 보관하는 천장대와 무덤 겸용으로 발전했을 가능성이 높다.

상식적으로 생각해봐도 단순한 것과 복잡한 것 중 먼저 생긴 것은 단순한 것이며, 그것을 바탕으로 복잡한 것으로 진화·발전되는 것이 일반적이다. 똑같은 원리가 7장에서 다룰 만파식적 이야기의 기원에서도 적용된다. 아무튼 이런 까닭으로 아일랜드에서 발견되는 고인돌은 고인돌의 초기 형태가 아니라 후기 형태라는 것이 필자의 생각이며, 원래부터 유럽에 진출했던 켈트족이 만든 것이 아니라 한반도를 거쳐 태평양과 대서양을 건너간 우리 조상들의 작품이라는 것이다. 삼중의 동심원 내부에 탁자식 고인돌의 형태를 띠고 있는 스톤헨지 역시 마찬가지인 것이다.

이것이 앞에서 필자가 고인돌이 파지리크에서 초원로를 거쳐 유럽으로 직접 전파된 것이 아니라, 중국과 한반도, 일본, 태평양과 대서양을 건너 유럽에 전파되었다고 추측한 이유이다. 즉, 파지리크에서 초원로를 거쳐 유럽으로 직접 전파되었다면 그 고인돌의 형태는 오늘날 티베트에서 볼 수 있는 것 같이 개석식 고인돌뿐이어야 하지만, 한반도를 거치는 과정에서 개석식에서 탁자식으로 발전했기 때문에 유럽에서도 탁자식 고인돌이 발견되는 것이다.

스톤헨지와 관련하여 한 가지 더 언급할 것은 파지리크 고분이 위치한 러시아 스텝 지역 아르카임에서 발견된 스톤헨지 유적이다. (이

유적은 2010년 9월 26일 방송된 MBC 〈신기한 TV 서프라이즈〉에서 '러시안 스톤헨지'라는 주제로 소개되었다.) 파지리크 고분 지역이 위치한 러시아 스텝 지역에서 발견된 것으로 보아 이 유적 역시 월지족과 관계가 있는 것으로 추정된다.

고인돌과 관련하여 마지막으로 생각해볼 부분은 바로 고인돌과 별자리의 관련성에 대한 것이다. 앞에서 고인돌 위에 별자리 형태의 성혈이 새겨져 있는 경우가 많다고 했는데, 특히 북한 학자들은 대체적으로 이 성혈을 별자리라고 단정하는 분위기다. 그리고 고인돌에 새겨져 있는 별자리들을 근거로 메소포타미아 문명보다 더 이른 시기의 한반도에 세계 최초로 별자리 문화가 있었다고 흥분하는 북한 학자도 있었다.

또한 한반도 곳곳에서 칠성마을이나 칠성바위라는 명칭이 등장하는데, 이것은 주로 고인돌이 북두칠성 형태로 배치되어 있는 것에 근거한 것이다. 필자가 얼마 전에 다녀 온 의령 상정리 고인돌도 7개의 고인돌이 논바닥과 도로 옆에 흩어져 있었으며, 표지판의 설명에 의하면 예전에는 '내칠성'이라고 해서 마을 안에도 또 다른 고인돌이 있었다고 한다. 그리고 상정리 고인돌 중 논바닥에 위치한 두 개의 고인돌은 〈그림 3-15〉와 같이 특이하게도 돌 축대로 둘러싼 곳 위에 위치하고 있어서 마치 서낭당 위에 고인돌을 설치한 것처럼 보였다.

그림 3-15. 의령 상정리 고인돌

그리고 이 고인돌이 위치한 상정리 마을은 남강이 굽이도는 곳 뒤쪽에 위치하고 있어서 이 마을도 황석리 고인돌이 발견된 반달 모양 지형과 유사한 것처럼 느껴졌다.

알다시피 별자리 문화는 메소포타미아에서 처음 만들어진 것이며, 전 세계적으로 메소포타미아 지역과 중국에서 별자리 문화가 형성되어 있다. 그런데 북두칠성은 메소포타미아 지역 별자리 중 큰곰자리에 해당하는 것이다. 자, 그러면 생각을 해보자. 아무런 문화의 전파가 이루어지지 않은 상태에서, 몇 만 리 떨어진 두 지역에 거주하던 고대 사람들이 무수히 반짝이는 밤하늘의 별들 중에서 단 몇 개의 별을 선택해서 동일한 별자리(예를 들면 북두칠성)를 만들 확률은 얼마나 될까?

이것과 관련하여 영국의 생물학자 루퍼트 셸드레이크가 주창한 '형태 공명Morphic Resonance'이라는 이론을 먼저 살펴보자. 이것은 한 종의 어떤 개체가 경험한 행동이나 형질의 영향이 형태의 장을 통해 같은 종에 속하는 다른 개체에게 작용하는 현상을 뜻하는 것이다. 이것을 좀 더 쉽게 풀어서 설명하자면, 어느 한 쪽에 사는 동물에게 뭔가 새로운 것을 가르쳐 주면, 멀리 떨어져 있는 같은 종의 동물은 이심전심이나 텔레파시가 통하듯이 그냥 내버려둬도 자연스럽게 저절로 알게 된다는 것이다.

이 이론을 알게 된 것은 '100마리째 원숭이 이론'인 코지마 원숭이에 대한 내용을 찾다가 셸드레이크의 형태 공명 이론에까지 연결되었었다. '100마리째 원숭이 이론'이란 일본의 어느 무인도에서 한 마리의 원숭이가 고구마를 물에 씻어 먹기 시작하자, 다른 원숭이들도 씻어 먹는 것을 하나 둘 따라했으며, 100번째 원숭이가 씻어 먹을 즈음에 무인도에서 멀리 떨어진 산에서 살던 원숭이도 누가 가르쳐주지도 않았는데 고구마를 물에 씻어 먹기 시작했다는 것이다. 그리고 어느 신문 기사에서 처음 수컷 원숭이가 고구마를 씻어 먹자 그것을 가장 먼저 따라한 원숭이는 수컷 원숭이의 남매지간인 원숭이라고 하면서 원숭이 사이에서도 오누이간의 우애가 깊다는 이야기를 한 것을 본 기억도 있다.

아무튼 이 '100마리째 원숭이 이론' 연구 결과의 의미는 어떤 행위를 하는 개체의 수가 일정 규모에 이르게 되면, 그 행동은 그 집단에만 국한되지 않고 아주 멀리 떨어진 공간에도 확산된다는 것으로서 셸드레이크의 '형태 공명'이론과 비슷한 내용이다.

필자가 어린 시절부터 품은 의문 중의 하나가 인류 역사상의 4대 성인에 해당하는 석가(BC 560?~BC 480?)와 공자(BC 552~BC 479?)가 어떻게 비슷한 시기에 다른 지역에서 출현할 수 있었을까 하는 것이었다. 소크라테스(BC 469~BC 399)의 경우도 비록 석가나 공자에 비해서는 100년 정도 뒤에 출생했지만 유구한 인류 역사를 생각해보면 비슷한 시기에 출생했다고 볼 수도 있을 것이다. 비록 코지마 원숭이 이론에 대해서는 내용을 살펴보니 신뢰성이 그다지 높아 보이지는 않았지만, 그 내용 중 공감이 되는 부분은 "지식의 공유가 같은 공간에서 어떤 특정한 임계치를 넘어서면 자연스럽게 전혀 교류가 없는 다른 공간으로 확산된다"는 것이었다.

마찬가지로 인류 역사에 적용해보면 인간 두뇌 발달이 서서히 진행되다가 어떤 임계치에 도달하게 되어 동시대에 서로 다른 장소에서 성인들이 출현하게 된 것이 아닐까라는 생각을 해본 적이 있다. 그런데 이 연구를 통해서 고대에도 서로 다른 지역 간의 문화교류가 활발

했었다는 것을 깨닫게 되어서 서로 멀리 떨어진 성인들 간에도 직간접적으로 영향을 받았을 수도 있었겠다는 생각도 든다.

자, 여기에서 다시 원래의 주제인 아무런 문화의 전파가 이루어지지 않은 상태에서, 몇 만 리 떨어진 두 지역에 거주하던 고대 사람들이 무수히 반짝이는 밤하늘의 별들 중에서 단 몇 개의 별을 선택해서 동일한 별자리를 만들 확률에 대해서 생각해보자. 이것도 '형태 공명'이나 '100마리째 원숭이 이론'처럼 문화의 교류가 없더라도 자연스럽게 다른 공간에서 우연히 발생할 수 있을까?

아마도 도시의 밝은 불빛 아래에서 밤하늘의 별을 보면서 자란 독자라면, 그런 우연이 발생할 확률이 상당히 높을 것이라고 생각할지도 모르겠다. 이해를 돕기 위하여 밤하늘의 별과 관련된 몇 년 전 필자의 경험담을 소개하겠다. 당시 필자는 지리산 인근에 학생들과 함께 MT를 갔다가 동료교수 3명과 함께 중산리에서 출발하여 로터리대피소를 거쳐 지리산 천왕봉을 등정한 경험이 있다.

평소 지리산을 자주 찾았던 필자는 너무 과신한 나머지 정상에서 하산 코스를 등산 코스와는 달리 계곡을 끼고 내려오는 장터목대피소 쪽으로 둘러오는 길을 택했다가, 동료교수의 등산화에 문제가 생기는 바람에 나중에는 휴대폰 불빛과 라이터 불빛을 이용해서 겨우겨우 하산한 적이 있었다. 고생고생 끝에 등산로 입구인 포장도로변에 도착했을 무렵이 8시 반 경이었는데, 하산 도중 쉬는 틈을 이용해서 바라본 하늘은 평소의 도심지에서는 볼 수 없는 무수한 별, 별, 별이었다.

게다가 당시의 사람들은 현대의 사람들보다 시력도 좋았을 것이다. 항상 탁 트인 초원을 바라보면서 사는 몽고인들의 시력은 우리로서는 상상도 되지 않는 최소 3.0 이상이라고 하는데, 당시 우리 선조들은 그 이상의 시력을 가졌을 것이다. 그 말은 필자가 지리산에서 바라본 별들의 몇 배 혹은 몇 십 배를 우리의 선조들이 봤을 것이라는 뜻이다. 그런데 그렇게 많은 별들 중에서 서로 다른 지역에 사는 고대인들이 우연히도 똑같이 북두칠성 별자리를 만들고 오리온자리를 만들 확률은 과연 얼마나 될까?

이 질문에 비유적으로 대답하자면 2천 년 전, 임의의 바닷가 모래 속에 어느 누군가가 보물지도를 파묻어 놓은 것을 2천 년 후에 그 사람의 직계 후손이 우연히 다시 손에 넣을 확률보다도 훨씬 더 적을 것이다. 결국 고인돌에 새겨진 별자리는 메소포타미아 문화를 잘 알고 있던 우리 선조들이 직접 한반도로 이동하면서 전파된 것이었다. 혹시 예리한 시각을 가진 독자라면, 한반도 고분벽화 등지에 새겨진 별자리가 메소포타미아 문명에서 전파된 것이 아니라 가까운 중국에서 전파된 것일 수도 있지 않느냐고 지적할 수도 있겠다.

그런데 한반도의 고분벽화 등에 새겨진 별자리가 메소포타미아 문명의 것이라는 증거가 있는데, 고구려 고분벽화에 새겨진 북쪽왕관자리 별자리 그림이 그것이다. 메소포타미아 문명의 별자리인 북쪽왕관자리는 별이 7개로 구성되어 있으며, 이 별자리에 해당하는 중국의 관색성貫索星은 양 끝에 별이 하나씩 더 붙어 있어서 총 9개의 별로 구성되어 있기 때문에 두 문명의 별자리 간에는 차이가 존재한다. 그런데 우리나라 고구려 고분벽화에 그려진 북쪽왕관자리는 메소포타미아 문명의 7개로 구성된 별자리 모습이다. 결국 우리나라 별자리는 중국이 아니라 메소포타미아 문명으로부터 직수입된 것을 알 수 있는 대목이다.

＊＊＊

원래 필자가 원고 초고를 출판사에 넘긴 것은 작년 10월 무렵이었으며, 초고를 출판사에 넘긴 후에도 약 한달 가까이는 내용 수정을 거듭하여 수정한 내용을 계속해서 출판사에 넘겨주었었다. 그 후 출판사로부터 교정본 초고를 받은 것이 올해 3월 초였는데, 그 사이에 필자는 청도 범곡리 지석묘군의 정확한 방위를 파악하기 위해서 여러 가지 방법을 모색했었다. 그 결과 범곡리 지석묘군의 정확한 방위 역시 필자의 추측대로 첨성대의 기단 방향과 일치하는 동남동 30도 동지일출 방향인 것을 확인할 수 있었으며, 범곡리 지석묘군과 영국의 스톤헨지가 같은 용도와 형태의 거석문화인 것을 확인할 수 있었다.

원래 필자는 이러한 내용을 후속 연구서에서 밝히려고 했다. 그런데 최근에 춘천 중도의 고인돌 및 선사유적지가 영국의 레고랜드 개발로 인하여 훼손되고 있으며, 공사 중지 가처분 신청이 기각되어 올해 5월부터 공사가 재개된다는 소식을 접하고서는 이 중요한 내용을 뒤로 미룰 수가 없다고 판단해서 교정본에 추가하기로 결정했다. 그러면 지금부터 필자가 청도 범곡리 지석묘군의 정확한 방위 및 그 중요성을 파악하게 된 과정에 대해서 설명하겠다.

필자가 처음 범곡리 지석묘군의 방위를 정확하게 파악하기 위하여 사용한 방법은 단순하게 현장으로 직접 가서 나침반으로 방위를 측정하는 것이었는데, 문제는 동남동 30도 방향이라는 것이 어떤 방위를 나타내는 것인지를 모른다는 것이었다. 그래서 모 포털 사이트에서 동남동 30도가 몇 도를 의미하는지에 대해서 질문을 올렸으나 답글이 없었다. 그래서 정초인 1월 2일, 청도로 출발하는 날 오전에 먼

그림 3-16. 첨성대와 범곡리 지석묘군 방위 비교_전면

그림 3-17. 첨성대와 범곡리 지석묘군 방위 비교_후면

저 첨성대를 들러서 동지일출 방향으로 배치되어 있다는 기단 방향을 앞쪽과 뒤쪽에서 나침반으로 측정했다. 그리고 나서 대구에 가서 볼일을 본 뒤에 집으로 돌아오는 길에 범곡리 지석묘군에 들러 역시 지석묘가 흩어져 있는 도로 양 쪽에서 각각 맞은편을 향하여 나침반으로 방위를 측정했다. 그 결과가 〈그림 3-16〉과 〈그림 3-17〉이다.

두 결과를 비교해보면 해가 뜨는 방향에서 반대쪽으로 바라보고 측정한 〈그림 3-17〉은 첨성대와 범곡리 지석묘군 간에 1도밖에 차이가 나지 않지만, 반대로 해가 뜨는 방향을 바라보고 측정한 〈그림 3-16〉의 경우는 6도가 차이가 나는 것을 볼 수 있다. 잠시 뒤에 자세히 설명하겠지만 동남동 30도라는 것은 120도이며, 그 반대에서 측정하면 300도(120도+180도)가 되어야 한다. 그런데 첨성대와 범곡리 지석묘군 중에서 특히 전면에서 나침반으로 측정한 첨성대의 방위(108도)가 실제의 방위(120도)와 차이가 많이 난다. 그 이유는 첨성대가 눈앞에 가로막혀 있어서 한쪽 방향의 기단에서 그 대각선으로 반대쪽 방향 기단을 어림짐작해서 잰 것이 차이가 많이 났던 것 때문일 것이다. 그리고 범곡리 지석묘군에서 측정한 방위(114도)도 실제의 방위와 제법 차이가 나는데, 그 이유는 서쪽에 일렬로 도열한 고인돌의 끝에서 도로 건너 동쪽 중앙에 있는 고인돌을 겨냥해서 측정했기 때문에 이런 차이가 나는 것이다. 아무튼 이때는 범곡리 지석묘군의 방향이 안내표지에 쓰여져 있는 것처럼 남동-북서 방향이 아니라 동남동 방향에 가깝다는 것을 파악한 것에 만족하고 돌아왔다. 왜냐하면 표지판처럼 남동 방향이 되려면 동쪽(90도)과 남쪽(180도)의 중간인 135도가 되어야 하는데, 범곡리 지석묘군의 경우 비록 고인돌들이 흩어져 있기는 했지만 어떤 방향으로 측정하더라도 남동 방향이 될 수 없기 때문이었다. 그리고 두 번째 간 그날에는 동쪽의 고인돌 중 일부가 의령 상정리 고인돌처럼 돌로 쌓은 축대 위에 위치해있다는 것을 깨닫게 된 것도 하나의 수확이라면 수확이었다.

범곡리 지석묘군에 직접 가서 측정한 결과가 남동쪽이 아니라 동남동 방향에 가깝다는 것은 안 다음 어떻게 하면 정확한 방위를 측정할 수 있을까하는 생각에 골몰하기 시작했다. 가장 정확한 방법은 실제 측량을 해보는 것이겠지만, 많은 비용이 수반되는 그런 방법을 필자가 직접 사용하기는 무리가 있었다. 그리고 당시까지만 하더라도 서쪽에 위치한 고인돌들은 거의 두 줄로 직선을 이루고 있지만, 동쪽에 남아 있는 고인돌들은 얼핏 보기에 일정한 패턴이 없이 흩어져 있는 것처럼 보였기 때문에 단순하게 어떤 방향으로 방위 측량을 해서는 안 된다고 판단했다. 따라서 방위 측량에 일종의 통계적 기법을 적용해서 흩어져 있는 각각의 고인돌에 대한 좌표들을 먼저 측정한 후에 그것들을 가장 최단거리로 연결해주는 추세선을 그려야만 정확한 방위를 측정할 수 있을 것이라고 생각하기도 했다. 그러던 어느 날 문

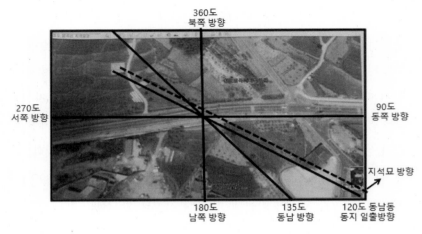

그림 3-18. 청도 범곡리 지석묘군 방향

득 구글 어스를 이용하여 방위를 측정하면 되지 않을까하는 생각이 들었다. 그리고 그것이 정답이었다. 〈그림 3-18〉은 구글 어스 위성사진을 이용하여 범곡리 지석묘군의 방위를 측정한 것이다.

〈그림 3-18〉에서 점선은 서쪽에 2열로 위치한 고인돌들 중에서 아래쪽에 위치한 고인돌들을 일직선으로 연결한 것이다. 이 점선을 가로와 세로의 중앙선을 그어서 만나는 지점까지 평행이동시킨 것이 바로 120도 동남동 동지일출 방향으로 그어진 직선이다. 그림에서 보면 동쪽과 남쪽의 정중앙을 연결한 135도 동남 방향보다 120도 방향이 오히려 동쪽과 남쪽의 중앙에 가까운 것으로 나타나는데, 이것은 그림의 세로보다 가로길이가 더 길기 때문에 생기는 착시현상이다. 필자도 처음에는 몇 번이나 의심스러워서 각도기를 이용하여 다시 측정해봤는데 그림에서 대각선 방향이 120도 방향이 확실했다. 보다 엄밀히 말하면 120도에서 1-2도가 적은 118에서 119도 정도가 된다. 그래도 의심이 나는 독자가 계시면 원점을 중앙으로 하여 가로와 세로의 길

이가 같은 정사각형을 그려보시면 135
도 방향의 직선이 대각선이 되는 것을
보실 수 있을 것이다. 그리고 동남동
30도 방향이 120도를 나타내는 것임은
〈그림 3-19〉와 같은 송민구 교수의
첨성대 구조 그림을 역시 각도기를 이
용하여 측정해보고 알았는데, 이 그림
에서도 동지일출 방향은 엄밀하게는
118-119도 정도였다.

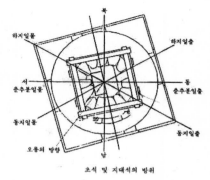

그림 3-19. 첨성대의 방향(출처 : 송민구, 한
국의 옛 조형의 미)

이렇게 하여 마침내 청도 범곡리 지석묘군의 배치 방향이 동지일
출선인 동남동 30도 방향인 것을 정확히 파악하게 된 것이었다. 이러
한 결과는 이곳의 고인돌을 만든 사람이 지금까지 사학자들이 주장해
왔듯이 청동기 시대의 사람이 아니라 신라라는 국가를 수립한 집단과
동일하다는 필자의 주장을 지지해주는 또 하나의 증거가 된다. 그리
고 이러한 동지일출 방향인 동남동-서북서 방향은 14장에서 다룰 석
촌동 제2호 움무덤의 안내 표지에도 등장하게 된다.

지금까지 필자는 청도 범곡리 지석묘군의 배치 방향이 첨성대의
기단 방향인 동지일출선과 같음을 증명했다. 그러면 지금부터는 범곡
리 지석묘군과 스톤헨지의 관계에 대해서 찬찬히 살펴보도록 하자.

먼저 스톤헨지가 기원전 3000년경에 1단계 공사, 기원전 2500년경
에 2단계 공사, 마지막으로 기원전 1600년경에 완성되었다고 일반적
으로 알려져 있는데, 이처럼 추정된 연대에 대해서 독자 여러분들은
일단 머릿속에서 완전히 지우시기 바란다. 왜냐하면 1장에서 소개한
기원전 6000년경으로 학자들이 추정하고 있는 가덕도 신석기인들이나

그와 비슷한 시기로 추정하는 요하 문명의 건설자들이 실상은 기원전 100년 전후의 선도성모 집단과 관련이 있음을 16장에서 방사성탄소연대측정법의 한계점과 관련한 과학적 근거를 통하여 밝힐 것이기 때문이다.

그러면 지금부터 스톤헨지의 구조를 좀 더 자세히 파악하기 위해 독자 여러분들은 〈그림 3-13〉을 다시 한 번 살펴보시기 바란다. 스톤헨지의 기본 구조가 조로아스터교인의 장례에 사용되는 침묵의 탑과 같이 세 개의 동심원 구조를 가지고 있음은 이미 앞에서 언급한 바가 있다. 그런데 세 개의 동심원 밖에 듬성듬성 끊어진 또 하나의 원이 있는데 이것은 둥글게 파진 호, 즉 해자이다. 우리는 이미 1장에서 황석리인 유골이 발견된 유적이 남한강의 물줄기에 의해 해자처럼 둘러싸여 있고, 경주의 반월성 역시 남천과 성 내부의 해자에 의해 둘러싸여 있음을 살펴본 바가 있다. 그런데 이러한 특징이 스톤헨지에서도 동일하게 나타나고 있는 것이다. 아직은 책의 도입부이기 때문에 많은 유사 사례들을 알지 못하시는 독자들은 이런 특징을 우연에 의한 것이라고 생각하실 수도 있다. 하지만 차차 아시게 되겠지만 이러한 공통된 특징들은 결코 우연의 일치가 아니라 필연에 의한 것임을 미리 밝혀두는 바이다.

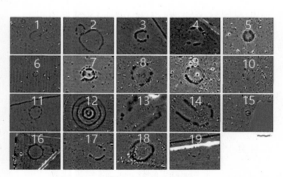

그림 3-20. 스톤헨지 주변 유적지(출처 : The hidden empire below Stonehenge; Radar scanners find 17 more sites near ancient stones)

다음으로 〈그림 3-20〉을 살펴보도록 하자. 〈그림 3-20〉은 첨단 레이더 스캔 기술을 이용하여 발

견한 스톤헨지 주변의 땅
속에 남아 있는 유적지들
이다. 그리고 〈그림 3-21〉
는 알타이 지역과 그 부근
에서 발견된 께렉수르라고
하는 돌무지 유적들 중 일
부 형태인데, 께렉수르 주
변에서 발굴된 유골들은

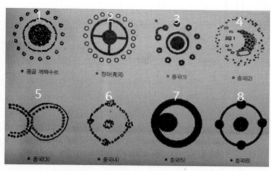

그림 3-21. 께렉수르(출처 : 서길수, 아시아의 진주 알타이)

모두 유럽인종에 속한다고 한다. 잠시 독자 여러분들은 〈그림 3-20〉
과 〈그림 3-21〉에서 비슷한 그림들을 찾아보시기 바란다.

　　얼핏 봐도 〈그림 3-20〉의 12번과 〈그림 3-21〉의 1, 2, 3번이 세
개의 동심원으로 이루어져서 비슷한 것을 알 수 있다. 그리고 〈그림
3-20〉의 14번과 〈그림 3-21〉의 5번이 원형과 U자 형태의 결합으로
이루어져 있음을 알 수 있다. 그리고 필자가 보기에는 〈그림 3-20〉
17번의 경우에도 U자 형과 오른쪽이 잘린 원형의 결합인 것처럼 보
이는 데, 독자 여러분들의 생각은 어떠신지 궁금하다. 결국 선도성모
집단이 알타이 파지리크 지역에서 거주하면서 남겼던 세 개의 동심원
구조의 께렉수르가 한반도를 거쳐 영국의 스톤헨지 구조물에서 다시
등장하고 있는 것이다.

　　그렇다면 이러한 세 개의 동심원 구조 돌무지가 한반도에도 남아
있지 않았을까?

　　이것이 예전에 몇 번씩 서길수 교수의 책을 읽었으면서도 당시에
는 '세 개의 동심원' 구조의 의미에 대해서 몰랐기 때문에 무심코 넘어
갔던 것을 이번에 저작권과 관련된 문제를 해결하기 위하여 다시 한

그림 3-22. 서쪽에서 동쪽으로 바라본 범곡리 지석묘

그림 3-23. 범곡리 동쪽 지석묘

번 더 읽었던 이 책의 께 렉수르 그림을 보고 떠오른 생각이었다. 그리고 예전에는 무작위로 흩어져 있다고 생각했었던 청도 범곡리 지석묘군의 동쪽편 고인돌들이 생각났다. 그래서 올해 3월 중순에 범곡리 지석묘군으로 세 번째 발길을 향했다. 그리고 예전에는 무작위로 흩어져 있다고 생각했던 동쪽편의 고인돌들이 사실은 세 개의 동심원 구조의 잔해인 것을 깨닫게 되었다.

〈그림 3-22〉는 범곡리 지석묘군의 서쪽 양 옆으로 도열된 고인돌군 사이에서 동쪽에 위치한 고인돌로 둘러싸인 무덤을 보고 찍은 사진인데, 이 방향으로 나침반으로 방위를 측정해보면 나침반을 놓는 위치에 따라 118도에서 120도 사이로 측정되었다. 그리고 〈그림 3-23〉은 동쪽에서 다섯 개의 고인돌이 무덤 주위를 둘러싸고 있는 사진이며, 〈그림 3-24〉는 이 지역을 구글 어스 위성사진으로 살펴본 것이다.

〈그림 3-24〉에서 대각선 방향의 직선은 동지일출선 방향으로 서쪽의 고인돌을 직선으로 연결한 선이며, 오른쪽의 원은 가운데 위치

한 무덤을 중심으로 다섯
개의 고인돌이 1시, 3시, 5
시, 9시, 11시 방향으로 둘
러싸고 있는 모습을 보여
준다. 그리고 그 원 바깥으
로 나머지 고인돌들이 파
손됨으로 인해 그 둥근 원
형圓形을 알아볼 수 없게

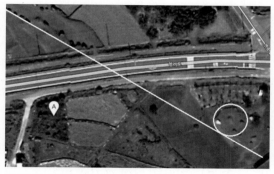

그림 3-24. 범곡리 지석묘군 구글 어스 위성사진

듬성듬성 흩어져 있는 것이다. 하지만 영국의 스톤헨지 인근 유적지
에서 첨단 레이더 스캔 기술을 이용하여 땅 속에 남아 있는 유적들의
흔적을 발견했듯이, 동일한 기술을 이용하여 이 부근의 지하를 스캔
해보면 비록 고인돌은 파손되었지만 고인돌에 의해 눌려서 남아있는
지하의 흔적이라도 발견할 수 있지 않을까한다.

결국 앞에서 언급했듯이 청도 범곡리 고인돌군 역시 스톤헨지와
같은 구조와 용도였으나 청도에는 동쪽의 원형 구조가 파손되었고,
스톤헨지의 경우 동일한 삼중 구조이지만 보다 발달되고 종합적인 형
태가 지금도 여전히 남아 있다는 차이 때문에 스톤헨지는 하지에 전
세계에서 축제를 위해 관광객들이 몰려오는 반면 청도는 아무도 거들
떠보지도 않고 방치된 채로 남아있는 것이다. 따라서 앞으로 지자체
와 문화재 관련 당국에서 합심하여 이곳을 영국의 스톤헨지와 버금가
는 역사유적 명소로 개발하여야 할 것으로 생각된다.

그리고 이것은 춘천의 중도 선사유적지도 마찬가지다. 만약 무덤
을 둘러싸고 있는 청도의 동쪽 고인돌군 중에서 하나의 고인돌이라도
더 파손되었더라면 필자도 네 개의 고인돌에서 둥근 원형을 파악하기

가 쉽지 않았을 것이다. 그런데 중도의 선사유적지에서는 이미 많은 고인돌들을 다른 장소로 옮겼다고 한다. 지금까지 살펴본 청도 고인돌군의 예에서 알 수 있듯이 고인돌을 다른 장소로 옮기면 이미 그 구조물의 의미를 찾을 수 있는 단서가 사라지며 중요성 자체도 희석되고 만다. 따라서 본격적인 개발 작업에 착수하여 건물들이 들어서기 전에 인근 지역을 샅샅이 레이더로 스캔하여 혹시라도 남아 있을지도 모르는 지하 유적의 흔적을 먼저 조사해볼 필요가 있을 것이다.

그리고 레고랜드 개발과 관련하여 하나의 아이디어를 제시하고 싶은 것이 있다. 일반적인 컨텐츠의 레고랜드는 전 세계에 이미 많이 있는 것으로 안다. 따라서 중도 레고랜드의 경우 다른 지역의 레고랜드와는 달리 지자체와 협력하여 전 세계 거석문화의 이동 흔적과 관련한 더 큰 규모의 컨텐츠로 개발하는 것이 고대 거석문화 유적의 보존과 엔터테인먼트라는 두 마리 토끼를 한 번에 잡을 수 있는 방법이 된다는 것이다. 혹시 레고랜드 회사나 지자체 관계자들이 관심이 있으면 보다 자세한 아이디어는 필자에게 자문을 구하기 바란다.

그리고 춘천 중도에서 대규모 선사유적지가 발견된 것 역시 우연이 아니다. 이것은 춘천에 전 세계에서 유일한 백옥광산이 있는 것과 관련이 있는 것이다. 즉, 〈그림 3-25〉와 같이 중도에서 직선거리로 10km 이내에 한국 제일의 옥광산이 있는데, 이러한 사실은 선도성모 집단의 표지 유물 중 하나가 굽은 옥曲玉이며 신라의 수도였던 경주의 남산 역시 옥으로 유명했던 것과 관련이 있는 것이다.

마지막으로 생각해볼 것은 첨성대의 기단 배치 방향과 청도 범곡리 지석묘군의 배치 방향이 동지일출선과 일치하고 스톤헨지의 방향이 하지일출선과 일치하는 것의 의미는 무엇인가이다. 그리고 여기에

그림 3-25. 춘천 중도 옥광산

서 왜 한반도에서는 동지일출선인데, 영국 스톤헨지에서는 정반대로 하지일출선인가하는 의문이 생긴다. 간단히 생각해보면 한국과 영국의 경도 차이 등일 것이라고 추측해볼 수는 있지만, 보다 확실한 사실을 살펴볼 필요가 있는 것이다.

물론 당시 선도성모 집단이 해와 달을 숭배했기 때문에 해가 뜨는 일출선에 맞추는 것은 이해가 안 되는 것은 아니지만, 그렇다고 꼭 동지의 일출 방향이나 하지의 일출 방향과 맞출 필요는 없지 않을까하는 의문이 생기는 것이다. 여기에는 분명 또 다른 이유가 있을 것이며, 아마도 필자의 생각이 옳다면 그 이유는 금성과 관련이 있을 것이다. 왜냐하면 금성은 선도성모 집단이 숭배하는 이슈타르 여신의 상징별이기 때문이다. 그래서 예전에 견우직녀 신화와 탐무즈 축제의 상호관계를 알아보기 위해서 열심히 돌려보았던 고대 별자리 시뮬레이션 프로그램인 스텔라리움을 이용하여 몇몇 사실을 시험해봤는데, 흥미롭고 놀라운 사실을 발견하게 되었다.

그림 3-26. 첨성대 동지 일출시 오성취루 현상_629년

제일 처음 시뮬레이션 해 본 것은 첨성대 위치에서의 별자리 관측에 대한 것이었다. 첨성대는 『신증동국여지승람』과 『삼국유사』의 기록에 의하면 선덕여왕(?~647) 시절에 만들어졌다고 하는데, 선덕여왕의 탄생시기는 분명하지 않으나 재위기간은 632년에서 647년으로 알려져 있다. 필자는 동지일출선과 금성과의 관계를 파악하기 위해 선덕여왕 재위 시기 전후의 동지 해 뜰 무렵의 금성을 찾아보다가 흥미로운 사실을 발견하게 되었다. 그것은 다름 아닌 629년 동지에 〈그림 3-26〉과 같이 일출 방향으로 수성, 금성, 화성, 목성, 토성이 일렬로 배열되는 소위 오성취루五星聚婁 현상이 일어나는 것을 발견하게 된 것이다.

〈그림 3-26〉에서 해가 동남으로 표시된 방위 중에서 동쪽으로 가깝게 붙어서 떠오르는 것은 동지일출선인 동남동 30도 방향을 의미하는 것이다. 그리고 해가 떠오르는 방향에서 거의 일직선으로 다섯 개의 별이 떠오른 것을 볼 수 있다. 『삼국사기』의 기록에 의하면 문열림文熱林에서 일월제日月祭를 지내고 영묘사 남쪽에서 오성제五星祭를 지냈다고 했으니 다섯 개의 별에 대한 관측이 평상시에도 이루어졌을 것이며, 따라서 오성취루 현상을 분명히 관측했을 것이다. 그리고 당시에는 다섯 개의 별이 일렬로 나타나는 것은 나라에 중대한 일이 생길 징조라고 생각했기 때문에 오성취루 현상은 당시의 그들에게 아주

중요한 사건이었을 것이다.

따라서 첨성대가 선덕여왕 시절에 만들어졌다는 의미는 두 가지로 해석할 수 있을 것이다. 즉, 선덕여왕이 아직 재위에 오르기 전에 만들어져서 629년의 오성취루를 관측하였거나, 혹은 629년의 오성취루를 관측한 이후에 다음에 있을 오성취루를 위하여 632년 이후의 선덕여왕 재위시기에 만들어졌다는 것이다.

첨성대 동지일출선의 의미가 오성취루 현상과 관련이 있다면 청도 범곡리 지석묘군의 방향도 당연히 이것과 관련이 있어야 할 것이다. 그래서 이번에는 범곡리 지석묘군의 좌표를 입력하여 동지 해 뜰 무렵의 천문현상을 시뮬레이션해봤다. 그랬더니 청도에서는 선도성모 집단이 한반도로 건너온 시기인 기원전 100년 경 이후로 약 250년 동안 세 시기의 오성취루 현상을 발견할 수 있었다. 즉, 기원전 23년과 기원후 10년, 12년인데, 기원후 10년과 12년의 경우에는 달까지도 일렬로 배열됨을 확인할 수 있었다. 그리고 경주와 청도의 거리가 멀지 않아서 첨성대의 좌표로 설정하고 확인해도 이 시기에 두 장소 모두에서 똑같은 현상을 관측할 수 있었다. 보다 정확하게 말하면 우주적 현상이기 때문에 각 지역별로 시차를 두고 북반구의 모든 곳에서 관측된다. 그런데 두 관측 결과를 비교해보면 기원전 23년보다는 〈그림 3-27〉과 같이 기원후 12년의 경우가 더욱 일직선으로 배열되어 있음을 알 수 있다.

그밖에도 157년, 189년, 215년, 392년, 426년, 그리고 629년에 동지일출 방향으로 오성취루 현상이 관측되었다. 그리고 이러한 현상은 영국 솔즈베리 지역에서도 9시간의 시차를 두고 당연히 관측된다. 비슷한 시기만을 시뮬레이션해본 결과, 하지에도 기원전 5년, 113년,

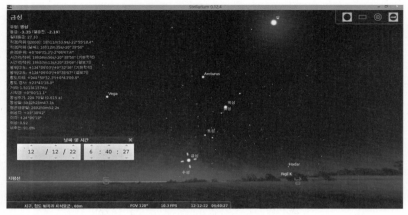

그림 3-27. 청도 범곡리 지석묘군 동지 일출시 오성취루 현상_12년

115년, 292년, 350년, 495년, 529년, 706년에 오성취루 현상을 관측할 수 있었다. 그러나 이 시기 동안 춘분과 추분 때는 단 한 번도 오성취루 현상이 관측되지 않았다. 아마도 춘분과 추분 때는 별의 궤도 상 오성취루 현상이 관측이 될 수 없는 시기인 듯하다.

그러면 왜 스톤헨지에서 힐스톤 방향이 동지일출이 아니라 하지일출 방향으로 건축되어 있을까? 어쩌면 스톤헨지가 꼭 하지일출만을 염두에 두고 건축되지 않았을 수도 있다. 왜냐하면 동지일출의 경우도 〈그림 3-13〉에서 두 개의 스테이션 스톤 사이로 일어나기 때문이다. 같은 맥락으로 아일랜드의 지하건축물인 Newgrange의 경우도 동지에 햇볕이 비치도록 설계되어 있다고 하니 스톤헨지의 경우도 하지일출 뿐만 아니라 동지일출과도 관련이 있을 것으로 추측된다. 인터넷에서 이와 관련된 자료를 찾다보니 스톤헨지를 하지일출보다는 동지일출과 관련시키는 연구자도 눈에 띄었다. 아무튼 이와 관련된 보다 자세한 내용은 앞으로 시간을 두고 연구해볼 일이다.

그림 3-28. 스톤헨지 하지 일출시 오성취루 현상_350년

　혹시라도 이 프로그램을 이용하여 오성취루 현상을 시뮬레이션
해 볼 독자들을 위해서 한 가지 팁을 드리겠다. 〈그림 3-28〉은 350년
에 스톤헨지에서 하지일출시 오성취루 현상을 나타내는 그림이다. 이
그림의 일출 시각에서 시차 9시간을 빼야하며, 영국의 경우 우리나라
보다 일출 시각이 빠를 뿐만 아니라 1800년의 경우 하지 일출 시각이
4시 30분 정도였으며, 과거로 거슬러 올라갈수록 일출 시각이 조금씩
빨라졌다. 아마도 별의 세차운동 때문인 것으로 짐작된다. 그런 까닭
에 350년의 경우 시차 9시간을 감안해서 새벽 세 시경인데도 날이 밝
아오는 것이다.

제4장

제왕절개 수술을 통해 태어난
알영부인과 아리랑의 어원

2012년에 개봉된 하지원(현정화 역)과 배두나(리분희 역) 주연의 스포츠 영화 〈코리아〉는 1991년 일본 지바(千葉)에서 열린 제41회 세계탁구선수권대회를 소재로 한 것인데, 남북 단일팀 구성을 계기로 남북한의 국기를 사용하지 못하게 되자 한반도기를 처음 사용하였다. 그리고 남북한의 국가 대신, 역시 한국 전통의 민요인 〈아리랑〉을 연주했다.

필자는 앞에서 신라 시조 박혁거세의 탄생과 죽음에 대한 신화의 의미를 밝힌 바 있다. 이번 장에서는 마찬가지로 박혁거세의 부인인 알영부인의 탄생과 사망신화의 의미에 대해서 알아본 후에 한민족을 상징하는 아리랑이라는 말이 과연 어디에서 나왔는지에 대해서 살펴보도록 하겠다.

먼저 『삼국사기』에 기록되어 있는 알영부인의 탄생과 관련된 기록은 다음과 같다.

"5년 봄 정월에 용이 알영정에 나타나 오른쪽 옆구리로 여자아이를 낳았다. 할멈이 발견하여 기이하게 여기고 거두어 길렀는데 우물 이름을 따서 [아이] 이름을 지었다. 자라면서 덕스런 모습을 지녔다. 시조가 이를 듣고서 맞이하여 비로 삼았다. 행실이 어질고 안으로 잘 보필하여 당시 사람들이 이들을 두 성인이라 불렀다."

다음으로 『삼국유사』에 기록되어 있는 알영부인의 탄생과 사망과 관련된 기록은 다음과 같다.

"이날 사량리 알영정(또는 아리영정이라고도 한다.)에서 계룡이 나타나서 왼쪽 옆구리로부터 동녀(혹은 용이 나타나 죽으매 그 배를 가르고 얻었다고도 한다.)를 낳으니 자색이 뛰어나게 고왔다. 그러나 입술이 닭의 부리 같은지라 월성 북천에 가서 목욕을 시켰더니 그 부리가 퉁겨져 떨어졌으므로 그 천의 이름도 따라서 발천이라 하였다. 궁실을 남산 서쪽 기슭(지금의 창림사이다.)에 짓고는 두 명의 신성한 아이를 모셔 길렀다. … 계집아이는 그가 나온 우물 이름으로써 이름을 지었다. 두 성인의 나이가 열세 살이 되자 오봉 원년 갑자에 남자는 위에 올라 왕이 되고 이어 여자로써 왕후를 삼았다."

"나라를 다스린 지 61년 만에 왕이 하늘로 올라갔는데 이레 뒤에 유해가 땅에 흩어져 떨어졌으며 왕후도 역시 죽었다고 한다."

이상의 역사 기록에 의하면 알영부인은 용의 옆구리 또는 배를 가르고 태어났으며, 박혁거세가 죽자 알영부인도 죽었다고 기록되어 있다. 여기서 알영부인이 용의 옆구리(혹은 배를 가르고)에서 나왔다는 신화는 역시 아리안 계통인 석가모니가 마야부인의 옆구리를 통해서 나왔다는 신화를 연상시킨다. 다들 알다시피 부처의 또 다른 이름인 석가모니(釋迦牟尼; Sakyamuni)는 '석가족의 성자'라는 뜻이다. 여기서 '석가족'이란 '사카Sakya족'의 한자음이며, 'Sakya'라는 단어는 인도로 진출한 북이란인(the northern Iranian) 'Saka'라는 명칭과 관련이 있는 것이라고 저명한 인도학자 Michael Witzel 교수는 말한 바 있다.

그리고 석가모니가 마야부인의 오른쪽 옆구리를 통해 나왔다는 신화는 제왕절개 수술을 통해서 나왔다는 것을 의미한다고 알려져 있다. 하지만 당시의 의술은 현대처럼 발달하지 못해서 제왕절개 수술을 통하여 아이를 살릴 수는 있었지만, 산모까지 구할 정도는 안 된 듯하다. 아마도 지나친 출혈과 병원균에 의한 오염 때문이었을 것이다. 그래서 마야부인은 석가모니를 출생한 직후 7일 후에 사망하고 석가모니는 이모의 품에서 자란 것으로 알려져 있다.

그림 4-1. 알영정

마찬가지로 알영부인 역시 용의 옆구리로(혹은 죽은 용의 배를 가르고) 나왔으며, 용이 곧 죽었다는 것은 알영부인이 제왕절개 수술을 통하여 태어났으며 산모는 곧 사망했다는 것을 신화적으로 표현한 것으로 해석할 수 있다. 별도의 장에서 자세히 살펴보겠지만 부처의 가계 역시 한민족과 관련이 있기 때문에, 아리안 계통의 부처와 동일한 탄생신화가 역시 아리안 계통인 알영부인에게도 나타나는 것이 전혀 이상하지 않은 것이다.

물론 석가모니가 마야부인의 옆구리를 통하여 나왔다는 신화를 브라만 계급은 입을 통해, 크샤트리아 계급은 팔을 통해, 바이샤 계급은 다리를 통해, 그리고 수드라 계급은 발을 통해 태어난다는 인도 전통의 카스트제도와 연관된 신화로 해석하는 경우도 있다. 하지만 이것은 신화적 표현을 그야말로 신화로만 받아들이는 것이며, 실제로는 제왕절개의 신화적 표현으로 보는 것이 보다 타당할 것이다.

그리고 제왕절개라는 명칭은 독일어인 '카이저슈니트Kaiserschnitt'의 직역이며, 어원은 라틴어인 '섹티오 카이사레아sectio caesarea'에서 유래하는데, 이 독일어의 번역에는 로마의 정치가 율리우스 카이사르(시저)가 복벽절개에 의해 태어났다는 데에서 유래한다는 설과, 벤다는 것(caesarea), 즉 임신자궁을 절개한다는 뜻에서 온 중복어라는 두 가지 설이 있다. 역사적으로 제왕절개술은 오랜 역사를 가지고 있으나 수술을 받은 산모의 대부분이 사망하는 경우가 많았으며, 19세기에 들어와 방부술이 발달되면서 산모의 생명을 안전하게 보장할 수 있게 되었다고 한다.

또한 역사학자 르네 블루멘펠트-코신스키에 의하면 제왕절개에 대한 가장 오래된 기록이 메소포타미아 지역의 설형(쐐기)문자 점토판에 새겨져 있는데, 그 시기는 기원전 두 번째 1000년대(기원전 1001~기원전 2000년)까지 거슬러 올라간다고 한다. 결국 제왕절개 수술의 기원도 박혁거세 집단의 원래 고향인 메소포타미아 지역에서 시작되었기 때문에, 이들도 제왕절개 수술을 할 수 있었던 것이다.

그리고 박혁거세와 함께 왕후인 알영부인도 세상을 떠났다는 기록은 순장제도 때문일 것으로 추정된다. 『삼국사기』 지증왕 5년에 순장을 금지하였다고 했고, 그 전에는 국왕이 사망하면 남녀 각 5명씩 순장하였다는 기록이 있다. 결국 22대 지증왕 이전에는 순장 풍습이 있었다는 이야기다. 또한 같은 아리안 계통이 건너 간 고대 인도에서도 왕족의 경우 왕이 죽으면 부인이 따라 죽는 사티Sati 제도가 행해졌었다. 이러한 내용들로 미루어 볼 때 박혁거세와 왕후가 같이 세상을 떠났다는 것은 순장제도에 의한 것임을 짐작할 수 있다.

알영부인의 탄생신화와 관련하여 마지막으로 그녀의 입술이 닭의 부리 같아서 월성 북천에 가서 목욕을 시켰더니 그 부리가 퉁겨져 떨어져 나갔다는 부분은 주몽의 어머니 유화부인을 연상시키는 대목이다. 즉, 해모수와의 야합에 의해 주몽을 임신하게 된 유화부인은 집안을 욕되게 했다는 이유로 아버지 하백이 입술을 잡아 당겨 입술이 늘어나게 되었는데, 나중에 입술을 세 번이나 자른 후에야 말을 하게 되었다고 한다. 이와 관련하여 어떤 연구자는 알영부인을 목욕시킴으로써 부리가 떨어져나갔다는 기록을 화장법과 연관시키고 있는데, 유감스럽게도 이 신화의 의미에 대해서는 필자도 전혀 짐작 가는 바가 없으며 아직 단서가 될 만한 자료도 찾지 못한 상태이다.

이상과 같이 알영부인의 탄생과 죽음에 대한 신화의 의미를 살펴봤는데, 지금부터는 알영부인과 아리랑의 관련성에 대해서 살펴보도록 하자. 알영(혹은 아리영)이란 이름은 역시 산스크리트와 페르시아 고어 〈Zend〉에서 아리안 민족을 나타내는 'Arya'와 'Airyan'에서 나온 것으로 추정되는데, 이 단어의 뜻은 '좋은 가문'을 의미한다. 마찬가지로 아베스타어 'airya'는 '좋은 가문'이라는 의미와 함께, 그 자체로 '이란인'을 의미한다.

같은 맥락으로 필자는 한민족을 상징하는 '아리랑'이란 단어의 어원이 '아리안'에서 나왔을 것으로 추정한다.

이러한 필자의 추측을 뒷받침하는 자료로서 1930년 조선총독부 촉탁연구원 김지연이 총독부 기관지 〈조선〉에 발표한 「조선민요 아리랑, 조선민요의 연구(2)」가 있다. 이 연구에서 김지연은 아리랑의 어원을 아이롱我耳聾설, 아리랑我離娘설, 아난리我難離설, 아랑阿娘설, 아랑위兒郞偉설, 알영閼英설 등 6가지를 제시한 바 있다. 그리고 필자는 이 중에서 박혁거세 부인의 이름인 알영이 아리랑과 관련이 있다고 확신하는데, 즉 알영의 다른 이름인 아리영의 어원인 '아리안'이 '아리랑'으로 바뀐 것으로 판단하는 것이다.

이처럼 '아리랑'이란 단어가 '아리안'에서 나왔다는 필자의 추정을 뒷받침하는 증거를 몇 가지 더 제시하자면, 〈아리랑〉 가사에는 '아라리'라는 단어가 나온다. 이 '아라리'라는 단어 역시 메소포타미아의 고대 서사시인 『길가메쉬 서사시』에서 등장하는데, 여기서 '아라리Arali'는 '위대한 집' 혹은 '위대한 도시'를 의미한다.

또한 쐐기문자로 이루어진 수메르의 점토판 문헌자료 해석에 많은 시간과 정력을 쏟은 최초의 인물은 휴고 라다우였는데, 그는 수메르 점토판에 새겨진 에덴동산의 어원에 해당하는 세 종류의 'Edin'에 대해서 소개한 바 있다. 원래 에딘은 수메르어로 '초원steppe'을 의미했는데, 이것이 후기 바빌로니아에서 'Edinu'로 바뀌었으며 성경에서 'Eden'으로 바뀐 것이다.

휴고 라다우가 수메르의 점토판에서 번역한 세 가지 종류의 에딘은 'an-edin천국의 에딘', 'ki-edin지상의 에딘', 그리고 'arali-edin지하세계의 에딘'인데, 이러한 그의 해석에 따르면 '아라리'는 '지하세계'를 의미한다. 마찬가지로 'Arali'는 수메르 여신 이난나의 지하세계 여행을 기록한 니푸르의 점토판에도 등장한다.

이쯤해서 이 책에서 선도성모의 정체를 파악하는데 대단히 중요한 역할을 하는 바빌로니아의 이슈타르 여신에 대해서 좀 더 자세히 살펴보도록 하겠다. 바빌로니아의 이슈타르 여신의 원형은 메소포타

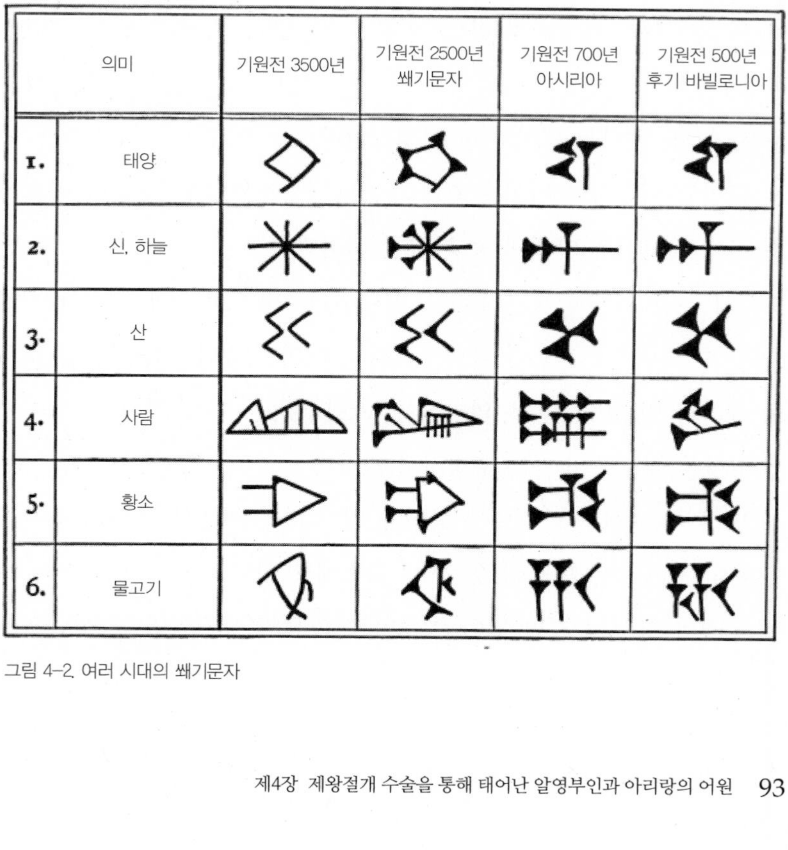

	의미	기원전 3500년	기원전 2500년 쐐기문자	기원전 700년 아시리아	기원전 500년 후기 바빌로니아
1.	태양				
2.	신, 하늘				
3.	산				
4.	사람				
5.	황소				
6.	물고기				

그림 4-2. 여러 시대의 쐐기문자

미아 지역에서 바빌로니아 이전 시기에 문명을 일으킨 슈메르의 이난나 여신이었다. 이난나 여신은 슈메르 신화에서 대모신이자 사랑·풍요·전쟁을 주관하는 신이었으며, 금성의 신이었다. 이와 관련하여 신라에서 첨성대가 세워진 후에 금성에 대한 관측 기록이 급격히 증가했다는 자료를 인터넷에서 본 적이 있다. 선도성모 집단의 근원인 메소포타미아 지방에서 숭배 받았던 이슈타르 여신이 금성의 신이기 때문에 그럴 개연성은 충분히 있다고 본다.

이난나 여신은 슈메르를 잇는 아카드 신화와 바빌로니아 신화에서 이슈타르라고 불렸던 여신의 원형이며, 바빌로니아 왕국을 정복하고 등장하는 고대 페르시아 신화에서는 물과 다산의 여신 아나히타라는 이름으로 등장한다. 그리고 뒤에서도 다시 언급하겠지만, 아나히타 여신의 마차를 끄는 네 마리 말 이름은 비·구름·바람·진눈깨비이다. 어디서 많이 들어보신 이름이 아닌가? 그렇다. 단군신화에 등장하는 풍백, 우사, 운사는 여기서 나온 명칭이다.

그리고 이슈타르 여신은 가나안 지방에서는 아스타르테, 그리스에서는 아프로디테, 아테네 등 다양한 이름과 성격을 가진 여신으로 변형해서 등장한다. 마찬가지로 『구약성서』의 「에스더기」에 등장하는 에스더 역시 아카드 신화와 바빌로니아 신화의 이슈타르가 어원인 것으로 알려져 있으며, '별'을 의미하는 '스텔라'라는 이름 역시 같은 어원에서 나온 것으로 필자는 추정하고 있다.

또한 이 여신을 나타내는 상징물 역시 다양한데, 동물로는 사자와 올빼미, 식물로는 연꽃이 있으며, 그밖에도 하나의 원에 6개, 8개 또는 16개의 광선을 지닌 별이 이슈타르 여신의 상징이었다. 한반도에서 찾아 볼 수 없는 사자가 경주의 왕릉을 지키고 있는 이유는 이처럼 한반도로 건너온 사람들이 원래 믿고 있던 메소포타미아 신화에서 사자가 이슈타르 여신을 지키는 신령스러운 동물이었기 때문인 것이며, 고구려 고분벽화의 천정에 연꽃무늬로 도배를 하다시피 하고 한반도에서 발견되는 각종 와당에 연꽃무늬가 새겨진 것은 모두 이슈타르 여신을 상징하는 꽃이 바로 연꽃이기 때문이다. 그리고 연꽃은 일본으로 건너가서 천황가를 나타내는 문장이 된다. 일본인들은 그것을 국화라고 지금까지 잘못 알아왔지만 말이다.

그리고 여기서 독자 여러분들은 이슈타르 여신과 올빼미가 그리스로 건너가서 아테네 여신과 부엉이로 바뀌게 된다는 사실을 꼭 기억해두시기 바란다. 왜냐하면 우리는 일반적으로 그리스 신화에서 아테네 여신을 지혜의 여신과 전쟁의 여신으로 알고 있다. 그러나 재주 많은 이 여신은 또한 길쌈을 관장하는 여신이기도 했다. 그리고 이 아테네 여신과 거미로 변한 아라크네의 베짜기 대결은 유명한 신화인데, 여기서 그 내용을 잠깐 소개하도록 하겠다. 왜냐하면 거미와 베짜기에 대한 것이 앞으로 우리 조상들의 이동에 대한 중요한 단서가 되기 때문이다. 다음은 위키백과에 실린 아라크네에 대한 내용이다.

리디아의 염색 명인 이드몬의 딸인 아라크네는 베짜기와 자수를 잘하였다. 그녀는 자신의 솜씨가 아테네 여신보다 뛰어나다고 실력을 뽐내며, 아테네에게 도전한다. 아라크네의 자만심에 화가 난 아테네는 할머니로 변신하여 신을 모독하지 말고 용서를 구하라고 충고했는데, 아라크네가 그녀를 무시하고 쫓아내려 하자 자신의 본래 모습으로 돌아와 그녀와 시합을 벌인다.

아테네는 자신과 포세이돈이 아테네 시를 두고 겨룬 승부의 광경과 신에게 대항한 인간들이 고생하는 장면과 자신의 신목이자 평화의 상징인 올리브를 수놓아 아라크네에게 경쟁을 포기하라는 경고를 하였다. 그럼에도 불구하고 아라크네는 자신의 직물에 제우스와 여러 신들의 문란한 성생활을 뛰어난 솜씨로 수놓는다. 아테네는 아라크네의 뛰어난 솜씨에는 비록 감탄했지만, 신들을 웃음거리로 만드는 자수내용에 모욕과 분노를 느껴 북으로 직물을 찢는다. 아테네는 이 행동으로 인해 '신이 인간에게 패배했다'고 공식적으로 인정하고 만다.

아테네는 아라크네에게 패배했다는 사실을 아라크네 스스로가 인식하지 못하도록 북으로 아라크네의 이마를 때리며 자신의 죄와 치욕을 느끼게 하였고, 아라크네는 치욕을 참지 못하여 목을 맨다. 그러자 아라크네를 불쌍히 여긴 아테네는 그녀가 영원히 실을 잣도록 하게 만들고자 아코니트 즙을 뿌려 그녀를 거미로 만들고, 그녀의 목에 매어있던 밧줄은 거미줄이 된다.

그리고 아라크네가 변한 거미와 베짜기 기술은 선도성모 집단의 이동과정 곳곳에서 등장한다. 즉, 본서의 뒤에서 부처와 한민족 간의 관계를 파악하는 단서로도 베짜기 기술과 베틀이 단서로 사용되며, 홍산 유적이 발견된 내몽고 적봉 시에 있는 지주산蜘蛛山 이름도 거미를 의미하는 것이며, 고구려 벽화에 그려진 견우직녀 전설의 직녀와 여러 천선으로 하여금 비단을 짜게 하여 비색으로 물들여 조복을 만들어 주었다는 박혁거세의 어머니 선도성모, 그리고 일본 신화의 태양

그림 4-3. 나스카 라인 거미 그림(출처 : Nasca lines : A mystery wrapped in an enigma.)

그림 4-4. 이슈타르 여신의 팔각형별

신인 아마테라스 오미카미天照大神 역시 베를 짜는 여신이었다. 그리고 이러한 거미의 모습은 후에 〈그림 4-3〉과 같이 나스카 문명의 '나스카 라인'이라고 하는 사막에 그려진 거대한 거미 그림에도 등장한다.

과연 이 모든 것들 간에는 아무런 인과관계가 존재하지 않는 우연의 일치에 불과한 것일까? 독자 여러분들은 필자와 함께 '한민족 뿌리 찾기'와 '한국 고대사 바로 알기'를 추적하는 과정에서 스스로 그 답을 구하실 수 있을 것이다.

그리고 수메르에서는 팔각형 별 그림이 '신, 하늘, 별'을 뜻하는 상형문자였고, 아카디아와 바빌론에서는 '신, 태양, 별'을 뜻하는 표의문자였다.

〈그림 4-4〉는 다양한 형태의 이슈타르 여신의 팔각형별인데, 이와 똑같은 문양이 한반도에서 발견된 유물에도 나타난다. 그리고 8개의 꽃잎을 가진 연꽃무늬가 새겨진 와당도 한반도 곳곳에서 발견되고 있는데, 이것은 결코 우연의 일치가 아니다. 즉, 〈그림 4-5〉는 전남 화순 대곡리에서 발견된 청동팔령구 혹은 팔주령이라고 하는 것이다. 이것은 8각형 별모양으로 각 모서리에 방울이 하나씩 달렸으며, 가운데에도 〈그림 4-4〉의 첫 번째, 두 번째와 흡사한 형태의 별 모양이 그려져 있다.

그림 4-5. 청동팔령구(팔주령. 출처 : 공공누리)

팔주령의 방울 부분은 길게 구멍이 나 있으며 그 안에 청동 구슬이 들어 있어 흔들면 소리가 나며, 주술적·종교적인 의식용 도구로 사용되었다. 평양 정백동, 전남 화순, 충남 논산·덕산, 경북 상주 등 한반도 각지에서 출토되는 이러한 청동팔주령은 거울, 칼 등과 함께 샤먼의 필수 도구이며 이러한 무구들은 오늘날에도 상징적인 의기로서 대대로 전승되고 있다. 결국 이슈타르 여신을 상징하는 청동팔주령은 청동거울, 동검과 함께 샤먼인 선도성모 또는 그들 부족이 제사를 지낼 때 사용하던 기물이었던 것이다. 그리고 이러한 사실들은 선도성모가 한국 사회에 오늘날까지 이어져 내려오는 무속의 원조임을 의미하는 것이다.

마지막으로 한민족을 상징하는 '아리랑'이라는 단어가 그들의 민족명인 '아리안'에서 나왔다는 필자의 추론에 대한 추가적인 단서는 다음과 같다. 독자 여러분들은 혹시 한강의 옛 이름이 무엇인지 아는가? 그것은 바로 지금 현재 서울시가 수돗물 이름에 부친 '아리수'이다. 아리수라는 단어는 광개토대왕릉비에 나오는 것으로 순 우리말이며, 한강의 옛 이름으로 추정하고 있는 것이 현재 학계의 중론이다. 학자들은 이 말이 순 우리말이라고 주장하고 있지만, 필자가 파악한 바에 의하면 사실 이 단어의 진정한 어원은 '아라스Aras'이다.

우리가 흔히 알고 있는 〈아리랑〉보다 훨씬 이전에 불러왔던 〈아리랑〉이 있었는데 이 악곡은 후에 널리 유행하게 된 새로운 〈아리랑〉이 생기자 이전부터 부르던 아리랑과 구별을 위해 〈구 아리랑〉이라 개칭하여 부르게 되었다. 〈구 아리랑〉은 오늘날 빠른 곡을 좋아하는 대중들의 기호를 벗어나 그다지 들을 수 있는 기회가 드물어 그야말로 〈구 아리랑〉이 되어 버렸는데 가사는 다음과 같다(출처 : 국립국악원).

> (받는 소리)
> 아리랑 아리랑 아라리요 아리랑 고개로 넘어간다.
> (메기는 소리)
> 나를 버리고 가시는 님은 십리도 못가서 발병난다
> 풍년이 온다네 풍년이 와요 이 강산 삼천리 풍년이 와요
> 아리랑 고개 넘어 아라수 건너 아리랑 아(라?)리세계 찾아가네
> 사람의 한평생 사연도 많고 굽이굽이 감돌아드는 얘기도 많다
> 우리네 인생이 짧다고 해도 이어지면 천년이요 손잡으면 만년이라

위의 〈구 아리랑〉에서는 '아리수'가 아니라 '아라수'로 나와서 필자가 제시한 '아라스'와 더욱 비슷한 음가를 나타내고 있다. 그러면 필자가 '아리수'의 어원이라고 제시하는 '아라스'의 정체는 도대체 무엇일까? 그것은 다름 아니라 고대 페르시아 지역에 있는 강 이름으로서 조로아스터교의 경전인 아베스타에 의하면 조로아스터는 아라스 강가에서 태어났다고 한다. 결국 고대 페르시아에 근원을 둔 고대 한반도 도래인들은 그들의 조상이 거주했던 지역의 강 이름을 머나먼 한반도에 이주한 후 한강에 붙였던 것이다.

〈그림 4-6〉은 한강과 아라스 강 지도를 비교한 것으로서 필자가 보기에는 두 강의 흐르는 방향과 강의 모양이 비슷한 것 같은데, 독자 여러분들의 의견은 어떤지 궁금하다.

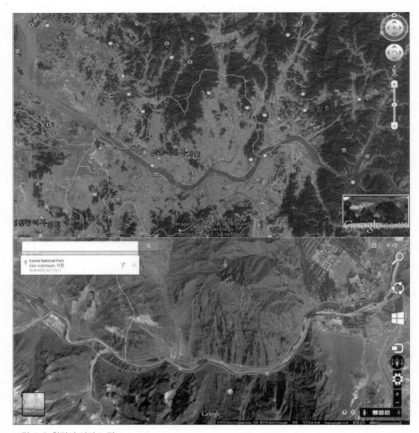

그림 4-6. 한강과 아라스 강

고집불통 고대사 다시 쓰기

제5장

선도성모와 서왕모

　최근에 자주 접할 수 있는 단어 중 '세렌디피티^{serendipity}'라는 단어가 있다. '뜻밖의 기쁨'이나 '우연한 발견'을 의미하는 이 단어는 18세기의 영국 작가 호레이스 월폴이 처음 사용하였는데, 어원은 '세렌디프의 세 왕자'라는 페르시아 우화이다. 이 우화는 지금의 스리랑카인 세렌디프의 세 왕자들이 길을 떠나 세상 공부를 하면서 우연한 사건을 통해 새로운 사실을 알아내고 해결한다는 내용이다. 그리고 최근에 이 용어는 완전한 우연으로부터 중대한 발견이나 발명이 이루어지는 것을 말하며, 특히 과학연구의 분야에서 실험 도중에 실패해서 얻은 결과에서 중대한 발견 또는 발명을 하는 것을 이르는 외래어이기도 하다.

　생각해보면 역사를 전공하거나 한국 고대사에 대하여 관심이 많은 사람을 제외하고는 대부분의 경우 신라 시조 박혁거세의 출생과 관련하여 알에서 태어났다는 난생신화만 알고 박혁거세에게 선도성모라는 어머니가 있다는 역사적 기록은 잘 모르는 경우가 대부분일 것이다. 필자 역시 마찬가지여서 필자가 최종 학위를 마친 후 경주에서 자리를 잡기 전에는 선도성모라는 존재에 대해서 알지 못했었다.

필자가 살고 있는 동네 앞에는 선도산仙桃山이란 이름의 산이 있고, 뒤쪽으로는 옥녀봉玉女峰이 있다.[1] 처음 이 지역으로 이주해 살면서 선도산이란 이름을 들었을 때, "이곳은 복숭아밭도 없는데 왜 선도산이란 이름을 붙였을까? 혹시 제천대성 손오공이 따먹었다는 서왕모의 반도蟠桃라도 있었나?"하는 정도의 가벼운 마음으로 지나쳐버렸었다. 그러다가 이 선도산이라는 이름이 박혁거세의 어머니인 선도성모로부터 나왔다는 사실을 알게 된 후, 선도성모의 정체를 알아보기 시작한 것이 이 모든 연구의 첫출발점이었다. 한·중·일 고대사의 비밀을 밝혀낸 이 연구 결과는 만약 필자가 경주에서 터전을 잡지 않았다면 결코 알아내지 못했을 것이었다. 그야말로 우연에 의한 결과, 즉 세렌디피티였다.

하지만 비록 첫출발은 우연이었을지 모르겠지만, 연구가 진행되면 될수록 필자는 이것이 결코 우연이 아니라 필연이라는 느낌이 강하게 들었다. 왜 이런 느낌이 필자에게 들었는지는 앞으로 필자와 함께 연구를 진행하다보면 자연스레 느끼게 될 것이다.

---

1. 법정동명은 경주시 충효동이며 행정동명은 선도동이다.

먼저 역사서에 기록된 선도성모에 대한 내용을 살펴보도록 하자. 『삼국사기』에는 선도성모에 대하여 다음과 같이 기록되어 있다.

"논하여 말한다. 신라의 박씨, 석씨는 모두 알에서 태어났고 김씨는 금궤에 들어가 하늘에서 내려왔다거나 혹은 금수레를 탔다고도 한다. 이는 너무 괴이해서 믿을 수 없으나, 세속에서는 서로 전하며 이것이 사실이라고 한다. 정화 연간에 우리 조정은 상서 이자량을 송에 보내 조공하였는데, 신 부식이 문한의 임무를 띠고 보좌하며 갔다. 우신관佑神館에 이르러 한 집에 선녀 상이 모셔져 있는 것을 보았다.

관반학사 왕보가 말하기를, "이것은 당신 나라의 신인데, 공들은 이를 아는가?"라고 하고는 마침내 말하기를, "옛날 황실의 딸이 남편 없이 잉태를 하여 사람들에게 의심을 받자 바다에 배를 띄워 진한으로 가서 아들을 낳으니, 해동의 시조왕이 되었다. 황실의 딸은 지상의 신선이 되어 오래도록 선도산에 있는데, 이것이 그녀의 상이다"라고 하였다. 신은 또 송의 사신 왕양이 동신성모에게 제사지내는 글을 보았는데 "현인을 잉태해 나라를 처음 세웠다"는 구절이 있었다. 이에 동신이 곧 선도산 성모임을 알았으나, 그의 아들이 어느 때 왕 노릇을 한 것인지는 알지 못한다."

또한 『삼국유사』에는 선도성모에 대하여 다음과 같이 기록되어 있다.

"신모는 본래 중국 황실의 딸이다. 이름은 사소이고 일찍이 신선의 술법을 얻어 해동에 와서 오래 머물고 돌아가지 않았다. 아버지 황제가 솔개의 발에 묶어 서신을 보냈다. "솔개를 따라가서 멈춘 곳을 집으로 삼아라." 사소가 서신을 받고 솔개를 놓아주니 날아서 이 산에 이르러 멈췄다. 드디어 와서 살고 지선이 되었다.

따라서 산 이름을 서연산이라 이름하였다.(서연산은 처음에 서산(서악)에서 서수리산으로, 그리고 수리의 한자 음을 빌린 서술산, 수리의 한자 뜻을 빌린 서연산 등으로 불리다가 최종적으로 선도산으로 바뀌었다.) 신모는 오래 이 산에 살면서 나라를 지켰는데 신령한 이적이 매우 많아서 국가가 생긴 이래로 항상 삼사의 하나가 되었고 서열도 여러 망 제사의 위에 있었다.

제54대 경명왕이 매사냥을 좋아하여 일찍이 이 산에 올라 매를 놓았으나 잃어버렸다. 신모에게 기도하여 말하기를 "만약 매를 찾으면 마땅히 작호를 봉하겠습니다"라고 하니 잠시 뒤 매가 날아와서 책상 위에 멈추었다. 이로 인하여 대왕으로 책봉하였다.

그 처음 진한에 와서 성자를 낳아 동국의 첫 임금이 되었으니 대개 혁거세와 알영 이성이 나온 바이다. 그러므로 계룡·계림·백마 등으로 일컬으니 계는 서쪽에 속하였기 때문이다. 일찍이 여러 천선으로 하여금 비단을 짜게 하여 비색으로 물들여 조복을 만들어 그 남편에게 주니 국인들이 이로 인하여 신이한 영험을 알았다."

앞에서도 말한 바 있지만 필자가 박혁거세의 뿌리에 대한 연구를 시작하면서 처음에 고민한 것은 박혁거세의 탄생에 대한 여러 역사 기록 중에서 무엇을 단서로 추적을 시작할 것인가였다. 결국 이 문제를 해결하기 위하여 박혁거세의 출생과 관련된 난생신화나 백마의 등

장 등은 기존 학자들과 마찬가
지로 단순한 비유와 상징으로
파악했기 때문에, 연구의 첫출
발선 상에서 문제해결을 위해
서는 신선술을 익히고 중국에
서 건너왔다는 선도성모를 핵
심단서로 삼을 수밖에 없었다.

그리고 연구를 진행하면서
선도성모와 관련된 기존의 연
구들을 살펴본 결과 필자처럼
선도성모에 초점을 맞춰서 연

그림 5-1. 선도산 마애삼존불

구를 진행한 학자들도 있었다. 하지만 그런 학자들은 선도성모가 중
국 황실의 공주였다는 부분에 초점을 맞춰 연구를 진행했으며, 결국
당시 중국의 역사 기록에 중국 황실의 공주가 한반도로 건너 온 흔적
이 없다는 이유로 인하여 더 이상의 연구 진척을 보지 못하고 흐지부
지 끝나고 말았다.

그러나 필자는 선도성모가 중국 황실의 공주였다는 기록이 단순히
선도성모의 신분이 높았다는 것의 비유적 표현으로 파악했기 때문에,
황실의 공주 출신이라는 내용 대신에 신선술을 익혔다는 부분에 초점
을 맞췄다. 그래서 필자는 우선 기원전 100년경에 중국에서 성행한 종
교가 무엇인지를 살펴보았다. 필자가 기원전 100년경으로 시점을 잡
은 것은 『삼국사기』에 박혁거세가 기원전 69년에 탄생하였다고 했으
니, 그 부모세대인 선도성모가 중국에서 경주까지 이동하는데 걸리는
시간 등을 고려하여 넉넉잡고 기원전 100년 전후의 중국 상황을 알아

본 것이었다.

기원전 100년 무렵 중국은 한 무제漢武帝가 통치하고 있었는데, 당시 한나라는 미신과 주술로 대표되는 샤머니즘 문화와 제자백가 사상 중 신선가, 음양가 그리고 도교의 전신이라고 할 수 있는 황로술 등이 혼재해있는 상태였다. 이런 가운데 무제가 등장함에 따라 신비주의적 성향을 띤 신선사상은 더욱 흥성하게 되었다. 무제는 불사의 다양한 방법을 주장하는 방사들을 파격적으로 대우했다.

여기에서 방사는 '방술지사'의 줄임말로 진나라와 한나라 때 연나라와 제나라에서 불로장생할 수 있다고 주장하면서 돌로 금을 만들고, 신선이 될 수 있다고 주장하던 이들을 말한다. 그들은 이를 위해 불로장생의 약을 만드는 연단술煉丹術을 행하고 불로초를 찾아 헤맸다. 또한 한 무제는 장생불사를 추구하고 신선이 되고자 했다는 점에서, 수천 명의 동남동녀와 함께 서복을 파견해서 불로초가 있다는 삼신산을 찾도록 시킨 진시황과 비슷했다. 이 때문에 한 무제 역시 방사를 신임하고 그들의 헛된 이야기를 믿었으며, 불로초를 구하도록 여러 번 사람들을 파견했다.

이러한 시대적 분위기에 힘입어 신화 상의 불사약과 관련된 서왕모 숭배사상이 전국적으로 퍼지게 되었는데, 결국 서왕모의 반도원에서 자란다는 선도를 그 이름으로 삼고 있으며 중국에서 신선술을 익혔다는 선도성모는 다름 아닌 서왕모 신앙과 관련이 있었던 것으로 파악할 수 있었다. 게다가 송나라 관반학사 왕보가 사당의 여신상을 보고 '귀국의 신'이라고 칭한 것을 보면, 선도성모가 당시 중국에서도 여신으로 숭배를 받을 정도로 아주 높은 신분의 종교적 인물임을 짐작할 수 있었다.

중국의 신화에 등장하는 서왕모는 우리에게도 익숙한 존재인데, 왜냐하면 어린 시절 한 번쯤은 읽어보았을 중국의 4대 기서 중 하나인 『서유기』에서 손오공이 서왕모의 반도원에서 행패를 부리는 것으로 잘 알려져 있기 때문이다. 또한 달에는 상아(혹은 항아)와 옥토끼가 산다는 신화 역시 한 번쯤은 들어봤을 텐데, 여기서 상아라는 여신도 서왕모와 관계가 있다. 그러면 먼저 여신 상아가 달에서 살게 된 배경 이야기와 우리나라에서 제사상에 복숭아를 올리지 않는 이유를 알아 본 후에 본격적으로 서왕모에 대해서 알아보도록 하자.

중국 신화학자 위앤커의 『중국신화전설』에 의하며, 성군으로 유명 한 요임금 시절, 하늘에는 갑자기 열 개의 태양이 한꺼번에 나타나서 인간 세상은 엄청난 재앙에 빠지게 되었다. 열 개의 태양은 동방 천제 제준의 자식들이었는데, 요임금은 이 재앙을 해결해달라고 천제에게 빌고 또 빌었다. 결국 천제 역시 이 사건을 그냥 두고 볼 수만은 없게 되어 활을 잘 쏘는 후예라는 천신을 파견하였다. 그리하여 후예는 아내인 상아와 함께 인간 세상에 내려와 제준으로부터 하사받은 활을 쏴서 하늘에 있는 태양을 하나하나 떨어뜨리게 되는데, 후예의 화살을 맞고 떨어진 태양은 거대한 황금빛의 삼족오로 변했다고 한다.

한편 흙으로 쌓은 단 위에서 후예가 활 쏘는 광경을 지켜보고 있던 요임금은 태양이 인간에게 이로운 점도 있다는 생각이 갑자기 떠올랐다. 그래서 급히 사람을 보내 후예의 화살통에 꽂힌 열 개의 화살 중 하나를 몰래 가져오게 시켰기 때문에, 하나의 태양이 살아남아서 아직도 인간세상을 비춘다는 것이다. 그 후에도 후예는 지상에 남아서 인간들을 위해 많은 영웅적인 행위를 하지만, 어떤 이유에서인지 천신의 자격을 박탈당하고 다시는 하늘나라로 올라가지 못하게 된다.

그리고 이것 때문에 그의 부인인 상아로부터 끊임없이 불평불만과 잔소리를 듣게 되는 것이다.

한편 천신의 자격을 박탈당한 후예 부부는 다가오는 죽음의 공포로부터 벗어나기 위해 곤륜산에 거처하고 있는 서왕모를 후예가 찾아가서 불사약을 주기를 간청한다. 그러자 이들의 처지를 딱하게 여긴 서왕모는 약을 건네주면서 그 양이 부부가 함께 먹으면 영원히 죽지 않을 만큼의 충분한 양이지만, 혼자서 다 먹으면 다시 하늘로 올라가 신이 될 수 있는 희망이 있을 정도라고 말했다. 아울러 이것이 마지막 남은 약이기 때문에 반드시 잘 보관하라고 후예에게 당부했다.

기쁨에 넘쳐 집으로 돌아온 후예는 아내에게 불사약을 보관하게 하고는 길일을 택해 함께 먹기로 했다. 하지만 불사의 인간 신분 정도로 만족하지 못하고 다시 여신의 신분으로 되돌아가기를 원했던 상아는 후예가 없는 때를 틈타서 혼자 그 약을 다 먹고 말았다. 그러자 그녀의 몸은 점점 가벼워져서 하늘로 떠올랐는데, 그녀는 남편을 피해 달에 숨어있기로 결정하고는 월궁으로 날아갔다. 남편을 배신하고 달에 도착한 상아는 곧 보기 흉한 두꺼비로 변하게 되는데, 이로 인해 달 속에 두꺼비가 산다는 신화가 생기게 된 것이다. 그리고 해 속에 삼족오가 있고, 달 속에 두꺼비가 있다는 이러한 신화는 〈그림 5-2〉와 같이 중국의 마왕퇴 고분에서 발견된 백화에도 그려져 있다.

한편 우리나라에서 제사상

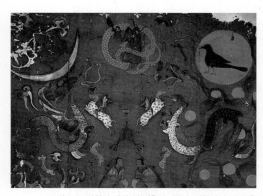

그림 5-2. 마왕퇴 백화 일부(출처 : 웨난, 마왕퇴의 귀부인)

에 유독 복숭아는 올리지 않는 이유는 다음과 같다. 후예의 가신 중에 봉몽이라는 사람이 있었는데, 똑똑하고 용감한 인물이었기 때문에 후예는 그의 자질을 아껴서 그에게 활 쏘는 법을 가르쳤다. 후

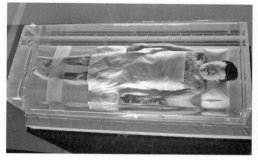

그림 5-2-1. 마왕퇴에서 발견된 여성미라

예의 지극한 가르침 덕분에 봉몽 역시 곧 그의 스승과 함께 활의 명인으로 이름을 떨치게 되었다. 하지만 활의 1인자가 되고 싶은 욕망에 사로잡힌 봉몽은 스승을 없애고 그 혼자만이 명인이 되기를 갈망했다. 그리하여 활로써 스승을 해치려다 스승의 뛰어난 실력 때문에 실패하게 되는데, 도량이 넓은 후예는 제자의 잘못을 용서하고는 더 이상 그것을 마음에 담아두지 않았다.

봉몽은 그 후 복숭아나무로 큰 몽둥이를 만들어서 항상 가지고 다니다가, 어느 날 후예가 방심한 틈을 타서 몽둥이로 그를 죽이고 만다. 그리고 후예가 복숭아나무 몽둥이에 맞아 죽었기 때문에, 후예를 두려워했던 천하의 귀신들이 다 복숭아나무를 두려워하였다고 한다. 무당들이 귀신을 쫓기 위해 복숭아나무 가지를 이용하는 것도 이러한 신화에서 비롯된 것이며, 이런 이유 때문에 그 후로 제사상에 복숭아를 올리지 않는 것이다.

필자가 어릴 때 들었던 속설로는 복숭아가 털이 있는 과일이기 때문에 제사상에 올리지 않는다고 했는데, 사실은 후예의 죽음과 관련하여 복숭아나무는 귀신을 쫓는 능력이 있다고 하여 제사상에 올리지 않는 것이다. 그런데 필자가 중국유학생 제자에게 물어본 바에 의

하면 중국에서는 복숭아를 좋은 의미로 파악하기 때문에 제사상에 올린다고 한다. 그리고 그 사실을 확인하기 위하여 중국의 검색포털인 바이두에도 문의를 해봤다고 했다. 그러니 복숭아를 제사상에 올리지 않게 된 이유인 이 신화는 이상하게도 유독 우리나라 제사에만 적용되는 것이다. 혹시라도 이것이 중국유학생 제자와의 의사소통에 문제가 있어서 그런 것이라면 독자 여러분들이 바로 잡아주기 바란다.

다음으로는 본격적으로 서왕모 신화에 대해서 알아보자. 한 무제 시절에 장생불사의 상징으로 숭배 받던 서왕모는 초기에는 신화적인 존재가 아니라 지명으로 등장했다. 그러다가 『산해경』에서 서왕모가 지명이 아니라 사람의 모습으로 등장하게 되는데, 『산해경』에서는 "서왕모는 그 형상이 사람 같지만 표범의 꼬리에 호랑이 이빨을 하고 있다"고 기록되어 있으며, 또한 "다시 서쪽 220리에는 삼위산이 있고 삼청조가 살고 있다"고 기록되어 있다.

여기에 소개된 삼위산은 뒤에서 다시 살펴볼 단군신화에도 등장하는 지명으로, 감숙성 돈황에 있다. 그리고 다들 알다시피 이 산은 단군신화에서 환인이 하늘에서 내려다보았다는 '삼위태백' 중 하나인 '삼위산'으로서 우리 민족과 친숙한 지명이다. 또한 삼청조는 서왕모에게 먹이를 잡아다주는 맹금류로 선도성모 전설에 나오는 솔개를 떠올리면 될 것이다. 결국 서왕모가 삼청조와 함께 살고 있다는 『산해경』의 내용은 매사냥에 대한 비유적 표현이며, 신라시대 매사냥에 대한 이야기는 『삼국유사』의 「선도성모 수희불사」편에도 등장한다. 그리고 이 세 마리의 새(삼청조)는 이 연구에서 문제해결을 위한 중요한 단서가 된다.

한편 『산해경』 중 「대황서경」에서는 "서해의 남쪽, 유사의 언저리,

적수의 뒤편, 흑수의 앞쪽에 큰 산이 있는데 이름을 곤륜구라고 한다. 이곳에는 신이 있는데, 얼굴은 사람이고 몸은 호랑이이다. 무늬가 있고 꼬리가 있다. 모두 흰 곳에서 살고 있다. 산 아래에는 약수가 연못으로 둘러싸고 있으며, 그 바깥에는 염화산이 있어 물건을 던지면 곧 타버린다. 어떤 사람이 머리꾸미개를 꽂고 호랑이 이빨에 표범의 꼬리를 하고 혈처에 사는데 이름을 서왕모라고 한다. 이 산에는 만물이 무진장 있다"고 기록되어 있다. 이 기록에서 나타나는 유사 역시 실크로드 상에 실제 존재하는 지명인 유사하流沙河로 『서유기』에서 사오정이 삼장법사와 만나는 장소로 잘 알려져 있는 곳이다. 그리고 서왕모가 거주한다는 혈처는 혈거라고도 하는데, 한반도에서 자주 보이는 수혈식 주거 양식인 움집을 의미한다.

그런데 위의 내용 중 서왕모가 "신이 있는데, 얼굴은 사람이고 몸은 호랑이이다. 무늬가 있고 꼬리가 있다"와 같이 반인반수의 모습으로 표현되는 것은 이들 집단의 문신 풍습 때문에 중국 내륙 지방 사람에게는 반인반수처럼 보였던 것으로 생각된다. 문신의 기원은 메소포타미아 우르 시에서 발견된 기원전 4500년경 만들어진 것으로 추정되는 작은 조각상에서 문신과 비슷한 흔적을 발견했으며, 이집트에서도 기원전 4000~3500년경의 무덤벽 그림에서 문신을 한 여자가 등장한다.

또한 이집트에서는 바빌론의 이슈타르 여신에 해당하는 하토르 여신의 여사제 미라에서 마름모꼴의 문신이 발견되었는데, 아리엘 골란의 『선사시대가 남긴 세계의 모든 문양』에 의하면 마름모꼴은 대모신과 관련이 있다고 한다. 그리고 제1장에서 소개한 가덕도에서 발굴된 그릇뿐만 아니라 한반도에서 출토된 수많은 토기에 이러한 마름모꼴

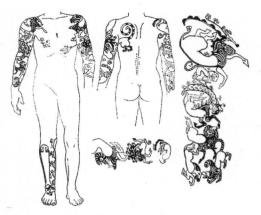

그림 5-3. 파지리크 미라 문신(출처 : Sergei Rudenko, Frozen Tombs of Siberia)

무늬가 새겨져 있는 것을 볼 수 있다.

또한 〈그림 5-3〉과 같이 뒤에 나오는 남시베리아 알타이 지역의 파지리크 고분에서 발견된 월지족 미라에서도 문신이 발견되며, 서역 지역에서 발견된 '누란의 미녀', 그리고 삼한과 일본에서도 문신이 발견되었다. 결국 고대 한반도와 일본, 그리고 파지리크 월지족 미라와 누란의 미녀 미라에서 발견된 문신은 고대 메소포타미아 지역에서 기원한 것으로 이들 선도성모 집단의 오래된 풍습이었던 것이다.

삼한과 일본에서 문신 풍습이 있는 것과 관련하여 『삼국지』「위서 동이전」에서는 "변진이 왜와 가까운 지역이므로 남녀가 문신을 하기도 한다"고 기록되어 있어서, 마치 왜의 문신 풍습을 삼한이 따르는 것처럼 묘사되어 있으나 사실은 선도성모 집단의 후예가 한반도에서 일본으로 이동함으로써 문신의 풍습이 일본으로 전파된 것이다. 또한 알타이 지역의 암벽화에는 꼬리가 달린 샤먼의 모습이 등장하는데, 이러한 모습과 문신을 한 모습이 "무늬가 있고 꼬리가 있다"라는 표현이 나오게 된 원인이라고 추측된다.

문신과 관련하여 한 가지 더 언급할 것이 있는데, 그것은 다름이 아니라 1장에서 소개한 가덕도 장항유적에서 인골들과 함께 발견된 적색 안료에 대한 것이다. 장항유적의 인골들이 기원전 6000년 전의 것이라는 학자들의 주장을 그대로 받아들이면, 우리나라에서는 지금으로부터 8000년도 전에 이미 적색 안료를 사용했다는 말이 된다. 그러나 고고학적 증거에 기반하여 고대 메소포타미아의 원자재와 산업에 대하여 저술한 영국의 고고학자이자 역사학자인 Roger Moorey에 의하면 기원전 첫 1000년 시기(기원전 1년~기원전 1000년)에 페니키아인들이 처음으로 자줏빛 염료를 채취하는데 이용되는 뿔고둥을 통하여 자주색을 만들었다고 한다.

그런데 우리나라에서 메소포타미아 지역보다 5000년이나 앞서 적색 안료를 만들었다는 것은 한마디로 어불성설이며, 이처럼 잘못된 결론을 이끌어 낸 방사성탄소연대측정법의 문제점에 대해서는 논지 전개 상 마지막 장인 16장에서 다루도록 하겠다. 그리고 에필로그에서 패총의 용도에 대하여 자세히 다루겠지만, 패총은 지금까지 학자들이 생각하듯이 단순히 선사시대의 쓰레기장이 아니라 당시의 다양한 제조 산업에 이용된 일종의 고대 시대 원자재 창고였다.

마지막으로 선도성모의 부왕이 선도성모에게 솔개의 발목에 편지를 묶어 보냈다는 전설은 전서구에 관한 것이다. 페르시아 아케메네스 왕조의 키루스 대제는 넓은 지역에 흩어져 있는 그의 제국과 통신하기 위하여 전서구를 이용하였다고 한다. 또한 이규보의 서사시 「동명왕편」에도 박혁거세와 같은 종족인 주몽의 어머니 유화부인이 비둘기를 이용하여 주몽에게 곡식을 보내는 내용이 나온다. 즉, 금와왕의 아들들이 주몽을 시기하고 죽이려 하자 유화부인이 남쪽으로 피신시키면서 여러 곡식의 씨앗을 주었는데 보리씨앗만 빼놓는 바람에 비둘기를 이용해 주몽에게 씨앗을 전해 주었다는 이야기가 그것이다.

우리는 흔히 전서구하면 비둘기를 떠올리는데, 매 중에서도 전서구 역할을 하는 종류가 있다고 한다. 매가 전서구 역할을 한다는 것은 네이버의 지식iN에서 알게 된 사실인데, 그 내용을 기록한 사람에게 정확한 참고문헌을 문의한 결과 『로마사』나 『전쟁사』에 그런 기록이 있다는 답변을 받았다. 워낙 다양한 『로마사』와 『전쟁사』가 있어서 비록 필자가 그 사실 여부에 대해서는 아직 확인하지 못했지만, 그 사실 여부와 상관없이 선도성모와 솔개에 대한 전설이 전서구와 관련된 내용임에는 틀림없는 사실인 것이며, 이러한 길을 안내하는 솔개의 전설이 뒤에서 선도성모 집단의 한반도 이주를 파악하는 중요한 단서가 되는 것이다.

제6장

신녀왕과 만파식적

　얼마 전 TV채널을 돌리다가 우연히 경희대학교 석좌교수^{Eminent} ^{Scholar}로 근무하는 슬라보예 지젝의 강연 마지막 부분을 보게 되었다. 「지식인과 전문가의 경계」라는 소주제였는데, 내용이 인상적이어서 방송이 끝난 후 그의 이력에 대해서 찾아보았다. 파리제8대학교 정신분석학 박사 출신인 슬라보예 지젝은 방송에서 "진정한 지식인은 다른 사람이 정해 놓은 문제를 해결하는 것이 아니라 문제 자체에 대해 의문을 제기하고 그것이 올바른 접근법인가에 대한 의문을 제기하는 것이 바로 지식인이라고 생각한다"라고 주장하면서 학자가 지식인이 아닌 전문가로 전락하는 것에 대해서 염려를 표했다.

　하지만 필자가 염려하는 부분은 단순히 학자가 지식인이 아닌 전문가로 전락하는 정도가 아니라 심지어 '전문가로 전락한 학자들의 권위'에 대한 것인데, 한 마디로 요약하자면 소위 전문가라고 자칭하는 사람들에게는 대단히 미안한 얘기지만 필자는 '전문가의 권위'라는 것을 그다지 신뢰하지 않는다.

예전 5공화국 때 서울대 어느 토목공학과 교수는 북한이 금강산댐을 무너뜨리면 63빌딩까지 물에 잠긴다고 하면서, 물에 잠긴 63빌딩의 컴퓨터 그래픽을 이용하여 정부의 정책을 지지하는 내용을 TV에 출연해서 발표했었다. 그 외에도 얼마 전 이명박 정권 때는 4대강과 관련하여 정부의 주장을 지지하는 의견을 표명한 학자들도 많았는데, 물론 이러한 것은 학자(혹은 전문가)가 정부에 곡학아세한 전형적인 예들이다. 그런데 4대강과 관련하여 정부 측을 지지하는 소위 전문가들이 주장하는 내용을 보면서 어이가 없었는데, 그들이 주장하는 내용은 굳이 전문가가 아닌 일반 상식을 가진 사람이라면 누구라도 그들의 주장이 말이 안 된다는 것을 알 수 있었기 때문이다.

강수량이 여름 장마철과 태풍이 불어오는 시기에 집중적으로 몰려 있는 우리나라인데 연평균 일정한 강수량을 유지하여 배가 다닐 수 있도록 하기 위하여 물을 공급할 추가 댐을 건설하겠다는 그들의 주장을 보면서 필자에게는 "강이 없는 마을에 다리를 지어주기 위해서 강을 파겠다"는 공약을 했다는 국회의원과 관련된 옛날의 우스갯소리가 떠올랐었다.

또한 2008년 하반기 미네르바 사건의 경우 전문대 출신의 30대가 소위 전문가들인 경제학자들도 예측 못한 리먼 브러더스의 부실과 환율 폭등 등과 같은 대한민국 경제의 변동 추이를 정확히 예견했다. 필자가 여기서 말하고 싶은 내용은 이것이다. 특수한 과학 분야와 같이 소위 비전문가들이 접근하기 힘든 영역이 분명히 존재한다. 하지만 많은 영역들은 '해당 분야의 학위가 없는 상식인'이 특정 분야에 대해 관심을 가지고 나름의 공부를 할 때에는 소위 그 분야의 전문가들보다 나을 수도 있다는 것이다. 왜냐하면 대부분의 학문이라는 것은 소위 '상식의 범위'에서 크게 벗어나지 않기 때문이다.

오늘날의 자칭 전문가들은 그 시야가 너무나 좁다. 그리하여 현실 세계를 쪼개고 또 쪼개서 퍼즐 몇 조각으로 전체 그림을 파악하려고 하니 당연히 그 결과가 맞을 리가 없는 것이다. 전체 그림을 파악하기 위해서는 퍼즐 조각을 쪼개고 또 쪼개는 환원주의적reductive인 접근방법이 아니라, 전체 그림을 통합적으로 파악하는 전일주의적holistic 접근방법인 융합만이 그 해답이다. 진정한 지식인은 포괄적인 지식의 소유자라고 필자는 생각한다. 일종의 르네상스 맨 ….

앞장에서 살펴본 박혁거세의 어머니 선도성모 신화에 대해서, 이 신화가 고려시대 때 중국을 떠받드는 모화사상에 의하여 만들어졌다고 주장하는 학자들이 있다. 즉, 박혁거세가 선도성모로부터 나왔다는 역사서의 기록은 신라의 산신숭배사상과 중화사상이 합쳐져서 나타난 설화에 불과하다는 것이다.

이와 관련하여 선도성모를 단서로 박혁거세의 뿌리를 찾은 필자의 논문을 읽어본 신라사 전공의 어느 학자는 "선생님의 논지 가운데 가장 핵심적인 내용이 선도산 성모신화에 관한 내용인데, 선도산 성모가 혁거세를 낳았다고 설화에 전하나 사실 현재 그러한 내용의 설화가 만들어진 시기는 아무리 소급한다고 하더라도 중대(고려시대) 이전으로 보기 어렵다는 것이 학계의 시각입니다. 이럼에도 불구하고 선생님께서는 신라를 건국한 주체세력들이 마치 선도산 성모신화를 가지고 경주에 온 것처럼 서술하였습니다. 이러한 견해는 사료 비판이 제대로 이루어지지 않았기 때문에 논란의 여지가 많을 수밖에 없습니다"라고 필자 연구의 뿌리 자체를 부정했다.

이번 장에서는 과연 이들 일부 학자들의 주장처럼 선도성모가 실존 인물이 아니라 중화사상에 의한 허구적인 인물인지에 대해서 알아보도록 하겠다. 사실 일반 독자들을 위해서는 이 장의 내용이 그다지 의미 없을 수도 있다. 그럼에도 불구하고 굳이 필자가 별도로 이 장을 기술하는 것은 소위 전문 역사학자들이 선도성모를 중심으로 문제를 해결해나간 필자의 주장에 대해 앞에서와 같이 근본을 뒤흔들면서 부정할 수도 있기 때문에 나름의 방어 장치를 마련하기 위해서이다.

또한 이 장의 내용은 필자가 프롤로그에서 이 연구를 위하여 사용했다고 소개한 기법 중 하나인 '패턴을 이용한 분석기법'을 적용해서 문제를 해결한 사례 중 하나다. 그리고 필자가 본서에서 제시한 몇 가지 역사 추리 문제를 독자 여러분 중 스스로의 힘으로 다 해결한 분이 계신다면, 그런 분들은 앞으로 충분히 역사·고고학의 탐정 자격이 있는 것으로 생각된다. 그러니 독자 여러분들의 추리 본능을 유감없이 발휘하여 필자가 이 장에서 제시한 두 번째 추리 문제를 해결해 보기 바란다.

앞에서 소개한 것처럼 선도성모의 존재를 부정하는 일부 학자들뿐만 아니라 선도성모의 존재를 인정하는 학자들의 경우에도 문제를 복잡하게 만들기를 좋아하는 일부 학자들은 선도성모와 서술신모를 별개의 존재로 파악하여 간단한 문제를 오히려 복잡하게 만드는 경우도 있었다. 즉, 선도성모의 존재를 인정하는 학자들 중에서도 신화학자 서대석과 민속학자 임재해 등은 선도성모 신화와 서술신모 신화를 별개의 신화로 구분하지 않았다. 그러나 서울대 교수 출신인 역사학자 손진태와 김상기 등은 선도성모와 서술신모가 동일 인물이 아니며, 신라시절부터 존재했던 서술신모 신화에 후대의 선도성모 신화가 절충되어 만들어진 것이라고 주장했으며, 그 후에도 많은 학자들이 이러한 주장에 동조하여 연구를 진행했다. 그러고 보면 항상 문제의 근원에는 소위 관학파인 서울대 출신 역사학자가 도사리고 있음을 알 수 있다.

선도성모와 서술신모의 관련성에 대하여 일연은 『삼국유사』에서 특별한 인용이나 근거 없이 이 선도성모와 서술신모를 같은 대상으로 동일시했다. 또한 조선 성종 때 편찬된 『동국여지승람』에도 선도산은 서연산, 서술산 등으로 불렸으며, 그 밖의 대부분의 조선 기록에서도 선도산과 서술산은 하나로 인식되었다. 즉, 『삼국유사』 이래 현재까지, 일반적으로 서술산과 선도산은 같은 산으로, 서술산 여신과 선도산 여신은 같은 여신으로 받아들여졌다.

필자는 굳이 선도성모와 서술신모가 동일 인물인가 아니면 별개인가라는 이러한 학자들의 소모적인 논쟁에 휩싸이고 싶지 않다. 왜냐하면 선도성모와 서술신모가 동일한 인물이며, 그들에 관하여 역사서에 나타나는 신화적인 내용이 사실은 신화가 아니라 역사적 사실의 신화적 표현임이 본 연구를 진행하는 과정에서 모두 밝혀지기 때문이다.

그러나 "한국사의 경우, 매우 철저한 실증과 자료적 뒷받침을 중요시 여긴다"라고 주장하는 일부 실증주의 사학자들의 소위 "실증적인 고증"을 통하여 선도성모(혹은 서술신모)의 정체와 실존을 밝히기 위해 필자가 여기에서 보다 정확하게 짚고 넘어가야만 하는 내용이 있다. 그것은 다름 아닌 『삼국사기』 「악지樂志」에 기록된 다음과 같은 내용이다. 원래 『삼국사기』 「악지」의 기록에서 각각의 왕이 신라 왕조의 제 몇 대 왕에 해당하는 지에 대한 자료는 원전에 없지만, 독자 여러분들이 별도의 자료를 찾을 필요가 없도록 편의를 제공하기 위해 필자가 임의로 추가한 내용임을 먼저 밝혀둔다.

또한 이 문제를 해결하기 위해서는 앞에서도 언급했다시피 '패턴에 의한 분석기법'을 적용해야한다는 힌트를 다시 드린다. 다만 여기에서는 그림이 등장하지 않으므로 그림이 아니라 언어 서술에 있어서의 특정 패턴을 찾아야 한다는 것에 유의하기 바란다. 아직 초반이라서 너무 자세하게 힌트를 드리는 감이 없잖아 있지만, 지금부터 독자 여러분들은 다음 내용을 꼼꼼히 읽어본 후 『삼국사기』 「악지」에 등장하는 '신녀왕神女王'이 과연 누구를 지칭하는 것인지와 그 이유는 무엇인지를 알아맞혀 보기 바란다.

"『고기』에 이르기를, 신녀왕 때 동해 가운데 홀연히 작은 산 하나가 나타나서 형상은 거북 머리와 같고 그 위에 대나무 하나가 있는데 낮에는 둘로 나뉘고 밤이면 하나로 합하였다. 왕이 베어 오게 하여 적笛을 만들었는데, 이름을 만파식이라 하였다. 비록 이런 설이 있으나 괴이하여 믿을 수 없다 … 회악 및 신열악은 3대 유리왕 때 만든 것이고, 돌아악은 4대 탈해왕 때 만든 것이다. 지아악은 5대 파사왕 때 만들고, 사내악은 10대 내해왕 때 만들고, 가무는 17대 내밀(물)왕 때 만들고, 우식악은 19대 눌지왕 때 만들고, 대악은 20대 자비왕 때 사람 백결 선생이 만들고, 간인은 22대 지대로왕(지증왕) 때 사람 천상욱개자가 만들고, 미지악은 23대 법흥왕 때 만들고, 도령가는 24

대 진흥왕 때 만들고, 날현인은 26대 진평왕 때 사람 담수가 만들고, 사내기
물악은 원랑도(생몰년 신원 미상의 신라 진평왕 때 화랑)가 만든 것이다. …
다만『고기』에 이르기를, 31대 정명왕[1] 9년에 신촌으로 거둥하여서 잔치를 베
풀고 … 40대 애장왕 8년에 악을 연주하면서 비로소 사내금을 연주하였는데
… 최치원(46대 문성왕 때 출생)의 시에 향악잡영 5수가 있으므로 지금 여기
에 기록한다."[2]

한편 만파식적에 대한『삼국유사』의 기록은 다음과 같이 훨씬 자세
하고 길다.

"제31대 신문왕의 이름은 정명이고 김씨이다. 개요 원년 신사(서기 681)
7월 7일에 왕위에 오르자, 거룩하신 선대부왕인 문무대왕을 위하여 동해 바
닷가에 감은사를 창건하였다. (절에 있는 기록은 이러하다. "문무왕께서 왜
군을 진압하려고 이 절을 짓기 시작하셨지만 다 마치지 못하고 세상을 떠나
시어 바다의 용이 되셨다. 그 아드님이신 신문왕께서 왕위에 오른 해인 개
요 2년에 공사를 마쳤다. 금당 돌계단 아래에 동쪽을 향해 구멍을 하나 뚫어
두었으니, 곧 용이 절로 들어와 돌아다니게 하려고 마련한 것이다. 왕의 유
언에 따라 뼈를 보관한 곳이므로, 대왕암이라고 불렀고 절은 감은사라고 하
였다. 뒤에 용이 모습을 나타낸 곳을 이견대라고 하였다.")

다음해 임오년(서기 682) 5월 초하루에[어떤 책에는 천수 원년(서기 690)
이라 하나 잘못된 것이다.] 해관 파진찬 박숙청이 아뢰었다.

---

1. 31대 신문왕의 휘諱(생전의 이름)이다.

2. 이 책에서는 '신녀왕神女王'을 '신문왕神文王'의 오자인 듯하다고 적고 있다.

"동해 가운데 작은 산이 있었는데, 감은사 쪽으로 떠내려 와서 물결에 따라 오가고 있습니다."

왕이 이상하게 여기어 천문을 담당한 관리인 김춘질(춘일이라고도 한다.)에게 점을 치게 하였더니 이렇게 말하였다.

"거룩하신 선왕께서 이제 바다의 용이 되어 삼한을 지키고 있습니다. 거기에 또 김유신 공도 삼십삼천의 한 분으로 이제 이 신라에 내려와 대신이 되었습니다. 두 성인이 덕을 같이 하여 성을 지킬 보물을 내리려고 하십니다. 만일 폐하께서 바닷가에 행차하시면 반드시 값으로 따질 수 없는 큰 보물을 얻게 되실 것입니다."

왕은 기뻐하며 그 달 7일에 이견대에 행차하여 그 산을 바라보고는 사람을 보내어 살펴보도록 하였다. 산의 모습은 마치 거북이 머리 같았고 그 위에는 한 줄기의 대나무가 있었는데, 낮에는 둘이 되었다가 밤에는 하나로 합해졌다. (일설에는 산도 또한 대나무처럼 낮에는 갈라지고 밤에는 합해진다고 하였다.) 사신이 와서 이러한 사실을 아뢰자, 왕은 감은사로 가서 묵었다. 다음날 오시에 대나무가 합해져서 하나가 되더니 천지가 진동하고 비바람이 몰아쳐 7일 동안이나 깜깜하였다가 그 달 16일이 되어서야 바람이 잦아지고 물결이 잔잔해졌다. 왕이 배를 타고 그 산에 들어갔는데, 용이 검은 옥띠를 받들고 와서 바쳤다. 왕이 용을 맞이하여 함께 앉아서 물었다.

"이 산의 대나무가 혹은 갈라지고 혹은 합해지는 것은 어찌해서인가?"
용이 말하였다.

"비유하자면 한 손으로 손뼉을 치면 소리가 나지 않지만, 두 손으로 치면 소리가 나는 것과 같습니다. 이 대나무라는 물건도 합해진 연후에야 소리가 납니다. 거룩하신 왕께서 소리로 천하를 다스릴 상서로운 징조입니다. 왕께서 이 대나무를 가져다가 피리를 만들어서 불면 천하가 평화로워질 것입니다. 지금 왕의 아버지께서 바다의 큰 용이 되셨고 김유신은 다시 천신이 되었습니다. 두 성인이 마음을 합치셔서 이처럼 값으로 따질 수 없는 큰 보물을 저에게 바치도록 하셨습니다."

왕이 놀랍기도 하고 기쁘기도 하여서 오색찬란한 비단과 금과 옥으로 용에게 보답하였다. 그리고 명을 내려 대나무를 베도록 하였는데, 바다에서 나올 때 산과 용이 홀연히 사라져서 보이지 않았다. 왕이 감은사에서 묵고는 17일에 기림사 서쪽 시냇가에 이르러서 수레를 멈추고 점심을 먹고 있었는데, 태자 이공(즉 효소대왕이다.)이 대궐을 지키다가 이 일을 듣고 말을 달려와서 축하하였다. 그리고 천천히 옥대를 살펴보더니 이렇게 말하였다.

"이 옥띠의 여러 개의 장식은 모두 다 진짜 용입니다."
왕이 말하였다.
"네가 그것을 어떻게 아느냐?"
태자가 아뢰었다.
"하나를 따서 물에 넣어 보십시오."

왼쪽 두 번째 것을 따서 계곡물에 넣었더니 곧 용이 되어서 하늘로 올라갔고, 그 땅은 연못이 되었다. 그래서 이 연못을 용연이라고 부른다.
왕이 대궐로 돌아와서 그 대나무로 피리를 만들어 월성 천존고에 보관하였다. 피리를 불면 적군이 물러나고 병이 나았으며, 가물면 비가 오고 장마가 지면 날이 개었으며, 바람이 잠잠해지고 파도가 잔잔해졌다. 그래서 만파식적이라고 부르고 국보로 삼았다.

효성왕 때인 천수 4년 계사(서기 693)에 부례랑이 살아서 돌아오는 이상한 일이 있어서, 다시 이름을 만만파파식적이라고 하였다. 부례랑의 전기에 상세히 실려 있다."[3]

자, 여기까지 읽은 독자들은 위의 『삼국사기』 「악지」 내용에서 '신녀왕'의 정체를 파악하는데 필요한 어떤 단서를 잡으셨는가? 앞에서 필자는 이 문제를 해결하기 위해서 일종의 '패턴에 의한 분석 방법'이 필요하다고 밝힌 바 있다. 원래 패턴이란 '일정한 형태나 양식 또는 유형'을 의미하는 것인데, 필자가 생각하기에는 패턴이라는 것이 굳이 도형의 패턴만이 패턴이 아니라 문학에서 이용되는 점층법이나 점강법과 같이 언어적·수사학적인 패턴 역시 패턴의 일종이라고 본다. 그러면 위의 기록에는 과연 어떤 패턴이 숨어있는가? 필자가 생각하는 정답을 제시하기 전에 '신녀왕'이 '신문왕'의 잘못인 듯하다는 내용에 대해서 먼저 살펴보자.

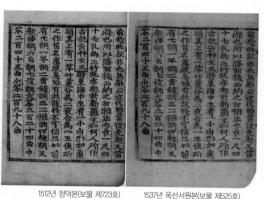

1512년 정덕본(보물 제723호)　　1537년 옥산서원본(보물 제525호)

그림 6-1. 삼국사기 악지 신녀왕 기록_정덕본과 옥산서원본 비교(출처 : 한국사데이터베이스)

---

3. 출처 : 한국사데이터베이스

〈그림 6-1〉은 『삼국사기』 「악지」 기록의 원본으로서 1512년 발간된 정덕본과 1537년에 발간된 옥산서원본인데, 두 판본의 활자가 동일하기 때문에 그 내용 역시 동일할 수밖에 없다. 여기서 중요한 사실은 '신녀왕神女王'이란 글자가 '신문왕神文王'이란 글자로 오인될 수 없을 정도로 훼손됨이 없이 명확하다는 것이다. 그런데 왜 '신문왕'의 오자인 듯하다고 했을까?

그 이유는 다름 아닌 만파식적에 대한 내용이 정덕본이나 옥산서원본에는 신녀왕 때의 일로 기록되어 있으나, 『삼국유사』 「만파식적」조에는 신문왕 때의 일로 기록되어 있기 때문이다. 그리고 역사학자들은 이러한 기록의 불일치 이유에 대해서 크게 고민하지 않고 신녀왕이 신문왕의 오자라고 결론을 내린 것이다. 기존의 실증주의 역사학자들이 이렇게 결론 내린 이유를 필자 나름대로 짐작을 해보자면 가장 큰 이유는 아마도 '신녀왕'이란 존재가 『삼국사기』 「악지」 외에는 나타나지 않았기 때문일 것이다.

그렇다면 소위 철저한 고증을 기반으로 한다는 실증주의 역사학자들의 그러한 결론은 과연 정당한가? 또한 그들은 그러한 결론을 내리기 위해 그들이 그토록 강조하던 '철저한 고증'을 했는가? 다들 알다시피 김부식이 편찬한 『삼국사기』는 정사이고, 일연이 편찬한 『삼국유사』는 정사가 아닌 야사이다. 혹자는 '야사'라는 용어 대신 '대안사서'라는 용어를 사용하자고 주장하기도 하지만, 그 용어가 무엇이든지 간에 『삼국유사』는 정사가 아니다. 그러면 동일한 내용에 대하여 정사와 야사 간에 충돌이 생기면 우리는 어느 쪽의 손을 들어줘야 하는가? 그것은 당연히 정사의 손을 들어줘야 하는 것이 옳다고 본다.

또한 만파식적에 대한 『삼국사기』의 기록과 『삼국유사』의 기록을 비교해보면, 『삼국사기』의 내용은 간략한 반면, 『삼국유사』의 기록은 장황하게 길다. 동일한 사건에 대한 기록물이 내용이 짧은 것과 긴 것, 두 종류가 있다면 어느 것이 원본이고 어느 것이 원본을 참조한 사본일까? 독자 여러분들의 생각은 어떤지 궁금하다.

이 문제에 대한 필자의 생각은 이렇다. 독자 여러분들 중 어떤 분은 이상하게 생각할지 모르겠지만 필자는 내용이 짧은 것이 원본이고, 긴 것이 원본을 참조한 사본이라고 생각한다. 이렇게 판단하는 이유는 앞에서 고인돌의 양식 변화에서 언급했듯이 단순한 것에서 복잡한 것으로 진화·발전하는 것이 일반적이며, 같은 맥락으로 어떤 하나의 이야기나 소문은 시간이 지날수록 원본에 추가적으로 말을 꾸며 살을 덧붙임으로써 내용이 점점 길어지는 것이 일반적이기 때문이다. 이것은 마치 〈흥부가〉나 〈심청가〉와 같은 판소리나 〈아리랑〉과 같은 구전 민요가 여러 판본(버전)이 있는 것과 마찬가지이다. 즉, 하나의 이야기나 노래가 구전됨에 따라 다양한 판본이 생기게 되는 것처럼, 만파식적 이야기도 원래는 간단한 이야기가 세월의 흐름에 따라 여러 가지 이야기가 덧붙여져 길어졌다는 것이다. 이것이 필자가 『삼국사기』「악지」에 나오는 '신녀왕'이 '신문왕'이 아니라 문자 그대로 '신녀왕'이라고 판단하는 근거 중의 첫 번째이다.

그리고 두 번째 근거가 바로 독자 여러분들에게 제시한 문제의 정답인데, 지금부터는 그 두 번째 근거에 대해서 살펴보도록 하자.

역사서를 기술하는 방식에는 대표적으로 기전체와 편년체가 있다. 기전체는 역사를 서술할 때 본기·열전·지·연표 등으로 구성하는 역사 서술 체재로서 사마천의 『사기』에서 비롯되어 중국·한국의 역대 왕조에서 정사 서술의 기본 형식으로 자리 잡았다. 반면에 편년체는 연대순에 따라 기술하는 역사편찬의 한 체재로서, 중국의『춘추』『좌씨전』이 이런 체재의 원초형태이며, 기전체형식에 대하여 의도적으로 이러한 기술방식을 처음 사용하게 된 것은 후한대의 순열이 편저한 『한기』에서부터라고 한다.

한편 우리나라의 삼국시대에 대한 정사인『삼국사기』는 기전체로서, 각각「신라 본기」「고구려 본기」「백제 본기」「연표」「지」「열전」으로 구성되어 있다. 그리고 '신녀왕'에 대한 기록은 여러 가지「지」중에서도 음악에 대한 기록을 적은「악지」에 등장하는데, 그 기록에서 등장하는 패턴은 다음과 같다.

편년체가 발생 연월의 순으로 기록한다고 해서 그러면 기전체는 그것을 완전히 무시하느냐? 절대 그렇지 않음을 우리는「본기」의 내용이 신라·고구려·백제왕들의 재위 순서에 따라 기록되어 있는 것을 통해서 알 수 있다. 그리고「악지」에 나타난 음악 관련 기록도 바로 왕들의 재위 순서에 따라 기록되어 있는 것이다. 즉, 가장 먼저 신녀왕이 등장하고, 다음에는 3대 유리왕, 4대 탈해왕, 5대 파사왕, 10대 내해왕, 17대 내밀(물)왕, 19대 눌지왕, 20대 자비왕, 22대 지대로왕(지증왕), 23대 법흥왕, 24대 진흥왕, 26대 진평왕, 31대 정명왕(신문왕), 40대 애장왕, 그리고 46대 문성왕 때 출생한 최치원의 순으로 당시의 음악에 대해 기록되어 있는데, 이것은 컴퓨터의 자료 정렬 방식 중에서 작은 것에서 큰 것 순서로 정렬하는 일종의 오름차순 정렬ascending sort 방식에 해당하는 것이다.

그러면 여기서 3대 유리왕보다도 더 빨리 나타나는 '신녀왕'은 과연 누구일까? 신라 역사에서 3대 유리왕보다도 더 일찍 즉위한 왕은 당연히 2대 남해왕과 1대 박혁거세뿐이며, 신녀왕이란 존재는「신라

본기」에 기록되어 있지 않다. 그런데 「악지」에서 갑자기 등장하는 신녀왕은 과연 누구란 말인가?

지금쯤이면 독자여러분들도 다들 짐작하겠지만 필자는 이 신녀왕이 바로 박혁거세의 모친인 '선도성모'를 지칭하는 것이라고 확신하는 것이다. 그리고 이러한 확신의 근거는 『삼국유사』에 기록되어 있는 선도성모의 다음과 같은 일화에서도 찾을 수 있다. 이 내용은 앞에서도 소개한 바 있지만 여기서 다시 한 번 더 소개하겠다.

"신모는 본래 중국 황실의 딸이다. 이름은 사소이고 일찍이 신선의 술법을 얻어 해동에 와서 오래 머물고 돌아가지 않았다. 아버지 황제가 솔개의 발에 묶어 서신을 보냈다. "솔개를 따라가서 멈춘 곳을 집으로 삼아라." 사소가 서신을 받고 솔개를 놓아주니 날아서 이 산에 이르러 멈췄다. 드디어 와서 살고 지선이 되었다. 따라서 산 이름을 서연산이라 이름하였다. 신모는 오래 이 산에 살면서 나라를 지켰는데 신령한 이적이 매우 많아서 국가가 생긴 이래로 항상 삼사의 하나가 되었고 서열도 여러 망 제사(땔감을 태우며 멀리 산천의 신에게 제사지내는 것)의 위에 있었다.

제54대 경명왕이 매사냥을 좋아하여 일찍이 이 산에 올라 매를 놓았으나 잃어버렸다. 신모에게 기도하여 말하기를 "만약 매를 찾으면 마땅히 작호를 봉하겠습니다"라고 하니 잠시 뒤 매가 날아와서 책상 위에 멈추었다. 이로 인하여 대왕으로 책봉하였다."

위의 선도성모 일화에서 신선술을 익히고 중국에서 한반도로 건너 온 선도성모는 선도산에서 지선이 되었으며, 경명왕이 선도성모에게 기도하여 매를 찾은 후에 성모에게 대왕으로 책봉했다고 기록되어 있다. 즉, 신선술神을 익힌 선도성모는 선도산에서 지선이 되었으며, 너무나 당연한 이야기지만 여자女이며, 대왕王으로 책봉되었다. 그리고 이 세 가지 사실을 조합하면 '신녀왕'이라는 칭호가 만들어지는 것이다. 그리고 선도성모가 바로 '신녀왕'이기 때문에 「악지」에서 3대 유리왕보다도 '신녀왕'이 먼저 등장하는 것이다. 독자 여러분들은 신녀왕의 정체에 대한 필자의 이러한 추론에 어떤 논리적 오류나 비약이 있다고 느끼는가?

그리고 제15장에서 자세히 밝히겠지만, 선도성모는 한반도로 건너오기 이전에 중국에서 이미 서왕모로 숭배 받던 인물이었다. 따라서 굳이 경명왕이 대왕으로 책봉하지 않았어도 선도성모 당시에 이미 '신녀왕'으로 숭배 받았을 가능성도 배제할 수 없다. 그리고 선도성모는 그 정체가 원래 월지족의 여제사장이었기 때문에, 오늘날 무속의 원조이기도 하다. 앞에서 소개한 청동팔령구나 동경, 동검 등은 다 이러한 여제사장이 제사를 집전할 때의 도구였던 것이다.

또한 지금까지 신라에서 발견된 금관은 머리 크기가 작아서 여성용이라는 글을 본 기억이 있다. 만약 그것이 사실이라면 금관은 왕이 사용한 것이 아니라 선도성모와 같은 여제사장이 사용한 것일 가능성이 높다. 아무튼 이러한 이유로 선도성모가 생존 당시에 이미 '신녀왕'으로 불리는 것이 전혀 이상하지 않은 것이다. 또한 선도성모는 김대문의 『화랑세기』에서는 화랑도의 기원이 되는

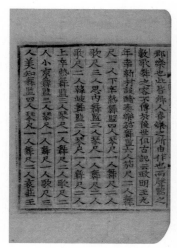

1537년 옥산서원본(보물 제525호)
그림 6-2. 삼국사기 악지 정명왕 기록(출처 : 한국사데이터베이스)

원화제도를 만든 '연부인燕夫人'이라는 호칭으로도 등장하는데, 이것에 대한 자세한 내용은 후속 연구에서 밝히도록 하겠다.

마지막으로 '신문왕'이 '신녀왕'이 절대 될 수 없는 이유가 한 가지 더 있다. 그것은 바로 〈그림 6-2〉와 같이 '신녀왕'이 등장하는 『악지』에 소개된 『고기』에서 '신문왕'이 '신문왕'이라는 시호로 기록되지 않고 '정명왕'이라는 생전의 이름인 휘諱로 기록되어 있다는 것이다.

그러면 이와 관련하여 '신녀왕'이라는 호칭이 등장하는 『고기』에 왜 '신문왕'이라는 시호를 사용하지 않고, '정명왕'이라는 생전의 이름을 사용했을까하는 의문이 생긴다. 논리적으로 생각해보면, 기존 역사학자들이 주장하듯이 만에 하나 앞에 나오는 『고기』의 '신녀왕'이 '신문왕'을 잘못 기록한 것이었다면, 당연히 같은 책인 『고기』에서 이번에는 실수하지 않고 제대로 기록한 '신문왕'이 나오는 것이 마땅할 것이다. 그렇지 아니한가? 그런데 이번에는 '신문왕'이 아닌 '정명왕'으로 기록하고 있는 것이다.

왜 이렇게 기록했을까? 그 이유는 바로 선견지명이 있었던 우리 선조들은 『고기』라는 같은 책에 '신녀왕'과 비슷한 이름인 '신문왕'을 같이 사용하면 어리석은 후손들이 '신녀왕'을 '신문왕'의 오자로 오해할 지도 모른다고 예상했기 때문에, 이러한 오해의 소지를 없애기 위해서 '신문왕'이라는 시호 대신 아예 '정명왕'이라는 생전의 이름을 사용한 것으로 추측된다.

혹은 보다 더 가능성이 높은 이유는 한문 문장의 수사법 중 하나인 '피휘避諱'를 적용한 것일 수도 있다. 한문의 수사법에서 피휘란 말할 때 금기시하는 사물에 부딪히면 그것을 직접 말하지 않고 별개의 말을 써서 서술하는 방법으로서, 예를 들어 '백년 후'라는 것은 집안 어른이나 상대방의 죽음을 뜻한다. 또한 문장에서 임금이나 집안 어른, 그리고 성인의 이름자가 나타나는 경우 삼가는 뜻을 표하기 위해 뜻이 통하는 다른 글자나 획의 일부를 생략하는 것을 의미하기도 하는데, 그 각각을 국휘國諱, 가휘家諱, 그리고 성휘聖諱라고 한다.

이처럼 집안 어른의 이름을 그 후손이 쓸 수 없는 가휘 때문에, 당나라 때에는 집안 어른의 이름과 같은 글자가 시험문제에 나오면 시험을 포기해야만 했다고 한다. 당나라 시절, 27세의 젊은 나이로 요절한 천재 시인 이하李賀 역시 이런 문제 때문에 제대로 벼슬길에 오르지 못했는데, 동시대의 명문장가인 한유韓愈는 「휘변諱辯」이란 글을 지어서 억울한 이하를 변호하기도 했다.

또한 앞에서 언급했듯이 국휘는 왕의 이름과 같은 글자가 있는 경우, 그것을 피하는데 적용되기도 했다. 이와 관련하여 서시, 초선, 양귀비와 함께 중국의 4대 미인 중 한 명으로 손꼽히는 왕소군王昭君은 전한 원제의 후궁이었으나, 황제의 사랑을 받지 못하고 흉노의 호한야 선우에게 시집보내졌다. 그리고 이러한 역사적 사실 뒤에는 한 가지 슬픈 사연이 더 숨겨져 있다.

원제는 잠자리를 가질 후궁을 고르기 위해, 미리 궁중화가인 모연수에게 전체 후궁의 초상화를 그리도록 시켰다. 그런데 다른 모든 후궁들은 모연수에게 뇌물을 써서 예쁘게 그려졌는데, 왕소군은 자신의 미모에 자신이 있어서 그런 것인지, 아니면 성품이 고결해서 그런 것인지는 모르겠지만 모연수에게 뇌물을 주지 않았다. 그래서 모연수는 왕소군의 초상화를 실물보다 못생기게 그렸다고 한다. 원제는 모연수가 바친 후궁들의 초상화 중에서 가장 못생기게 그려진 왕소군을 호한야 선우에게 시집보내도록 결정했고, 흉노로 떠나는 날 뒤늦게야 왕소군의 미모를 알게 된 원제는 모연수를 참수했다고 한다. 비록 모연수의 농간이 있었다고는 하지만, 얼마나 후궁이 많았으면 중국의 역대 4대 미녀 중 한 명으로 손꼽히는 왕소군의 미모도 평소에 못 알아 봤을까하는 궁금증과 함께 은근히 부러움이 생기는 대목이다.

아무튼 이러한 왕소군의 슬픈 사연을 「소군원(昭君怨; 왕소군의 한탄)」이란 시에 담은 성당 시대의 시인 이백은 이 시에서 왕소군을 가리켜서 '명비明妃'라고 적고 있으며, 송대의 개혁가인 왕안석 역시 『명비곡 2수』에서 왕소군을 '명비'라고 적고 있다. 이것은 왕소군의 이름에 있는 '소'자가 진나라 문제 사마소司馬昭와 같으므로 밝을 '소'자를 피해, 뜻이 통하는 밝을 '명'자를 넣어 왕명군이라고도 불렀기 때문에 '명비'라고 적은 것이다. 여담이지만 오늘날까지 자주 사용되는 '봄이 와도 봄이 온 것 같지 않다(춘래불사춘春來不似春)'란 글귀는 당나라 때의 시인 동방규가 역시 「소군원」이란 제목의 시에서 적은 글귀이다.

앞에서 소개한 이백의 시에는 '청총靑塚'이란 단어가 나오는데, 이것은 왕소군의 무덤을 가리키는 것으로 무덤 주변의 모든 풀이 누렇게 변하는 가을에도 이 무덤만 유독 초록빛을 띠어 청총으로 불린다고 한다.

그림 6-3. 청총(출처 : 청년치, 중국을 말한다 진·서한)

이처럼 선도성모의 다른 이름인 '신녀왕'과 비슷

한 시호를 가진 '신문왕'의 경우도, 피휘를 하여 '신문왕'이라는 시호가 아닌 '정명왕'이라는 생전의 이름을 기록했을 수도 있다고 추측된다. 아마도 선조들의 선견지명 운운했던 앞의 이유보다는 이것이 더 정확한 이유일 것이다. 그런데도 어리석은 후손들은 이런 내막도 모른 채, '신녀왕'을 '신문왕'의 잘못이라고 억지를 부리는 잘못을 범하고 만 것이다. 그러면서도 소위 실증주의 역사학자들은 여전히 부끄러운 줄도 모르고 '치밀한 고증' 운운하고 있다. 우리나라 고대사를 망치는 주범이 결코 일제 강점기 때 식민사관을 이 땅에 뿌리 깊게 심었던 일본의 역사학자들만은 아니었던 것이다.

한편 신화학자 서대석은 선도성모 설화를 신라가 건국되기 이전에 진秦나라 사람들이 망명하여 진한 지역으로 이주한 사실과 결부시키면서, 이러한 국모설화가 진의 망명인들 사이에서 형성되어 전승된 것일 뿐 신라신화로서의 기능은 미약했던 것으로 파악하고 있다. 그가 이렇게 파악한 이유는 혁거세와 알영의 탄생담은 분명하게 따로 전해지고 있고 신라 조정에서 혁거세의 신묘를 세우고 제향했다는 기록은 있지만, 선도성모를 제향(祭享; 나라에서 지내는 제사)했다는 기록은 『삼국사기』 제사조 어디에서도 찾을 수 없기 때문이라는 것이다.

그러나 이것 역시 잘못된 주장이다. 『삼국사기』 제사조에는 3산·5악 이하 명산대천을 대·중·소사로 나누어 삼으며, 소사 중 하나가 서술(모량)산이라고 분명히 기록되어 있다. 앞에서도 설명했듯이 서술산은 선도산의 여러 이름 중 하나이며, 따라서 선도산에서 거주하다 지선이 된 선도성모를 제사지낸 기록이 분명히 『삼국사기』 제사조에 존재하는 것이다.

그럼에도 불구하고 서대석이 선도성모에 대한 제향 기록을 『삼국사기』 제사조에서 찾을 수 없다는 주장은 과연 어떤 까닭에서 나온 것인지 도무지 이해할 수 없다. 어찌되었든 간에 그의 주장과는 다르게 『삼국사기』 제사조 기록에 나타나듯이 신라시대에 선도성모를 위한 제사가 있었던 것은 틀림없는 사실인 것이며, 이러한 증거들이 바로 선도성모 설화가 일부 학자들이 주장하듯이 후대에 모화사상에 의해서 만들어진 것이 아니라, 신라시대 때부터 실존하고 있었다는 증거이다.

제7장

서왕모 화상석에 그려진 행렬도의 의미

어린 시절 대부분 그러하듯이 필자 역시 초등학교 무렵 즈음에 코 넌 도일의 『셜록 홈즈』나 모리스 르블랑의 『괴도 루팡』과 같은 탐정 소 설에 푹 빠진 적이 있었다. 그 무렵 읽었던 셜록 홈즈의 단편 중 『네 사람의 서명』의 일부분에 나오는 홈즈와 왓슨의 대화는 다음과 같다.

"홈즈는 느긋하게 안락의자에 몸을 묻으며 담배 연기로 굵고 푸른 동그 라미를 연속해서 만들어 보이며 말했다.

'예를 들면 나는 관찰을 통해 오늘 아침 자네가 위그모어가에 있는 우 체국에 다녀왔다는 사실을 알았네. 그리고 연역추론을 통해 자네가 전보를 쳤다는 것을 알게 됐지.'

'어떻게 알았지? 둘 다 맞았네. 하지만 도대체 어떻게 그것을 알아냈는지 모르겠군.'

홈즈는 내가 놀라는 것을 보고 쿡쿡 웃으며 말했다.

'그건 아주 간단하지. 정말 우스울 정도로 간단해서 설명하는 게 불필요하다고 느낄 정도라네. 하지만 그건 관찰과 연역추론의 경계를 명확하게 가르는데 도움이 될 수 있겠어. 나는 자네 발등에 황토가 묻어 있는 것을 관찰을 통해 알았네. 그런데 위그모어가 우체국 건너편에는 도로공사를 하느라 길을 파헤쳐 놓아서 흙이 드러나 있지. 그 흙을 밟지 않고 우체국에 들어가기는 어려워. 그리고 그 유난히 붉은 황토는 내가 알기로는 이 근방에서 거기 말고는 없네. 여기까지가 내가 관찰한 것일세. 나머지는 연역해낸 것이네.'

'내가 전보를 쳤다는 사실은 어떻게 연역했지?'

'나는 자네가 편지를 쓰지 않았다는 것을 알고 있었네. 오늘 아침 내내 여기 앉아 있었거든. 또 지금 자네 책상에는 우표와 두툼한 엽서 뭉치가 놓여 있네. 그러면 우체국에 가서 전보 치는 것 말고는 무엇을 할 수 있을까? 불가능한 것들을 모두 지워 버렸을 때 남는 것 하나가 진실임이 틀림없네."

이러한 홈즈의 추리방법을 가추법이라고 하는데, 가추법은 미국의 논리학자 찰스 샌더스 퍼스가 소개한 것으로 이미 알고 있는 것을 검증하는 것이 아니라 너무나 쉽게 관찰되지만 기존의 지식으로는 설명하기 힘든 그 무엇인가를 알아내는 방법이다. 또한 겉보기에는 무관할 것처럼 보이는 여러 가지 사실들의 합에서 연결고리를 찾는 과정을 말한다.

이처럼 나타난 현상(결과)으로부터 그 원인을 거꾸로 추적하는 가추법은 모든 것을 원점에서 시작하는 제로베이스 사고방식, 그리고 패턴을 이용한 분석방법과 함께 필자가 '한민족 뿌리 찾기'와 '한국 고대사 바로 알기' 연구를 위하여 사용한 주요 방법 중 하나였다. 그러면 지금부터 한대漢代 서왕모 화상석에 그려진 거마행렬도의 의미에 대해서 알아보도록 하자.

✦✦✦

필자가 선도성모를 단서로 추적을 시작한 이후로 선도성모가 중국의 서왕모 신앙과 관계가 있다는 사실을 파악했다는 것은 이미 밝힌 바와 같다. 그 다음으로 해결해야할 문제는 과연 선도성모가 어떤 이유 및 경로로 서역에서 한반도로 들어오게 되었을까하는 것이었다. 그리고 이 의문에 대한 단서는 한대 화상석에 새겨진 서왕모 그림에 대해 연구한 유강하의 박사학위 논문에서 찾을 수 있었는데, 화상석이란 장묘예술이 가장 화려하게 발달했던 한나라 시절 무덤벽을 장식하던 돌판으로서, 주로 사당이나 묘문, 무덤벽을 장식하던 일종의 상장의례품이다.

또한 화상석에서 나타난 그림들은 대개 〈그림 7-1〉과 같이 2-4단으로 구성되어 있는데, 공통적으로 상단은 서왕모와 관련된 신화적인 상징물과 서왕모를 숭배하는 모습들로 구성되며, 하단 부분은 수많은 사람들이 말을 타거나 말과 소가 끄는 수레들을 타고 이동하는 거마행렬도를 그리고 있다. 이러한 거마행렬도에

그림 7-1. 서왕모 화상석(출처 : 中國畵像石全集)

대해 기존의 연구자들은 이것을 묘의 주인인 죽은 자가 장생불사를 누리는 서왕모가 사는 선계로 이동하는 상징적인 그림으로 파악했다. 하지만 이 그림들이 선도성모 집단의 한반도 이주와 관련된 것이라고 생각한 필자는 단서를 찾기 위해 바이두 검색엔진을 통하여 수많은 거마행렬도를 조사한 결과 마침내 그 단서를 찾을 수 있었다.

서왕모와 관련된 한나라 화상석에 대한 자료들을 읽었을 때, 필자는 즉각적으로 화상석에 그려져 있는 거마행렬도에서 선도성모의 정체를 밝히는데 필요한 단서를 찾을 수 있을 것이라는 강렬한 느낌을 받았다. 그것은 마치 형사나 탐정들이 사건현장에 가면 생각지도 못한 단서를 찾을 수 있듯이, 비록 거마행렬도에서 무엇을 찾아야할 지는 확실히 몰랐지만 화상석 그림들을 조사하다보면 본 연구에 필요한 무엇인가 확실한 단서가 나타날 것이라는 묘한 예감이 들었던 것이다.

그리고 어느 정도의 시간을 투자했을 때, 마침내 여러 그림들의 공통된 패턴에서 한 가지 단서를 찾을 수 있었다. 필자가 경험한 이러한 느낌은 이희은이 「문화연구의 방법론으로서 가추법이 갖는 유용성」이란 논문에서 다음과 같이 언급한 내용과 일치하는 것이었다.

"발견의 논리로서 가추법을 수행하기 위해 가장 필요한 것은 직관이다. … 직관은 순간적으로 발생하고 그 이유를 객관적으로 서술하기 어려우며, 동시에 설명하기 어려운 확신이 동반한다는 특징이 있다. 실증주의에서 직관은 과학적 연구를 위해 배제되어야 할 것으로 여겨졌다. 그러나 인과관계가 분명치 않은 현상을 목격할 때, 즉 현재의 사건으로부터 과거의 실재를 추론할 때 직관은 유용한 도구가 될 수 있다."

위의 글에서 눈여겨 볼 대목은 "실증주의에서 직관은 과학적 연구를 위해 배제되어야 할 것으로 여겨졌지만, 인과관계가 분명치 않은 현상을 목격할 때, 즉 현재의 사건으로부터 과거의 실재를 추론할 때 직관은 유용한 도구가 될 수 있다"는 부분이다. 결국 이희은이 적었듯이 그 당시 가졌던 필자의 직관이, 선도성모의 정체를 밝히는 문제 해결의 도구가 된 것이다.

그림 7-2. 거마행렬도 사례 1(출처 : 中國畵像石全集)

그림 7-3. 거마행렬도 사례 2(출처 : 유강하, 한대 서왕모 화상석 연구)

그림 7-4. 거마행렬도 사례 3(출처 : 中國畵像石全集)

그림 7-5. 거마행렬도 사례 4(출처 : 中國畵像石全集)

그림 7-6. 거마행렬도 사례 5(출처 : 中國畵像石全集)

그림 7-7. 거마행렬도 사례 6(출처 : 中國畵像石全集)

그림 7-8. 거마행렬도 사례 7(출처 : 中國畵像石全集)

그림 7-9. 거마행렬도 사례 8(출처 : 中國畵像石全集)

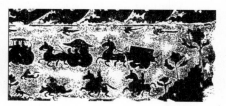

그림 7-10. 거마행렬도 사례 9(출처 : 中國畵像石全集)

그림 7-11. 거마행렬도 사례 10(출처 : 中國畵像石全集)

앞의 그림들은 한나라 화상석에 그려진 거마행렬도의 몇 가지 사례들이다. 독자 여러분들은 이러한 사례들에서 박혁거세의 연원을 찾는 문제 해결을 위하여 필자가 찾아낸 하나의 패턴을 찾아내 보기 바란다. 독자 여러분들의 편의를 위하여 한 가지 힌트를 드리자면 문제를 설정하는 앞의 단계에서 필자가 제시한 선도성모에 대한 『삼국유사』의 기록들 중 하나와 관련이 있는 패턴이라는 것이다.

필자가 이러한 패턴을 발견했을 당시만 해도 앞에서 제시한 사례 그림을 다 찾지는 못했으며, 그 후의 추가적인 작업을 통해서 이 그림들을 찾게 되었다. 처음 필자가 주목했던 〈그림 7-11〉은 산동 지역 등현 대곽촌에서 발견된 화상석인데 상단에는 뱀 모양의 다리가 서로 감겨져 있는 복희와 여와를 양옆에 거느린 서왕모가 그려져 있고, 하단에 있는 출행도에는 소가 끄는 수레 위에 새가 한 마리 날아가고 있는 풍경이 그려져 있다.

유람을 하거나 전쟁을 하기 위해 이동하는 경우라면 말이 끄는 수레가 더 일반적일 것이다. 그런데 소가 수레를 끈다는 것은 그 그림이 의미하는 바가 단순한 상징이 아니라 실질적인 집단 이주를 표현한 것이라고 판단했다. 그리고 이 그림에서 서왕모를 좌우에서 시립하는 복희와 여와는 고구려 벽화에서는 태양을 받들고 있는 복희와 달을 받들고 있는 여와로 그려져 있다.

더욱이 산동성 장청현 효당산 사당의 후벽화상에는 사람을 태운 낙타와 코끼리까지 등장함으로써 그림이 표현하고자 하는 것이 상징의 세계가 아니라 현실 세계인 것을 더욱 강하게 표현하고 있다. 게다가 행렬 앞에서 길을 안내하듯이 날아가는 새 그림에서 필자는 『삼국유사』 기록에서 선도성모를 선도산으로 이끌었다는 솔개의 모습을 찾을 수 있었다. 즉, 필자가 찾은 거마행렬도의 공통된 패턴은 우마차로 이동하는 행렬 앞에서 길을 이끄는 새의 존재였다. 이처럼 중국의 화상석에서 나타나는 행렬을 인도하는 새의 그림은 한반도에서는 평안남도 남포시 약수리 고분벽화를 묘사한 다음과 같은 기록에서도 나타난다.

"행렬도는 주인이 타고 가는 수레를 중심으로 전배·중배·후배로 나눌 수 있다.

……

후배

주로 기마인물이다. 장창과 깃발을 든 기마인물이 앞서고 있다. 개마무사(鎧馬武士; 철갑옷으로 무장한 말을 탄 무사)는 13명인데 모두 투구를 쓰고, 개갑을 입고 장창을 들었다. 마갑은 비늘과 같은 것과, 다른 하나는 굵은 자색 줄과 흙색·자색 점의 배합으로 된 줄무늬가 상·중·하 세 부분에 있다. 벽화에는 두 종류의 마갑을 입힌 개마가 서로 섞여서 정렬하고 있다. 전자 즉, 비늘과 같은 마갑은 철갑이고, 후자는 가죽갑으로 볼 수 있다.

개마무사 뒤에는 개갑을 입은 기마무사 두 명이 있는데 앞에 선 무사는 환도를 공중으로 쳐들고, 뒤에 있는 무사는 톱날형의 장식이 달린 장창을 한 손으로 쳐들고 있다. 개갑은 사선의 교차로 이루어진 마름모꼴의 갑옷비늘을 하고 있다. 무사의 머리 위에는 3마리의 새가 있는데, 그 가운데에 2마리

그림 7-12. 지린성 지안현 서안2호 동벽묘사도(출처 : 한국고고학회, 한국 고고학 강의)

는 묵선으로 그렸고, 한 마리에는 자색을 칠했으며, 그것은 봉황인 듯하다."

필자는 이 고분벽화에서 묘사된 그림을 찾기 위해 이 고분벽화가 실려 있는, 필자의 노트북을 펼쳐 놓은 크기만 한 고구려 고분벽화 도판을 이웃 대학도서관에서 빌려왔다. 그리고 필자가 시중에서 구할 수 있는 가장 큰 돋보기를 사왔는데, 그 돋보기는 과장이 아니라 필자의 얼굴 크기만 했다. 물론 필자의 얼굴이 작은 이유도 있겠지만 말이다. 아무튼 그렇게 해서 그림을 샅샅이 뒤졌는데도, 위에서 묘사한 새는 찾지 못했다. 아마도 벽화가 너무 낡아서 새 그림이 훼손된 모양이었다.

그런데 이 그림에서 나타나는 말 갑옷이 1992년 함안군 말이산 고분군의 마갑총에서 최초로 완전하게 발굴되었다. 그리고 2009년 경주 쪽샘지구에서 마갑총 마갑보다 훨씬 양호하고 완전한 상태의 마갑이

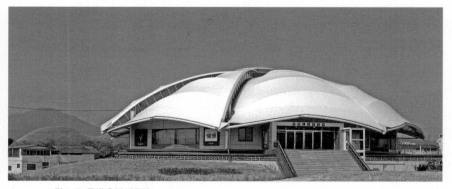

그림 7-13. 쪽샘 유적 발굴관

출토되었다. 이러한 말 갑옷의
발굴은 평안남도 용강군의 쌍
영총, 남포의 약수리 고분, 평
양의 개마총, 중국 집안의 삼실
총 등 고구려 고분벽화에 등장
하는 개마무사의 실존을 확인
해 준 것이며, 고구려와 신라·
가야의 뿌리가 다르지 않음을
보여주는 여러 증거 중 하나인
것이다.

그림 7-14. 쪽샘 발굴 신라
갑옷 복원

그림 7-14-1. 쪽샘 발굴
신라 갑옷

　이처럼 중무장한 개마무사
를 캐터프랙트라고 하는데, 캐터프랙트란 주로 마갑을 착용한 정예
기병 부대를 말한다. 보통 이들의 마갑은 판금 갑옷이라기보다는 사
슬 갑옷에 더 가까웠다. 페르시아 아케메네스 왕조를 세운 키루스
대제는 자신의 병사와 말에게 흉갑을 착용시켰으며 긴 창으로 무장시
켜 백병전에 대비하여 훈련시켰다. 키루스 대제 이후 기마병은 페르
시아 군대에 있어서 가장 중요
한 역할을 담당하게 되었으며,
병사와 말은 쇠와 놋쇠로 중무
장되었다. 그리고 이러한 개마
무사 그림은 〈그림 7-15〉와 같
이 파지리크 계곡으로부터 약
400km 남동쪽에 위치한 몽골
호브드 아이막(우리나라의 도에

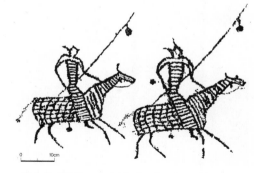

그림 7-15. 몽골 호브드 아이막 에르뎅 부렝 솜 조스
틴 하드 암각화(출처 : 동북아역사넷)

그림 7-16. 덕흥리 벽화 행렬도(출처 : 동북아역사넷)

해당) 에르뎅 부렝 솜(군 또는 읍에 해당) 지역의 조스틴 하드 암각화
에도 나타난다.

〈그림 7-16〉은 덕흥리 벽화의 행렬도인데 그림 상단에는 여러 명
의 개마무사가 행진을 하고 있고, 〈그림 7-17〉은 고구려인들의 기상
을 잘 나타내주는 그림으로 너무나 유명한 무용총 수렵도이다. 필자는

그림 7-17. 무용총 수렵도

〈그림 7-15〉에서 〈그림 7-17〉
까지의 세 그림에 그려진 말을
타고 있는 사람들의 모습에서도
또한 하나의 공통점을 찾았는데,
과연 그것이 무엇일지 독자 여러
분들도 한번 자세히 살펴보기 바
란다. 이것이 패턴을 이용한 역
사 단서 찾기 네 번째 문제이다.

이제 독자 여러분들도 몽골 암각화에 그려진 개마무사와 덕흥리 행렬도 벽화에 그려진 개마무사, 그리고 무용총 수렵도에 그려진 활 쏘는 고구려인의 모습에서 나타난 공통된 특징을 찾았는가? 몽골 암각화에 그려진 개마무사

그림 7-18. 조우관을 쓴 삼국시대 인물(출처 : 오마이뉴스)

에 대해서 현지 연구자들은 2세기 이후 이 지역에 모습을 드러낸 유목민 유연족이 남긴 것으로 추정하고 있다. 하지만 필자는 첫째 이 암각화가 유목민족이던 월지족이 거주하던 파지리크 계곡과 1일생활권에 위치해 있고, 둘째 이러한 개마무사의 그림이 우리나라 고구려 고분벽화에 나타나는 것은 물론 그 유물도 신라와 가야 지역에서 출토되었으며, 셋째 개마무사의 암각화 및 무용총 수렵도와 덕흥리 벽화에서 공통적으로 나타나는 어떤 특징 때문에 몽골 암각화의 주체는 유연족이 아니라 월지족이 틀림없다고 생각한다.

그리고 이 세 개의 그림에서 공통적으로 나타나는 특징은 다름 아니라 기마자들이 모두 머리에 깃털로 장식하고 있다는 사실이다. 흔히 조우관鳥羽冠이라고 하는 이 깃털 장식은 〈그림 7-18〉과 같이 당나라 장회태자 묘에서 발견된 벽화에도 삼국시대 삼한인이 머리에 쓰고 있는 모습이 그려져 있다. 삼한인이 절풍모를 쓰는 이런 풍습을 이태백은 「고구려」라는 시에서 다음과 같이 묘사하고 있다.

高句麗	고구려
金花折風帽금화절풍모	절풍모에 금빛 꽃을 꽂고
白馬小遲回백마소지회	백마 타고 유유히 돌아가네.
翩翩舞廣袖편편무광수	너풀너풀 나부끼는 넓은 소매
似鳥海東來사조해동래	흡사 해동에서 날아온 새 같구나.

몽골의 암각화나 덕흥리 행렬도에 그려진 머리 장식은 비스듬하게 구부려져 있어서 그것이 투구가 아니라 깃털 장식임을 알 수 있다. 그리고 무용총 수렵도의 아래 기사는 두 개의 깃털을 꽂고 있는데, 마찬가지로 몽골 암각화의 오른쪽 개마무사는 두 개의 깃털을, 왼쪽 무사는 한 개의 깃털을 꽂고 있는 것이다. 또한 덕흥리 벽화의 개마무사들 역시 모두 한 개의 깃털을 꽂고 있는 것이 선명하게 드러난다. 이밖에도 삼한의 장례 풍습에는 큰새의 날개를 함께 매장하는 풍습이 있으며, 마을 어귀에 세워진 솟대에는 여러 마리의 새가 앉아 있고, 선도 성모의 전설에도 솔개가 등장한다.

이처럼 한반도 곳곳에서 새 또는 새의 깃털과 관련된 여러 풍습이 나타나는 것은 다름 아닌 조로아스터교의 경전인 『아베스타』에 올빼미의 깃털이 사람을 보호하는 성질이 있어서 일종의 부적으로 사용되었다고 기록된 것과 관련이 있는 것이다. 즉, 『아베스타』의 기록에 의하면 먼 길을 떠나는 병사와 사람들은 올빼미의 깃털을 몸에 문질렀으며, 올빼미 깃털을 몸에 간직하고 있는 사람은 어떤 적도 해칠 수 없다고 믿었는데, 이러한 이유로 삼국시대에 한반도인들이 머리에 조우관을 쓰는 풍습을 가지게 된 것이다.

그리고 한참 뒤의 일이지만 미국 인디언들이 머리에 새의 깃털을

꽂는 것도 같은 이유에서이다. 여기
서 〈그림 7-19〉와 같이 올빼미는 고
대 바빌로니아에서 숭배 받던 이슈
타르 여신의 신령스러운 새였으며,
앞에서 이미 소개한 바와 같이 이러
한 이슈타르 여신과 올빼미는 그리
스로 건너가서 아테네 여신과 부엉
이로 바뀌게 된다.

한편 중국의 화상석 및 고구려 벽
화에서 등장하는 길을 인도하는 새
의 그림과 일련의 연속선상에서 『일
본서기』에는 신무천황이 길을 잃고
진퇴양난의 기로에 있을 때, 꿈에 아

그림 7-19. 이슈타르 여신의 신조 올빼미와 신
수 사자(출처 : Gods, Demons and Symbols of
Ancient Mesopotamia)

마테라스 오미카미天照大神가 나타나 "내가 지금 두팔지오頭八咫烏를 보
낼 것이니 이를 선도자로 삼는 것이 좋을 것이다"고 하여 새가 향하
는 곳을 따라 추적하여 갔다는 기록이 있다. 이와 관련하여 큐슈 고분
벽화의 오른쪽에는 뱃머리에 앉아 길을 인도하는 새의 모습이 그려져
있다.

이처럼 중국의 화상석 그림, 한국의 고구려 고분벽화, 일본의 고분
벽화에 그려진 내용들은 별개의 독립적인 사건이 아니라 선도성모 집
단의 이동이라는 하나의 큰 줄기에서 서로 연결되는 사건들이었던 것
이며, 이들의 이주 최종 목적지가 한반도에 국한된 것이 아님을 암시
한다. 이상의 증거들에서 우리는 『삼국유사』에 나타나는 "솔개(새)를
따라가서 멈춘 곳을 집으로 삼아라."는 선도성모에 얽힌 기록이 더 이

상 신화나 전설이 아니라 실재하는 역사라는 사실을 알 수 있다. 물론 실제로는 솔개를 따라갔다기보다는 솔개와 함께 이동했다는 표현이 더 정확하겠지만 말이다. 또한 이것을 표현하는 상징 그림이 중국, 한반도, 그리고 일본의 고대 유적에서 일관되게 나타나는 것을 볼 수 있는데, 이것은 에필로그에서 언급하는 프랙털 이론의 자기유사성self-similarity에 해당하는 것이다.

제8장

월지국인가, 목지국인가?

 3년 전 학교에서의 출장 관계로 동료 교수 3명과 함께 아일랜드에 다녀온 적이 있었다. 일정 중 하나로 들른 곳이 북아일랜드 지역의 자이언츠 코즈웨이였는데, 이 지역의 명칭은 '거인들의 둑방길'이란 뜻으로 6,000만 년 전 화산활동으로 인해 생긴 주상절리가 인상적인 곳이었다. 그리고 이곳은 아일랜드 민간 전설에 의하면 옛날에 이 지역에 살던 거인족들이 스코틀랜드로 가기 위해 만든 길이라고 하며, 가이드의 설명에 의하면 거인들이 쿵쾅거리며 뛰어다녀서 이 지역이 울퉁불퉁한 지형을 이루고 있다고 했다.

 그때는 무심코 듣고 넘겼지만, 이 연구를 진행함에 따라 아리안족이 이동해서 세운 나라인 아일랜드와 그곳 자이언츠 코즈웨이 역시 이 연구의 연장선 상에 있음을 느끼게 된다. 이때 우연히 찍은 사진 하나가 바로 〈그림 8-1〉과 같이 천마를 연상케 하는 구름이었다.

그림 8-1. 자이언츠 코즈웨이 천마 구름

또한 아일랜드 서부 해안인 모허 절벽을 가는 도중에 들른 풀나브론 고인돌 지역에서는 3장에서 소개한 탁자식 고인돌과 개석식 고인돌을 보기도 했는데, 이 모든 것을 돌이켜보면 어떤 묘한 운명적인 힘을 느끼게 한다.

지금까지 우리는 선도성모 집단이 서왕모 신화와 관련이 있다는 사실과 『삼국유사』에 기록된 선도성모의 솔개 설화가 중국의 화상석에 나타난 거마행렬도와 관계가 있음을 살펴봤다. 이제 다음에 해결해야할 문제는 다름 아닌 선도성모 집단의 연원으로 이들이 중국 서안에 오기 전에는 과연 어디에서 무엇을 했을까 하는 것이었다. 그럼 지금부터 선도성모 집단이 서안에 도착하기 이전의 행적에 대해 알아보도록 하자.

필자가 선도성모 이주 집단의 후보로 처음 생각한 것은 대완국 Fergana이었다. 단서를 찾기 위해 도서관에 들러 관련 자료들을 찾다가 미국의 동양미술 사학자 코벨이 저술한 『한국 문화의 뿌리를 찾아』에서 천마총 천마도의 천마가 중앙아시아의 대완국으로부터 온 것이라고 주장하는 내용을 보게 되었던 것이다.

관련 내용들을 알아보기 위해 이번에는 『사기』의 「대완 열전」과 「흉노 열전」의 자료들을 찾기 시작했다. 사마천의 기록에 의하면 실크로드를 개척한 장건이 무제에게 대완국의 명마인 한혈마에 대해서 보고한 후에 무제는 사신들을 보내서 말들을 구해오도록 했지만 대완국은 말을 주지 않았다. 분노한 한 무제는 결국 말을 얻기 위한 전쟁을 벌이게 되는데, 첫 번째 원정 실패 후 두 번째 대대적인 공격을

그림 8-2. 천마총

그림 8-3. 천마총 천마도

가하자 대완국 신하들이 왕의 목과 함께 많은 명마들을 넘겨줌으로써 위기를 넘기게 된다. 따라서 피살된 왕의 가족 및 그들을 따르는 부하들이 고국 땅을 떠나 이주 집단으로 나설 가능성도 있다고 판단했다.

다음으로 『사기』「대완 열전」에는 월지에 대한 아래와 같은 기록도 있었다.

"묵돌선우(혹은 모돈선우)가 흉노의 왕이 되자 월지를 깨뜨렸고, 노상선우(묵돌선우의 아들) 때에는 대월지의 왕을 죽이고 그 두개골로 술잔을 만

들었습니다. 처음에 월지는 돈황군과 기련산 사이에서 살았으나, 흉노에게 패하자 대월지는 멀리 떠나 대완을 지나 서쪽의 대하를 쳐서 복속시킨 뒤 규수 북쪽에 도읍하여 왕정(선우가 있는 곳)으로 삼았습니다. 같이 떠나지 못한 소수의 무리는 남산에 있는 강족과 합류하여 그 땅을 지키면서 소월지라고 부르고 있습니다."

원래 월지는 흉노보다 강맹했으나, 흉노에 묵돌이라는 뛰어난 왕이 등장함에 따라 오히려 흉노의 세력에 밀리고 마는데, 그 전개 과정이 흥미로워서 잠시 소개하면 다음과 같다. 진시황은 만리장성을 쌓고, 몽염에게 북방 수비를 맡겨 흉노에 대비하게 하였다. 이후 진시황이 죽고, 몽염도 권력다툼의 와중에서 죽게 되자, 흉노의 지도자 두만 선우는 오르도스 지역을 회복하고 다시 이 일대를 누비게 된다. 묵돌은 그의 맏아들이었는데, 이때 두만에게는 후궁이 낳은 어린 아들이 있었다. 대부분의 역사에서 알 수 있듯이 항상 문제는 왕위를 장남에게 물려주지 않고 뒤늦게 낳은 후궁의 아들에게 물려주려고 할 때 생기는 법이다.

필자가 예전에 재미있게 읽었던 『동주 열국지』는 중국의 춘추전국시대를 다룬, 사실에 근거한 역사소설이다. 그런데 『동주 열국지』를 읽어보면 장남을 멀리하고 뒤늦게 난 아들을 편애하여 왕위를 물려주려다 사고가 난 경우가 여러 번 등장한 것으로 기억된다. 두만 선우 역시 예외가 아니어서 장남인 묵돌 대신에 뒤늦게 난 아들에게 뒤를 잇게 하기 위해 묵돌을 월지에 인질로 보냈다. 그리고 인질로 보낸 큰아들 묵돌을 죽일 빌미를 만들기 위해 일부러 월지와 전쟁을 일으켰다. 하지만 묵돌은 월지에게 살해당하지 않았고, 오히려 월지의 명마를 훔쳐 흉노로 도망쳐 왔다. 이에 두만은 묵돌에게 태자에게 주게 되어 있는 좌현왕의 작위를 내리고, 1만 명의 기병의 대장으로 삼았다.

하지만 그럼에도 불구하고 묵돌의 지위는 안정적이지 않았으며, 묵돌은 아버지가 자신을 죽이려고 했다는 사실을 결코 잊지 않았다. 이에 묵돌은 반란을 도모하였는데, 묵돌은 소리나는 화살인 명적을 가지고 자신의 휘하에 있는 1만의 기병을 훈련시켰다. 훈련 동안 그는 자신이 어떤 표적을 향해 활을 쏘면 모두가 그 표적을 향해 활을 쏴야 한다고 가르쳤으며, 이를 어기고 쏘지 않는 자는 반드시 목을 베었다. 처음에 그는 자신이 가지고 있던 명마를 쏘았다. 몇몇 부하가 따라 쏘기를 주저하기에 목을 벤 후, 이번에는 자신의 애첩을 향해 활을 쏘았다. 이번에도 몇몇 부하가 주저하기에 또 다시 목을 베었다. 마지막으로 사냥터에서 그는 자신의 아버지인 두만 선우를 향해 활을 쏘았다. 그리고 1만 명의 기병은 한 명도 주저 없이 두만을 향해 활을 쏘았고, 묵돌이 두만을 대신해 선우의 자리에 오르게 된다.

그 후 파지리크 지역에 거주하던 월지를 공격해 투루판 분지 지역으로 패퇴시키는데, 사서의 기록에 의하면 이때가 기원전 204~203년 무렵의 일이다. 그리고 계속된 흉노의 공격으로 월지가 대월지와 소월지로 갈라지게 된 것은 기원전 177~기원전 176년경의 일이다. 이 무렵 대월지와 함께 길을 떠나지 않고 남산에 남아 있던 소월지가 같이 생활했던 강족은 티베트족인 장족과 묘족의 선조라고 알려져 있으며, 묘족은 그들의 선조가 알에서 태어났다고 여겼다. 마왕퇴 고분 발굴과정을 저술한 웨난의 『마왕퇴의 귀부인』에는 무덤의 주인공이 과연 어떤 민족 출신이었을까에 대해 여러 가지 근거를 제시하며 몇몇 종족을 거론하고 있다.

거론된 종족 중 하나가 바로 묘족인데, 무덤에 부장된 품목과 난생신화를 그 근거로 묘족일 가능성에 대해 언급하고 있는 것이다. 그런데 사실은 원래부터 묘족이 난생신화를 가졌다기 보다는 묘족의 선조였던 강족과 함께 생활했던 월지족의 난생신화가 묘족에게 전파된 것임을 알 수 있다. 필자는 몇 가지 근거로서 마왕퇴 고분의 주인공 역시 월지족일 가능성이 높다고 판단하는데, 그 근거 중 하나가 이들 무덤에서 원형에 가장 가까운 『도덕경』이 발견되었다는 사실이다. 이와 관련된 자세한 내용은 후속 연구에서 밝히도록 하겠다.

한편 제임스 밀워드가 저술한 『신장의 역사 유라시아의 교차로』에서는 월지에 대해 다음과 같이 기록하고 있다.

"신장의 초기 거주민 중 또 다른 집단은 기원전 2세기의 중국 자료에 월지(月支 또는 月氏)라는 이름으로 등장했다. 이 집단의 정체성과 이동은 고대 중앙아시아의 역사에 큰 난제 중 하나, 즉 월지는 본래 누구였으며 이들에게 결국 무슨 일이 일어났는가라는 문제를 제기했다. 많은 학자들은 월지와 토하라인들이 동일한 민족이라고 본다. 맬러리와 메어는 월지의 조상이 처음에는 알타이 산맥과 예니세이강 분지에 거주했으며 감숙성 지역과 신장으로 남하하기 전 그곳에서 아파나시에보 돌널무덤 문화라고 알려진 문화를 형성했다고 주장했다.

반면 나라인은 월지가 역사상의 기술에 등장하기 오래전부터 감숙성의 둔황과 치롄 산맥 인근 지역에 거주한 토착민이었다고 생각했다. 어쨌든, 타림 분지의 최초의 미라-남부 신장의 청동기와 철기 시대의 거주민는 월지의 선조 내지는 원형이었을 것이다.

우리는 한대 중국의 기록으로부터 기원전 2세기 몽골의 강대한 유목세력이었던 흉노가 월지를 공격하여 그들을 고향에서 몰아냈다는 사실을 알고 있다. 월지 중 일부가 칭하이(코코노르 또는 암도[1]로 이동하고 나머지 일부가 타림 분지로 조금씩 유입되는 동안 월씨 지배 씨족의 본류는 우선 일리 계곡 상류로(이들은 그곳에서 이 지역에 있던 사카족을 몰아내거나 흡수한 오손이라는 다른 민족을 만나게 되었다) 이주했다. 다시금 공격을 받자 (대) 월지는 오늘날 아프가니스탄과 우즈베키스탄의 경계인 아무다리야로 이주했고 그곳에서 알렉산드로스의 동방 원정의 유산인 그리스계 국가 박트리아를 장악했다.

월지는 각기 수령(야브구)의 지휘 아래 있던 5개의 하위 집단으로 나누어졌는데 이 분파 중 하나가 나머지를 지배했다.[2] 일부의 자료들은 여전히 월지라는 명칭을 사용했지만 중국의 자료들은 이 새로운 제국을 귀상이라고 불렀다. 반면 그리스의 자료들은 이 민족을 '토하로이'라고 불렀는데 현재 이 제국은 쿠샨이라고 알려져 있다."

이상과 같이 월지족의 뿌리에 대하여 맬러리와 메어는 "월지의 조상이 처음에는 알타이 산맥과 예니세이강 분지에 거주했으며 간쑤와 신장으로 남하하기 전 그곳에서 아파나시에보 돌널무덤 문화라고 알려진 문화를 형성했다"고 주장했고, 나라인은 "월지가 역사상의 기술에 등장하기 오래전부터 간쑤의 둔황과 치롄 산맥 인근 지역에 거주한 토착민이었다"고 주장했다.

---

1. 티베트 북부 지역으로 중국의 청해성, 감숙성, 서북 사천성 지역이다. 가야 수로왕의 부인 허왕후의 고향 사천성 보주가 포함되어 있음을 알 수 있다.
2. 이들이 한반도에 이주한 후에 부여·신라·고구려·가야·백제의 5국연맹체가 생기는 것은 이처럼 5부족 연맹체를 구성하면서 유목생활을 한 월지족의 관습 때문이었다.

이러한 두 가지 주장 중 어느 것이 옳은지는 파지리크 고분군이 알려준다. 이 고분군은 기원전 6세기~기원전 3세기 기간에 만들어진 것으로서 파지리크 문화의 대표적인 유적지인데 그 주인공은 월지인이라는 것이 중론이다. 그리고 이 고분군의 위치는 알타이 산맥과 예니세이강 사이에 있으므로 맬러리와 메어의 주장이 옳은 것이다.

그리고 이 고분군에서 발견된 유적·유물 중 여러 가지 마구, 문신, 대마초, 곡옥, 수탉이 그려진 검은간토기, 카펫, 배 모양의 관, 하프 등등은 필자에 의해 선도성모 집단을 표지하는 증거이자 선도성모 집단의 뿌리를 찾는 단서로 사용되었다. 또한 월지족들이 거주하던 파지리크 고분군이 위치한 예니세이강 동쪽 연안의 미누신스크 지방에서 사용되던 벽옥제 옥제품이 뒤에 강계 풍룡동에서도 발견된다.

또한 『한서』 「흉노전」에는 "묵돌선우가 동쪽으로는 동호를 격파하고, 서쪽으로는 월지를 격파했고, 남으로 누번과 백양의 땅을 병합했다 했으며, 동호와 흉노 사이에는 버려진 땅인 고비사막이 존재한다"고 했다. 흉노의 남쪽에 위치한 누번은 섬서성 북쪽과 내몽고 남부 지역에서 활동하다가 진나라 말기에 흉노에게 정복되었다는 기록과 흉노와 동호의 중간에 위치한 고비사막 주변 지도를 살펴보면 월지족의 원 거주지는 역시 맬러리와 메어의 주장처럼 초원로 위의 알타이 산맥과 예니세이강 분지 부근이 옳은 것임을 알 수 있다.

이상의 기록들을 살펴보면 흉노 때문에 대월지와 소월지로 갈라져서 각각 이동생활을 하게 된 월지족도 충분히 선도성모 이주 집단의 후보가 될 수 있는 것이었다. 그렇다면 과연 대완국과 월지국 두 후보 중 누가 선도성모 집단과 관련이 있을 것인가? 그 대답은 의외의 곳에서 나타났다. '월지'라는 단어로 인터넷에서 검색을 하다가 진수가 편찬한 『삼국지』 「위서동이전」에 '진왕이 월지국을 다스린다'는 기록과 범엽의 『후한서』 「동이 열전」에 '진왕이 목지국을 다스린다'는 기록을 발견한 것이다. 특히 범엽은 『삼국지』를 비롯한 기존의 역사서에 '월지국'이라고 기록되어 있지만, 서역의 '월지국'이 한반도에 있을 리가 없으며, 이는 '목지국'의 오류일 것이라고 다음과 같이 기록하고 있었다.

"『삼국지』 「한전」에는 '치월지국治月支國'으로 되어 있다. 「교보」에 의하면 『삼국지』 「한전」 및 『통지』에는 모두 '목目'이 '월月'로 되어 있고, 부재附載한 오십 여국 중에도 '월지국'으로 되어 있으니 이 '목지'는 오자이다. '월지'는 서역의 국명이니 『삼국지』 「한전」 및 『통지』에서 '월지'라 한 것은 후대 사람이 '월지'라는 이름에 익숙해져서 멋대로 고친 것은 아닌지 숙고해야 할 것이다."

결국 진수와 범엽의 기록에 선도성모 집단의 뿌리에 대한 단서가 숨겨져 있었던 것인데, 범엽은 삼한을 형성한 우리 선조들이 당시 서역에 있던 월지국에서 한반도까지 이동했을 것이라고는 전혀 생각지도 못하고 오히려 진수의 『삼국지』를 비롯한 이전의 역사 기록에 나타나는 월지국이 목지국의 오류라고 단정하며 월지국을 목지국이라고 제멋대로 고친 것이었다.

이처럼 역사가들이 역사적 사실을 자의적으로 판단하여 고치는 것은 동서고금을 막론하고 자행되고 있었던 것인데, 필자는 이미 제6장에서 『삼국사기』에 기록된 '신녀왕'을 현대의 역사가들이 제멋대로 '신문왕'의 잘못이라고 단정 짓는 사례를 제시한 바 있다. 그때 필자가 '신녀왕'의 기록이 정확한 것이라고 주장하는 근거로 든 것 중 하나가 정사인 『삼국사기』와 야사인 『삼국유사』 간의 상대적인 정확성과 권위에 대한 것이었다.

마찬가지로 시기적으로는 '후한' 이 '삼국'보다 앞서지만, 『삼국지』는 서진의 진수가 280년에 편찬한 것이고, 『후한서』는 남북조시대 남조 송의 범엽이 432년경 편찬한 것으로 진수의 『삼국지』가 범엽의 『후한서』보다 150년 이상 일찍 편찬된 역사서이다. 따라서 한반도에서 삼국이 형성되던 시기를 고려했을 때 280년에 편찬된 『삼국지』 기록의 정확성이 더

그림 8-4. 토제 뿔잔(출처 : 공공누리)

높을 수밖에 없다.

그런데도 우리나라 역사학자들은 정확하게 우리나라 역사를 기록했던 진수의 의견은 무시하고, 자의적 판단으로 오류를 범하고 만 범엽의 의견만 일방적으로 받아들여 지금까지 중고등학생들이 학교에서 배워왔던 『한국사』에는 '월지국'은 언급도 되지 않고 마한의 '목지국'만 언급되고 있는 실정이다. 과연 이것이 소위 실증주의 역사학자들이 그토록 강조하던 '치열한 고증'의 결과라고 말할 수 있을까?

지금까지 필자는 선도성모 신화의 재해석을 통하여 선도성모 집단의 이주 과정을 원점인 경주에서부터 출발하여 거꾸로 거슬러 올라가서 신라 박씨의 뿌리가 파지리크 지역에서 출발한 월지족인 것을 밝혀냈다. 이렇게 필자가 도달한 결론과 마찬가지로 신라 문화의 북방 기원설을 주장하는 많은 학자들이 파지리크 지역의 고분에서 신라 적석목곽분의 기원을 찾는다.

즉, 역사학자 최병현은 중앙아시아의 이시크 고분과 알타이 고원 지대의 파지리크 고분의 적석목곽분 및 부장 유물이 신라의 그것과 유사함에 착안하여 중앙아시아계 기마민족 신라정복설을 주장했다. 또한 고고학자 김원룡과 인문학자 김열규는 신라 적석목곽분에서 많이 나오는 황금 유물은 기본적으로 스키타이를 비롯한 북방아시아 유목민족들의 전통이라고 했다. 또한 미술사학자 권영필은 경주를 비롯한 영남 지역 고분에서 자주 출토되는 금동제 또는 〈그림 8-4〉와 같은 토제 뿔잔(각배)도 그 원류가 고대 페르시아 지역으로 연결된다는 것을 밝혔는데, 각배의 시원은 아케메네스조 페르시아보다도 더 멀리 기원전 1000년까지 올라간다고 한다.

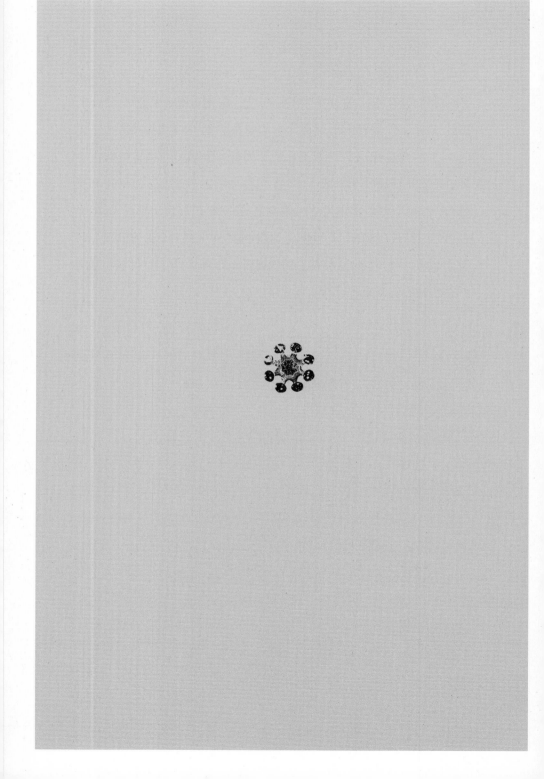

제9장

박혁거세의 뿌리 페르시아
아케메네스 왕조

　경영학 이론에 의하면, 기업에서 발생하는 각종 문제를 해결하기 위해서는 문제 상황에 대한 현상을 파악하는 것이 최우선이다. 현상을 모르면 어떤 문제가 발생하고 있는지 조차 모르기 때문이다. 그리고 이러한 현상을 파악하는 방법은 다양하게 존재한다. 그 어떤 방법을 이용했든지 간에 일단 현상 파악을 통해 문제 상황을 인식했다면, 다음 단계로는 문제가 발생한 원인을 찾는 것이 중요하다. 그런데 문제의 원인이라는 것이 쉽게 드러나는 경우도 있지만, 대부분의 경우는 그렇지 않은 경우가 더 일반적이다. 이때 문제의 근본적인 원인을 발견하기 위해 도요타 자동차회사에서 사용하는 방법이 바로 5Why 기법이다. 이것은 말 그대로 다섯 번 '왜?'라는 질문을 던짐으로써 겉으로 드러난 문제의 표면적인 원인이 아니라 그 심층에 숨어 있는 문제의 근본 원인을 파악하는 방법이다.

　　지금까지 우리는 한반도로 이주한 선도성모 집단의 연원이 서역 월지국에 있음을 진수의 『삼국지』를 통하여 알 수 있었다. 그러면 여기서 또 한걸음 더 나아가 파지리크에 자리 잡았던 월지족은 과연 어디에서 왔을까라는 의문이 생긴다. 경영학을 전공한 필자는 선도성모 집단의 연원을 찾기 위하여 앞에서 소개한 5Why 기법을 적용하게 된 것이다. 그러면 지금부터는 월지족은 과연 어디에서 왔는지에 대해서 살펴보도록 하자.

　　앞에서 소개한 바와 같이 제임스 밀워드는 "기원전 2세기에 중국 자료에 나타난 월지족의 정체성과 이동이 고대 중앙아시아의 역사에 큰 난제 중 하나"라고 하였으며, 『유라시아 유목 제국사』를 쓴 프랑스 역사학자 르네 그루쎄도 월지족의 기원에 대해서 확실하게 파악하지 못하고 있고, 단지 파지리크 지역에 살던 월지족이 감숙성 지역으로 남하한 뒤의 흔적으로만 월지족에 대해 추측하고 있을 뿐이다. 그런데 필자는 파지리크 고분 및 그밖에 몇몇 단서로 월지족의 뿌리가 페르시아 아케메네스 왕조와 관련이 있다고 추정한다.

　　첫 번째 단서는 박혁거세의 사후이적과 관련하여 소개한 바와 같이 선도성모 집단의 뿌리인 월지족들이 페르시아 아케메네스 왕조의 공식 종교였던 조로아스터교를 믿으며 조장의 풍습을 가졌다는 것이다. 또한 파지리크 고분에서 대마초가 발견되었는데, 이 대마초는 조로아스터교 제사 의식에서 사용하는 하오마 술을 만드는 원료이다.

　　두 번째 단서는 〈그림 9-1〉의 파지리크 고분군의 5호분 벽걸이 모전(毛氈; 짐승의 털로 색을 맞추고 무늬를 놓아 두툼하게 짠 부드러운 요)에 그려진 기사도이다. 이 그림에서 관을 쓰고 있는 여제사장 앞으로 다가가는 기사는 튜닉(tunic; 군복 외의 약식으로 입는 짧은 상의)형의 짧은 두루마기를 입고 곱슬머리에 콧수염을 기르고 큰 코를 가진 용모로서 아리안 계통의 인물로 추정되고 있다. 또한 이 기사도에는 말의 목과 콧잔

그림 9-1. 파지리크 고분 카펫 기사도(출처 : Sergei Rudenko, Frozen Tombs of Siberia)

등에 신라 금관에 달린 굽은 옥曲玉이 그려져 있는데, 미추왕릉 장식보검에 새겨진 태극 문양을 상징하는 곡옥은 '길을 인도하는 새'와 함께 필자가 이 연구를 진행하면서 선도성모 집단을 파악하는 주요 표지로 삼은 것 중 하나이다. 그러면 한반도 곳곳에서 발견되며 일본 천황가의 3종 신기 중 하나인 곡옥의 진정한 의미는 과연 무엇일까?

　　3종 신기는 일본 천황의 조상신 아마테라스 오미카미로부터 하사받아 현재까지 천황에 의해 계승된다는 세 가지 물건으로, 칼·거울·곡옥을 말한다. 삼종신기는 천황조

그림 9-2. 미추왕릉 장식보검 삼태극무늬

그림 9-2-1. 미추왕릉 장식보검

차도 보는 것이 허락되지 않을 만큼 귀중한 물건이지만, 실제로 존재하는지에 대해 의심하는 학자들도 있다고 한다.

그리고 학자에 따라서 이 곡옥을 '태아의 모습', '생명의 움'이라고 하는 등 구구한 의견을 제시하고 있지만 필자는 이것을 태극무늬라고 생각한다. 코벨 여사는 미추왕릉 장식보검의 삼태극무늬와 곡옥을 번갈아 보면서도 끝끝내 곡옥의 의미를 파악하지 못하고 만다. 필자 역시 처음에는 곡옥의 의미를 파악하지 못하다가 중국 검색엔진인 바이두에서 곡옥을 검색해본 결과, 〈그림 9-3〉을 보고서 마침내 그 의미를 깨닫게 되었다.

인터넷 사용 초창기에 인터넷 상에 흩어져 있는 수많은 저급한 정보로 인하여 인터넷이 한때 '쓰레기의 바다'라고 폄하된 적도 있었지만, 이 연구를 하는 과정에서 필자는 인터넷이야말로 '정보의 보

그림 9-3. 바이두에서 검색된 곡옥 이미지(출처 : 바이두)

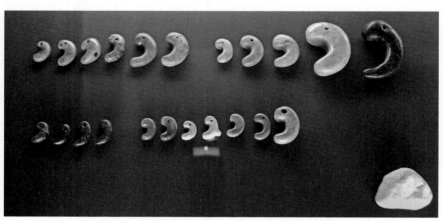

그림 9-3-1. 다양한 곡옥

물창고'인 것을 깨달았다. 그리고 인터넷 상에 흩어져 있는 수많은 데이터big data 중에서 의미 있는 정보를 발굴해내는 것은 다름 아닌 정보 수집자의 능력에 달려있는 것이었다.

우리가 일반적으로 알고 있는 태극기의 음양태극은 송나라 시절 주돈이의『태극도설』이 성리학을 집대성한 주자에 의해 유가의 우주론으로 채택됨으로써 비롯된 것이고, 그 이전에는 천지인을 상징하는 '삼태극'이었다. 그리고 우리나라에서 일반적으로 '삼태극'이라고 불리는 문양은 최초에는 '삼태극'이라는 철학적 의미를 부여하지 않은 단순한 '태양의 불꽃 문양'이었다. 또한 우실하 교수에 의하면 한국을 제외한 어느 나라에서도 삼태극이라는 철학적 의미를 부여하지 않고 다만, (1)물이 굽이도는 모양을 닮았다고 해서 와문, (2)한자의 '파巴'자를 닮은 것이 여러 개 있다고 해서 파문 등으로 불린다. 특히 파문의 경우에는 '파'자 모양의 숫자에 따라서 3파문, 4파문, 5파문 … 등으로 불린다.

우실하의 논문에[1] 나타나는 이러한 내용은 아리엘 골란의『선사시대가 남긴 세계의 모든 문양』에도 "태양이 나선을 매개로 하여 표현된 경우도 간혹 있다"고 소개되고 있다. 따라서 은허에서 출토되었다고 전해지는 〈그림 9-4〉의 삼파문 유물이 과연 은허에서 발

그림 9-4. 은허 출토 삼파문(출처 : 우실하 논문)

---

1. 우실하, 삼태극/삼원 태극 문양의 기원과 삼파문의 유형 분류

굴된 것인지, 아니면 당시 선도성모 집단이 중국에서 거주하고 있던 곳에서 출토되었는지에 대하여 필자는 상당한 의구심을 가지며, 나아가 은허의 발굴로 밝혀졌다는 은나라의 실존 여부에 대해서도 의문을 가진다.

그림 9-5. 다양한 환두대도 고리 장식　　그림 9-5-1. 환두대도 고리장식

〈그림 9-1〉의 파지리크 고분 카펫의 기사도와 한반도 각처에서 발굴된 다음의 〈그림 9-5〉 환두대도 고리장식, 〈그림 9-6〉 가야 금동관, 〈그림 9-7〉 말띠드리개를 살펴보면 하나의 공통된 패턴이 있다.

미술사학자 강우방은 고구려 고분벽화에 나타나는 무늬를 분석하여 이제껏 '운기문雲氣文'이라고 불려왔던 무늬를 '영기문靈氣文'이라고 이름 짓고, 고구려 고분벽화뿐만 아니라 삼국시대의 각종 유물에 나타나는 각종 무늬를 영기문을 이

그림 9-6. 가야 금동관(출처 : 공공누리)

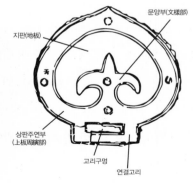

문양부(文樣部)

지판(地板)

상판주연부
(上板周緣部)

고리구멍

연결고리

그림 9-7. 말띠드리개

그림 9-8. 교황 바오르 6세 문장(좌)과 프랑스 왕가 문장(우)

그림 9-9. 캐나다 퀘벡 주 문장(좌)과 영국 헨리 4세 문장(우)

용하여 재해석했으며, 영기문의 표현에서 가장 기본단위로 곡옥 모양의 태극무늬를 '영기의 싹'이라고 명명했다. 강우방이 영기문이라고 명명한 형태는 지금까지 동서양 학자들은 팔메트 무늬로 파악해왔는데, 〈그림 9-1〉 파지리크 고분 기사도 상단과 하단에도 역시 이러한 팔메트 무늬가 그려져 있는 것을 볼 수 있다.

이러한 팔메트 무늬는 환두대도 고리 안에도 나타나는데, 이제껏 학자들은 이러한 무늬를 삼엽문이라고 불러왔다. 이밖에도 이러한 무늬는 가야 금동관의 장식 부분과 삼국시대에 말을 장식하는 장식품인 말띠드리개의 문양부에도 분명하게 그 형태가 드러난다. 또한 이러한 무늬는 서양에서도 흔히 발견할 수 있는데, 교황 바오르 6세의 문장, 프랑스와 영국 왕실의 문장, 캐나다 퀘벡 주 문장, 비밀단체인 시온수도회, 보이스카웃, 미식 축구팀 뉴올리언즈 세인츠 팀의 마크 등등 곳곳에서 이 무늬가 나타난다. 그리고 소설가 댄 브라운은 그의 소설『다빈치 코드』에서 이 무늬를 '플뢰르-드-리스^{fleur-de-lis} ⋯⋯ flower of Lisa(리자의 꽃) ⋯⋯ Mona Lisa(모나리자)'라고 소개하고 있다. 그리고 이 무늬는 이 책에서 각 장의 도입부와 본문을 구분 짓는데도 사용되고 있다.

여기서 파지리크 고분 기사도, 서왕모 화상석, 그리고 댄 브라운의 『다빈치 코드』에 나오는 시온수도회, 이 세 가지 요소의 공통점은 바로 여신 혹은 대모신 숭배 신앙이다. 즉, 동서양에서 공통적으로 나타나는 이러한 팔메트 무늬의 기원은 메소포타미아 지역에서의 '여신 숭배 신앙'에서 비롯되었다는 것이 필자가 내린 최종 결론이다. 그리고 이러한 여신 숭배 신앙은 뒤에서 설명할 요하 지역 홍산 문화에서도 등장한다.

이러한 필자의 결론을 뒷받침해주는 증거가 앞에서 여러 번 소개한 아리엘 골란의 『선사시대가 남긴 세계의 모든 문양』에 다음과 같이 기록되어 있다.

"중앙아시아 깊숙한 곳에서 밖으로 나온 5~12세기의 유목민들은 인도 유럽 종족(아리안족)들의 동쪽 분파가 거주하고 있던 유라시아 스텝 지역을 장악하면서, 비록 의미는 이해하지 못했어도 선주민들의 몇몇 상징을 받아들였다. 예를 들어 폴로베츠인들은 마름모꼴과 두 원판 모양 상징을 의복에 매달고 다녔고, 또한 그와 비슷한 상징이 중세의 투르크메니아 묘비에도 보인다. …… 여기에서 로제트 장식은 여신의 이중 상징일 것이다.

삼각형이 여성의 한 상징이었기 때문에, 성스러운 3요소 구도 중에 가운데 삼각형이 배열된 것도 있다. …… 켈트족들에게도 두 개의 원판 사이에 삼각형이 있는 3요소 구도는 여신의 상징이었다.

……

만약 나선과 도식적인 식물 기호가 결합한다면, 성스러운 3요소는 두 개의 대칭적인 나선과 그 사이에 있는 하나의 식물 기호로 구성된다. 이 구도는 신석기 시대의 두 나선 상징과 흡사한데, 이것이 세 부분 상징과 접촉하면서 가운데 요소가 나타나게 되는 것이다. 서로 유사한 두 상징의 상호작용은 반대 방향으로도 일어났다. 성스러운 3요소의 두 나선이 신석기 시대의 두 나선 상징(양¥의 기호)을 연상시켰기 때문에, 두 나선 상징이 3요소 구도와 함께 표현되기도 했던 것이다. 이오니아의 기둥머리 장식은 바로 여기에서 유래한다.

3요소 구도에는 두 개의 나선과 하나의 식물 상징으로 이루어진 이른바 아이올리스식의 기둥머리 장식도 있다. 19세기부터 최근까지 여러 책에서 이 기둥머리 장식이 이오니아식 기둥머리 장식의 원형이 되었다고 말한다. 그러나 아이올리스식과 이오니아식 기둥머리 장식은 모두 성스러운 3요소 구도라는 맥락에서 파악해야만 한다."

역시 추가적인 증거를 〈그림 9-10〉 아나히타 여신의 망토에 장식

그림 9-10. 아나히타 여신 보석 장식 팔메트 무늬
(출처 : Anahita : Ancient Persian Goddess and
Zoroastrian Yazata)

된 메달 모양의 보석장식에 새겨진 무늬에서 찾을 수 있는데, 앞에서도 몇 번 소개했듯이 아나히타 여신은 슈메르에서는 이난나 여신, 아카드와 바빌로니아에서는 이슈타르 여신으로 숭배 받았던 고대 페르시아의 여신으로 대모신의 성격을 가진 여신이다.

월지족과 페르시아 아케메네스 왕조의 관련성에 대한 세 번째 단서 역시 파지리크 고분군에서 발견된 〈그림 9-11〉의 양모 카펫인데, 무늬에 나오는 사슴의 종류는 펠로 사슴으로서 아케메네스 왕조 때 펠로 사슴을 대표하는 Hither Asian의 특성과 같으며, 말을 모는 기사 무늬에서 말이 꼬리로 매듭을 지은 것은 페르시아식이라고 한다.

그림 9-11. 아케메네스 왕조 양식 파지리크 고분 카펫
(출처 : Sergei Rudenko, Frozen Tombs of Siberia)

또한 1940년대 말에 파지리크 고분을 발굴한 러시아 고고학자 세르게이 루덴코 역시 파지리크 고분에서 발굴된 유물을 아케메네스 왕조 시기의 유물이라고 간주했다. 즉, 세밀한 검토 끝에 그는 이 유물들이 아케메네스 양식을 빌려온 모티프를 사용하여 그 지역에서 만들어졌거나, 스타일

과 모티프에 있어서 아케메네스 예술을 반영한 아케메네스 제국 주변으로부터 수입해온 것임을 밝혀냈다. 그는 이 고분에서 발굴된 카펫에 그려진 사슴처럼 생긴 동물은 알타이 지역의 엘크가 아니라 페르시아의 다마사슴으로 카펫 중 일부는 페르시아 지방에서 수입해온 것이고 일부는 자체적으로 생산한 것이라고 주장했다.

그림 9-12. 각저총 씨름도에 등장하는 서역인(출처 : 전호태, 고구려 고분벽화의 세계)

네 번째 단서는 경주 괘릉의 무인석이나 〈그림 9-12〉 길림성 집안의 각저총 씨름도에 그려진 '심목고비'로 표현되는 여러 서역인들인데, 이들은 흉노의 침략을 피해 약 백 년 동안의 이동 중에도 다른 종족들과 피가 섞이지 않은 채 원래의 아리안 계통의 모습을 유지했던 것이다.

그리고 오늘날까지 우리나라 대표적인 전통 민속경기 중 하나인 씨름은 메소포타미아 지방에서부터 기원한 것이다. 〈그림 9-13〉은 메소포타미아 지방에서 발견된 고대 수메르 시대의 구리 조각품으로 레슬러라고 소개되어 있지만 허리에 두른 샅바를 잡고 있는 모습은 우리의 씨름과 동일한 것을 알 수 있다.

또한 〈그림 9-14〉 고구려 무용총에

그림 9-13. 수메르 시대의 씨름 조각
(출처 : 이라크 박물관 소장)

그림 9-14. 무용총 수박희(출처 : 전호태, 고구려 고분벽화의 세계)

그려진 고대 무예인 '수박희' 역시 마찬가지여서 이러한 격투기의 기원 역시 〈그림 9-15〉 기원전 2000년경 고대 메소포타미아 지역에서 만들어진 테라코타 부조에 새겨진 맨손겨루기였다.

그림 9-15. 테라코타에 새겨진 맨손겨루기
(출처 : Steven Murray, Boxing Gloves of the Ancient World)

그밖에도 한반도에서 발견되는 페르시아 양식의 다양한 유물과 유적들이 발견되는 데, 이러한 근거들로 필자는 이제껏 정확히 밝혀지지 않았던 월지족의 연원이 페르시아 아케메네스 왕조라고 추정하는 것이다. 신라 건축물에서 나타나는 메소포타미아와 페르시아 아케메네스 왕조의 문화 흔적은 이 책의 뒷부분에서 밝히도록 하겠다.

제10장

김알지의 뿌리 석가족
(사카 스키타이족)

　예전에 한때 '게으름의 미학'과 관련된 책들이 우후죽순처럼 쏟아
져 나왔던 적이 있었다. 원래 게으름은 필자의 전문이라 당시에 그 중
몇 권을 뒤적이면서 '그럼, 그렇고말고!'라는 맞장구를 치면서 읽었던
기억이 있다. 최근에는 '느림의 미학'이 새로운 이슈가 되고 있는 듯한
데, '게으름의 미학'과 비슷한 듯하면서도 조금은 다른 느낌도 든다.

　뜬금없이 이런 이야기를 꺼내는 이유는 '한반도 뿌리 찾기'에 대한
연구를 진행하던 당시에 전체적인 흐름을 다 파악했으면서도 불구하
고 빨리 논문을 완성하여 학회에 제출하지 않고 연구와 관련된 이런
저런 책들을 보면서 미적거리고 있었기 때문인데, 이러한 필자의 타
고난 게으름 혹은 만만디 정신 덕분에 본 연구에서 하마터면 놓칠 뻔
한 중요한 내용들을 추가적으로 몇몇 발견하게 되었다. 즉, 한 번은
미심쩍은 부분들을 확인하고 넘어가려다 뜻밖에도 신라와 고구려 간

의 관계를 파악하게 되었고, 그 얼마 후에는 신라 김씨 왕조의 뿌리에 대해서도 정확하게 파악하게 되었던 것이다.

연구 초기부터 김씨 왕조 때부터 신라의 문화가 급격하게 바뀌고 박씨 및 석씨 시조와 김씨 시조의 출생신화가 달라서 김씨 시조의 뿌리에 대한 연구 필요성을 절감했었다. 그러면서도 제한된 자료에서 운 좋게 박혁거세의 뿌리를 찾을 수 있었지만 김씨 시조의 뿌리까지 찾는 것이 과연 가능할지에 대해서 의구심을 가졌었는데, 그 후에 이런저런 자료들을 뒤적이다가 마침내 김씨 시조의 뿌리까지도 파악하게 되었던 것이다. 지나고 보니 어떻게 2천여 년 전의 역사적 사실을 오늘날에 와서 파악하는 것이 가능할 수 있었는지 필자 자신도 그저 어리둥절할 뿐이다.

지금까지 박혁거세의 뿌리가 월지족이며, 이들 월지족이 페르시아의 아케메네스 왕조에 그 근원을 두고 있는 아리안 계통인 사실을 밝혀냈다. 그러면 지금부터는 신라 김씨 왕조의 뿌리에 대해 살펴보도록 하자.

『삼국사기』에 의하면 탈해 왕 9년(65년) 계림 숲 속에서 닭 울음소리를 듣고 새벽녘에 호공을 보냈더니, 금색의 작은 궤짝이 나뭇가지에 걸린 채 흰 닭이 그 아래에서 울고 있었다고 한다. 호공이 돌아와 왕에게 보고하자 왕은 사람을 시켜 궤짝을 가져와 열어봤더니 작은 사내아이가 있었는데, 그 아이가 바로 신라 김씨 왕조의 시조인 김알지였다.

이처럼 『삼국사기』에 기록된 신라 김씨 시조인 김알지가 왜 처음부터 등장하지 않고 탈해왕 때에야 나타나는지, 그 이유에 대해서는 후속 연구에서 밝히겠지만 미리 독자들에게 힌트를 드리자면 이때는 왕망이 전한(기원전 202년~기원후 9년)을 무너뜨리고 세운 신 왕조(8년 ~23년)가 멸망하고, 광무제에 의해 후한(25년~220년)이 수립된 시기와 그다지 멀지 않은 시기라는 것이다.

사서에 기록되어 있듯이 신라는 박씨, 석씨 왕조를 거쳐 내물왕 때부터 본격적으로 김씨 세습왕조로 바뀌게 되며, 이때부터 기존의 박씨, 석씨 왕조시절의 문화와는 확연한 차이를 보이게 된다. 예를 들어 금관 등과 같은 화려한 금 장식품이 등장하는 것은 김씨 왕조부터인데 이것은 곧 김씨 왕조의 뿌리가 박씨나 석씨 왕조의 뿌리와는 다르다는 것을 암시한다. 즉, 박혁거세와 석탈해는 동일한 난생신화이므로 같은 종족 출신임을 알 수 있으나, 김알지는 금궤에서 나와 박혁거세 및 석탈해와는 출생신화가 다르므로 다른 종족 출신임을 알 수 있다.

그럼 이들 김씨 일족은 누구이며, 언제 어떤 경로로 신라로 이동하게 되었을까? 신라 김씨의 시조에 대해 세간에는 황제의 아들 소호 금천씨라는 주장과 흉노 휴도왕의 태자인 투후秺侯 김일제金日磾가 신라 김씨 왕조의 시조이며 따라서 그 선조가 흉노족이라는 주장이 있다. 이와 관

그림 10-1. 계림

련하여 문명교류학자 정수일은 중국 김씨에는 황제의 아들 소호 금천씨를 시조로 하고 팽성(현 서주)을 본향으로 하는 김씨와 흉노의 휴도왕자 김일제를 시조로 하고, 경조(현 서안)를 본향으로 하는 김씨의 2대 계보가 있어 엄연히 구별된다고 했다.

필자는 이 내용에 의거하여 문무대왕릉비에 신라 김씨 왕가의 뿌리라고 기록되어 있는 투후 김일제에 대해 초점을 맞춰 신라 김씨 왕조의 뿌리를 찾는 연구에 착수했다. 휴도왕은 흉노 이치사 선우의 번왕으로서 사마천은 한나라 장군 곽거병이 휴도왕을 격파하고 하늘에 제사지낼 때 쓰는 금인祭天金人을 손에 넣었으며, 곤야왕이 휴도왕을 죽이고 백성들을 인솔하여 한나라에 항복하였으며, 그 수는 4만에서 10만에 이른다고 기록하고 있다.

위의 기록에는 휴도왕이 흉노 선우의 번왕, 즉 제후 겸 장군이며 황금으로 만든 상을 가지고 하늘에 제사를 지냈다고 되어 있다. 이 기록 때문에 지금껏 여러 학자들이 김일제를 흉노족이라고 주장해 왔는데 필자의 연구에 의해 이것은 명백한 오류로 드러났다.

특히 신라 김씨 왕조의 선조가 투후 김일제라는 사실과 관련하여 〈KBS 역사추적〉에서는 2008년 11월 22일 「제1편 : 신라 김씨 왕족은 흉노의 후손인가?」와 2008년 11월 29일 「제2편 : 왜 흉노의 후예라고 밝혔나?」라는 제목의 2부작 「문무왕릉비의 비밀」에서 김일제에 대하여 집중적으로 조사하여 방영한 바 있다. 이 방송에서는 여러 자료들을 근거로 하여 신라 김씨 왕조와 흉노족이 관계가 있다고 결론을 내리는데, 뒤에서 살펴보겠지만 오히려 이 방송 내용은 신라 김씨 왕족이 흉노족이 아니고 석가족(사카 스키타이족)이라는 필자의 연구 결과를 뒷받침하고 있었다.

그러면 먼저 신라 김씨 시조 김일제의 아버지인 휴도왕은 대체 누구인가에 대해서 알아보자. 필자는 그때까지의 박혁거세의 뿌리에 대한 연구 결과, 신라 시조 박씨의 뿌리가 파지리크 지역에 기반하고 있던 월지족인 것을 안 이후로 김알지의 선조가 월지족과 원한이 깊은 흉노족일 리가 없다고 생각했었다. 왜냐하면 앞부분에서 묵돌 선우가 흉노의 왕이 되자 월지를 깨뜨렸고, 묵돌 선우의 아들인 노상 선우 때에는 대월지의 왕을 죽이고 그 두개골로 술잔을 만들었다고 소개했듯이 월지족과 흉노족 사이에는 뿌리 깊은 원한이 있었기 때문이었다.

　　실크로드를 개척한 것으로 알려진 장건을 한 무제가 서역으로 파견한 이유도 사실은 이러한 흉노족에 대한 월지족의 깊은 원한을 이용하여 한나라와 월지가 공동으로 흉노에게 대응할 것을 부탁하기 위해서였다. 이런 까닭으로 만약 김알지가 기존 학자들이 생각하듯이 정말로 흉노족 김일제의 후예였다면 흉노족에 대해서 이를 갈고 있을 월지족 출신 박혁거세의 후손들이 김알지를 순순히 그들 부족의 일원으로 받아들이지 않았을 것이었다.

　　따라서 김알지가 흉노의 후손이라는 학자들의 주장을 필자는 박씨의 뿌리가 월지족과 관련이 있다는 것을 알게 된 후부터 믿지 않았다. 다만 당시에는 박씨 왕조의 뿌리와 그들의 한반도 이주과정에 대해 보다 더 자세하게 알아보는 것이 선결문제였기 때문에, 그것부터 해결하고 난 뒤에 차차 기회가 되면 김씨 왕조의 뿌리를 찾아보자는 것이 필자의 생각이었다. 그런데 김씨 왕조의 뿌리를 찾는 일이 쉽지 않을 것이라고 생각했던 필자의 예상과는 달리 이 문제 역시 의외로 쉽게 해결할 수 있었다.

　　김일제의 아버지인 흉노의 번왕 휴도왕이 과연 누구인가라는 질문에 대한 대답은 바로 『삼국유사』 「탑상편」에 있었다. 즉, 모 포털사이트에서 '휴도왕'을 검색했을 때 지식백과에 '요동성의 육왕탑'이란 제목으로 관련 내용을 바로 찾을 수 있었는데, 그 내용은 다음과 같다.

"… 그릇 위에 범서(산스크리트어)가 있었는데 모시고 있던 신하가 이 글을 알아보고는 불탑이라 했다. 왕이 자세히 물으니 대답했다. '이것은 한나라 때 있었던 것으로 그 이름은 포도왕(원래는 휴도왕이라고 했는데, 하늘에 제사 지내는 금인金人이다)이라 합니다.'"

그리고 이 포도왕에 대해 각주에서 "부도는 부두·포도·불도 등 여러 가지로 표기되는데, 원래는 불타와 같이 붓다Buddha를 번역한 것이라 하고 또는 도솔파stupa, 즉 탑파의 전음轉音이라고도 한다"고 기록되어 있었던 것이다.

또한 『삼국유사』 「탑상편」 '황룡사의 구층탑'에는 다음과 같은 내용이 기록되어 있다.

"문수보살은 자장법사에게 말했다. '너희 나라 왕은 천축 찰리종(인도의 크샤트리아 계급)의 왕으로 이미 불기를 받았기 때문에 특별한 인연이 있어 동이 공공의 종족과는 다르다.'"

『삼국유사』 「탑상편」에 실려 있는 이 두 가지 기록에서 알 수 있는 것은 신라 김씨 왕조가 인도와 관계가 있으며 카스트제도에서 왕이나 귀족에 해당하는 크샤트리아 계급 출신이라는 것인데, 다들 알다시피 석가모니 역시 크샤트리아 계급이다. 또한 휴도왕은 포도왕(부처왕)

을 의미한다는 것에서 휴도왕이 부처와 같은 종족인 사카족 출신임을 알 수 있었다. 그리고 이들 사카족 역시 월지족과 마찬가지로 아리안 계통으로 아케메네스 왕조의 키루스 왕 시절에는 페르시아에 예속되기도 했었다.

또한 이들 사카족은 금으로 만든 장식품을 애용했는데, 이것은 '황금인간'으로 유명한 이시크 고분이 사카족의 유물인 것에서 알 수 있듯이 이들 부족은 황금장식품을 선호했다. 이런 사실들과 신라 시대 유물에서 나타나는 각종 금 세공품들을 연결시킨 결과, 신라 김씨가 부처와 같은 사카족인 것을 알 수 있었다. 원래 박씨의 뿌리인 월지족은 중국에 있을 때부터 도교 문화와 접목하여 연단술에 몰두했기 때문에 금을 장식품으로 사용하기 보다는 불로장생약의 연단에 주로 사용했으며, 장식품을 만드는 원료는 주로 옥을 사용했었다. 요하 문명 지역과 한반도에서 옥기가 많이 출현되는 것은 그 때문이며, 남산에서 옥이 산출되는 경주를 수도로 삼은 것도 그런 이유 때문이었다.

불로장생약의 연단에 금을 사용한 흔적이 오늘날에도 한방에서 청심환 등을 만들 때 금박을 입히는 것으로 남아 있는 것으로 추정된다. 그러다가 금으로 만든 장식품을 애용하던 사카족 출신인 김씨 왕조가 들어선 이래로 금을 원료로 하는 세공품 문화가 발달하게 된 것이다. 이와 관련해서 월지족이 살던 파지리크 지역의 장식품은 단순소박하며, 중앙아시아 사카—스키타이 계통의 장식품은 화려하며 그 표현이 역동적이라고 두 부족의 문화적 특징을 비교한 내용을 본 기억이 있다.

또한 제임스 밀워드도 사카족에 대하여 다음과 같이 기술하고 있다.

"신장이라는 무대에 일찌감치 출현했던 인도유럽어 사용자들 중 한 무리는 사카(saka/새塞)족이다. 사카족은 특정한 국가 혹은 민족 집단에 대한 명칭이라기 보다는 통칭이다. 사카족은 시베리아 및 신장에서 흑해에 이르는 중앙유라시아 초원 지대 전역에 퍼져 있던 초기 유목민의 문화적 연속체의 일부였다.

헤로도토스가 『역사』 4권에서 서술하고 있는 스키타이와 마찬가지로(사카는 그리스어 스키토스Skythos에 상응하는 이란어 단어로서 많은 학자들은 둘을 묶어서 사카-스키타이라고 부른다) 사카족은 전쟁에서 전차를 이용하고 말을 제물로 바쳤으며 죽은 사람을 쿠르간이라고 불리는 무덤 혹은 봉묘에 매장했고 이란어를 사용한 기마 유목민이었다. 왕의 무덤에는 흔히 '동물 양식'으로 장식된-유명한 예가 '황금 갑옷을 입은 전사Golden Man'라고 알려진 금제 모형으로 이 제품의 모조품은 현재 알마티 시내에 있는 기념탑 위에 서 있다-금속 공예품이 대량으로 포함되었다."

게다가 사카족의 특징적인 관습으로서 종형제 자매간에 교호혼을 한다고 한 것은 『삼국사기』의 내물왕편에 있는 다음 기록과도 일치한다.

"신라는 동성뿐만 아니라 조카나 고·이종 자매도 모두 맞아들여 아내로 삼았다. 비록 외국의 풍속이 각기 다르다 하나 중국의 예법으로써 책한다면 크게 어긋난 일이다. 흉노의 어미도 간음하고 자식도 간음함과 같은 것은 이보다 더 심한 것이다."

11장과 12장에서 자세히 살펴보겠지만 결국 알타이 산맥 북쪽 초원로의 파지리크에 위치했던 박혁거세의 뿌리인 월지족은 흉노에게 중앙아시아로 쫓겨 왔다가 재차 공격을 받고 대월지와 소월지로 나뉘어 각각 다른 방향으로 이동을 하게 되었고, 중앙아시아에 위치해있던 김알지의 뿌리인 사카족은 흉노의 공격을 받고 흉노의 제후국으로 전락했던 것이다. 그리고 이것이 바로 사카족이었던 신라 김씨 왕조 시조인 김일제의 아버지 휴도왕이 오늘날 흉노족이라고 오인 받게 된 이유였던 것이다.

그리고 이러한 필자의 추론을 뒷받침하는 과학적 증거가 바로 〈KBS 역사추적〉의 방송 내용이었다. 즉, 방송에서는 한반도, 몽고, 우즈베키스탄 등지에서 발견된 고대인들의 유골에서 채취된 DNA를 분석하여 신라 김씨 왕조가 흉노와 관계가 있음을 밝히려고 했는데, 그 결과가 부계 DNA를 분석한 〈그림 10-2〉와 모계 DNA를 분석한 〈그림 10-3〉이다.

인류유전학에서 가장 많이 연구되는 하플로그룹은 Y-염색체(Y-DNA) 하플로그룹과 미토콘드리아 DNA(mt-DNA) 하플로그룹

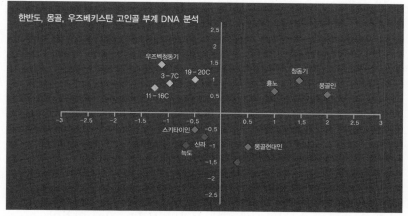

그림 10-2. 부계 DNA 분석(출처 : KBS 역사추적)

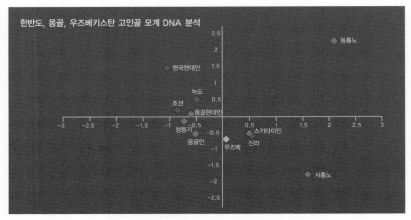

그림 10-3. 모계 DNA 분석(출처 : KBS 역사추적)

으로 이는 유전 집단을 정의하는 데에 사용될 수 있다. Y-DNA는 아버지에게서 아들에게로 오직 부계 혈통을 통해서만 전달되며, 반면에 mt-DNA는 어머니에게서 남녀 모두의 자식에게 전달된다. 그러나 어머니에게서 아들에게 전달된 mt-DNA는 유전되지 않기 때문에 mt-DNA는 결국 어머니에게서 딸에게로 오직 모계 혈통을 통해서만 유전된다. 결국 부계 DNA 분석은 Y-DNA를 이용한 것이며, 모계 DNA 분석은 미트콘드리아 DNA 분석을 통한 것이다.

그런데 〈그림 10-2〉 부계 DNA 분석 결과에 의하면, 신라는 스키타이인, 늑도와 함께 같은 그룹에 속하고, 흉노는 몽골인과 함께 다른 그룹에 속한다. 마찬가지로 〈그림 10-3〉 모계 DNA 분석 결과에 의하면, 신라는 스키타이인과 우즈벡, 그리고 서흉노와 같은 그룹에 속하고, 부계에서 신라와 같은 그룹으로 분류되었던 늑도는 조선과 한국 현대인, 그리고 몽고 현대인과 함께 다른 그룹에 속하는 것으로 나타난다. 그리고 방송에서는 모계 DNA 분석 결과에서 신라와 서흉노가 같은 그룹에 속하는 것에 대해 신라와 서흉노 간에 인적인 교류가 있었던 것으로 해석했다. 그러한 해석은 아마도 원래 방송이 의도했던 신라 김씨 왕조와 흉노간의 관계가 있다는 추정에 대한 과학적 증거를 제시하기 위함이었을 것이다.

그런데 〈그림 10-2〉를 보면 부계 DNA의 경우 신라인과 흉노는 아예 다른 그룹으로 분류되어 있고, 같은 그룹으로 분류된 모계 DNA의 경우도 신라와 서흉노의 거리가 멀리 떨어져 있는 것을 볼 수 있다. 필자가 이러한 DNA 분석방법에 대해서 정확히 아는 바는 없지만 일반적으로 통계의 판별분석에서 사용되는 '데카르트 거리' 방법을 적용해보면, 서로간의 거리가 멀수록 당연히 혈연관계도 멀어질 수밖에 없다고 생각된다.

그리고 연구를 진행할수록 우연인지 필연인지 모르겠지만 필자가 그동안 관심을 가지고 배워왔거나 혹은 경험해왔던 것들이 이 연구에서 각각의 퍼즐 조각들을 맞추는데 어떻게든 도움이 되는 것에 대해 기묘한 느낌이 든 적이 많았었다. 즉, 필자의 박사학위 논문 주제는 인공지능 기법 중 하나인 인공신경망 알고리듬을 이용해서 생산 현장의 부품들 중에서 비슷한 가공 공정을 거치는 부품끼리 효율성 향상을 위하여 하나의 그룹으로 묶어주는 그룹 테크놀로지group technology에 관한 것이었다. 이런 까닭에 필자는 이러한 '데카르트 거리' 개념을 익숙하게 알고 있었는데, 난데없이 여기서 그것이 쓸모가 있었던 것이다. 결국 이런 배경지식 때문에 비록 신라와 서흉노가 같은 그룹으로 분류된 모계 DNA의 경우도 약간의 혈연관계는 있을지라도 그 정도는 아주 약함을 파악할 수 있었다.

게다가 당시 이미 신라 김씨 왕조가 흉노가 아닌 사카족과 관계가 있다는 사실을 파악한 필자에게, 그 DNA 분석 결과의 의미는 다르게 해석되었다. 즉, 부계 DNA 분석에서 신라가 스키타이와 같은 그룹에 속하는 것은 필자가 파악한 연구 결과 그대로였다. '신라[1]'라는 유골이 박씨 왕조의 월지족이든 혹은 김씨 왕조의 사카족이든 간에 둘 다 아리안 계통이기 때문에 역시 아리안 계통인 스키타이 유골과 같은 그룹에 속하는 것은 필자가 생각하기에 너무나 당연한 결과였으며, 이것은 필자의 연구 결과를 지지해주는 또 하나의 과학적 증거였다.

또한 부계 DNA 분석 결과에서 '늑도'에서 발굴된 유골이 신라 및 스키타이와 같은 그룹에 속하는 이유도 마찬가지였다. 방송을 본 후에 몇 가지 미심쩍은 부분을 해결하기 위하여 필자가 DNA 분석을 실시한 이광호 교수와 통화한 결과에서도 확인되었지만, 늑도는 필자가 생각한대로 경남 사천의 늑도였다. 그리고 필자가 분석 자료에서 나오는 늑도가 사천 늑도일 것이라고 미리 짐작했던 이유는, 사천 늑도의 고분에서 선도성모 집단의 표지 유물 중 하나인 옹관이 발굴되었기 때문이었다. 즉, 늑도 고분에 묻혀 있는 고대인도 조로아스터교를 믿었던 아리안 계통이었기 때문에 아리안 계통의 스키타이와 역시 아리안 계통의 신라 고인골이 같은 그룹에 속하게 된 것이다.

물론 모든 신라인이 아리안 계통인 것은 아니다. 후속 연구에서 다시 설명하겠지만, 신라 6부촌의 경우는 선도성모를 따라서 한반도로 건너온 중국 한족 출신들이다. 신라의 골품제도는 단순히 계급의 문

---

1. DNA 분석을 실시한 중앙대학교 생명과학과 이광호 교수에게 고인골을 제공한 동아대학교 고고미술사학과 김재현 교수와 통화해본 결과 신라 인골은 경주의 왕릉에서 입수한 것은 아니며 전국적으로 몇 군데 신라고분군에서 입수한 것인데, 그 중 한 곳이 동해시 추암동 고분군이라고 했다. 이 고분군에는 구덩식돌널덧널무덤, 앞트기식돌덧널무덤, 앞트기식돌방무덤, 굴식돌방무덤, 독널무덤(옹관) 등이 발견되었다.

제뿐만 아니라 인종 문제도 같이 포함되어 있는 것이다. 즉, 아리안 계통만이 성골과 진골이 된 것이며, 나머지 6품은 아리안 계통 중 하층계급과 비아리안 계통이었을 것으로 추정된다.

이러한 골품제도는 역시 아리안 계통의 인도 카스트 제도와 그 맥을 같이하는 것인데, 카스트 제도의 경우도 고대 인도에서 인도-유럽 계통인 아리안족이 인도를 침입하여 원주민인 드라비다족을 정복하고 지배층으로 등장하면서 자신들의 지배를 합리화하는 과정에서 성립했다. 또한 이러한 계급제도는 차라투스트라 시절에도 족장과 사제계급, 전사계급, 농부와 목축업자계급과 같은 세 가지 계급이 존재했다.

아무튼 DNA 분석 결과와 관련하여 필자가 미심쩍게 생각해서 분석을 실시한 연구자에게 문의 전화를 한 것은 다른 부분 때문이었다. 필자가 이해가 안 되는 부분은 다름 아닌 부계 DNA 분석에서는 신라, 늑도, 스키타이인이 하나의 그룹에 속하는데, 모계 DNA에서는 늑도의 고인골이 신라와 스키타이와 같은 그룹이 아니라 조선과 한국현대인과 같은 그룹에 속하는 이유가 무엇일까 하는 것이었다.

그리고 이런 의문에 대한 해답을 찾기 위해 필자 나름으로 고민해 본 결과, 처음에는 이런 생각이 떠올랐다. 즉, 파지리크 지역에서 거주했던 월지족이 아리안 계통의 남자와 몽고 계통의 원주민 여자가 결혼하여 이루어진 종족이라면, 역시 몽고 계통에서 한반도로 건너온 것으로 알려진 한민족(조선과 한국현대인)과 같은 그룹으로 분류될 수 있지 않을까하는 것이었다.

그런 생각을 한 것은 앞에서 소개한 파지리크 고분에서 발견된 카펫의 기사도 때문이었다. 파지리크 고분에 묻힌 고대인들이 페르시아에 뿌리를 둔 월지족인 것을 안 이후로 필자는 왜 월지족들이 페르시아에서 머나먼 알타이 산맥에 위치한 파지리크까지 왔을까하는 의문을 떨칠 수가 없었다. 물론 자료에 의하면 스키타이인들은 초원로를 이용하여 동방과 서방을 연결하는 무역을 했다고 한다. 따라서 월지족 역시 페르시아에서 초원로를 통해 무역을 하기 위해 파지리크까지 올 수도 있을 것이다.

그런데 파지리크 고분 기사도에서 아리안 계통의 기사가 몽고 계통으로 추정되는 여제사장을 만나는 장면 때문에 필자의 머리에는 자꾸만 다른 생각이 떠올랐다. 지나친 상상일 수도 있지만 그림 속의 기사가 키루스 대제의 병사일 수도 있다는 생각이 들었다. 즉, 헤로도토스의 기록에 의하면 키루스 대제는 마사게타이족이라고 하는 중앙아시아의 유목민족과의 전투에서 전사했다고 한다. 그런데 마사게타이족을 이끄는 토미리스^{Tomyris} 여왕이 취한 병법은 일종의 퇴각전술로서 며칠간 계속하여 후퇴만을 거듭하면서 키루스 대제를 내륙 깊숙한 곳으로 유인한 후에 일거에 격파시켰다는 것이다.

그러면 혹시 중앙아시아 지역에서 계속 후퇴를 거듭하다보면 초원로에 위치한 알타이 산맥까지 이를 수 있지 않을까하는 생각과 그 전투의 패잔병들이 그 지역에서 거주하고 있던 몽고 계통의 원주민들과 만난 장면을 카펫에 그린 것이 아닐까하는 것이 필자의 상상의 산물이었다. 그렇게 하여 그 지역에서 아리안 계통이 정착하게 되었다면, 그들의 피에는 아리안 계통의 DNA와 몽고 계통의 DNA가 존재할 수 있다고 생각했다. 그리고 키루스 대제가 전투에서 죽은 시점인 기원전 530년은 파지리크 문화가 형성된 시점으로 알려진 기원전 6세기와 일치하는 것이었다.

그런데 이러한 상상은 신라인 유골에 대한 DNA 분석 결과와는 일치하지 않는다. 즉, 신라인의 유골에 대한 부계와 모계 DNA 분석 결과 모두에서 신라가 스키타이와 같은 그룹에 속한다는 것은, 샘플 유골의 경우 신라 유골은 남녀 모두 순수한 아리안 계통인 것이며 몽고의 피가 섞이지 않았다는 것이다. 그리고 이것은 파지리크 지역의 월지족이 아리안 계통의 남자와 몽고 계통의 여자와의 결합에 의한 것이 아닌 것임을 의미한다.

물론 파지리크 거주자들의 형성기원에 대한 필자의 상상이 아직 전적으로 부정된 것은 아니다. 만약 분석에 사용된 '신라' 유골이 박혁거세의 월지족이 아니라, 김알지의 사카족이라면 굳이 이 유골에 몽고 계통의 피가 섞일 필요는 없다.[2] 아무튼 이 부분에 대해서는 11장에서 언급할 '누란의 미녀' DNA 분석에서 다시 생각해보도록 하자.

그 후 다시 떠오른 생각이 기원전 1세기를 전후하여 한반도로 이동했던 아리안 계통의 남자(부계 DNA)가 그 이전부터 늑도에 거주하고 있던 고대 한국 원주민 여자(모계 DNA)와 결혼했을 때 이런 현상이 일어날 수 있지 않을까하는 것이었다. 이런 의문을 해결하기 위해 미국 메디컬 스쿨에서 공부하고 있는 조카들에게 문의 메일을 보내는 한편, 과학자들의 연구 사이트인 BRIC에 가입하여 문의하기도 했다. 그리고 그 후 분석을 실시했던 연구자에게 직접 문의하는 것이 가장 확실한 방법이라는 생각이 들었고, 해당 연구자인 이광호 교수에게 메일을 보낸 후 직접 통화를 하게 된 것이었다.

그리고 이광호 교수와의 통화 결과, 샘플이 적어서 일반화하기는

---

2 월지족의 경우도 부모 모두 순수 아리안 계통과 아리안 계통의 아버지와 몽고 계통의 어머니 혼혈 두 부류로 이루어져 있었다. 즉, 필자가 상상했던 것처럼 파지리크의 월지족들은 키루스 대제의 병사들이었으며, 그들 중에는 여군도 있었던 것이다. 이것과 관련된 자세한 내용은 11장과 후속 연구서의 「삼국시대의 여군과 이모탈 부대」에서 다루도록 하겠다.

어렵지만 해당 샘플의 경우에는 아리안 계통의 남자가 늑도에 거주하고 있던 고대 한국 여자와 결혼했을 때 이런 결과를 얻을 수 있다는 답변을 받았다. 또한 그는 연구를 진행하면서 이런저런 애로 사항에 대해서도 언급했는데, 가장 인상적인 것은 이런 연구를 진행하는 데 있어서 정부로부터의 지원을 받기가 어렵다는 것이었다.

즉, 이런 연구는 오랜 시간을 들여서 진행해야 원하는 결과를 얻을 수 있는데, 정부나 대학 당국에서는 빠른 아웃풋을 원하기 때문에 결국은 정부나 대학 당국의 지원 없이 개인적인 자투리 시간을 투자해서 연구할 수밖에 없다는 것이었다. 필자 역시 대학에 몸담고 있는 처지이기 때문에 그런 연구자의 어려움을 충분히 이해할 수 있었으며, 우리나라의 이런 연구 풍토에서 세상을 놀랄만한 연구 결과를 낸다는 것은 나무에서 물고기를 구하는 것과 다를 바가 없다는 생각이 들었다. 우리나라가 과학 분야에서 노벨상을 수상하지 못하는 것은 다 이유가 있는 것이며, 너무나 당연한 이야기지만 원인 없는 결과는 없는 것이다.

필자는 앞에서 파지리크 지역의 월지족이 마사게타이족에게 패배한 키루스 대제의 군대 중 일부일 것이라고 추측했었다. 그런데 반대로 파지리크 지역의 월지족이 키루스 대제의 군사가 아니라 바로 키루스 대제를 패배로 이끈 마사게타이족일 것이라고 추측한 학자가 있었는데, 12장에서 소개할 피츠버그 대학교의 존 하스킨스 교수였다. 누구의 의견이 옳은지는 지금까지 필자가 제시한 내용들을 생각해보면 쉽게 알 수 있을 것이다.

제11장

누란의 미녀와 부리야트
-코리족

    시인 김춘수는 「누란」이라는 제목의 시에서 〈과벽탄〉과 〈명사산〉이라는 소제목의 시 두 수를 지은 바 있는데, 소개하면 다음과 같다. 그런데 경주를 비롯하여 전국적으로 '명사마을'이라는 이름의 마을이 많은데, 과연 이것은 누란에 위치한 명사산과 어떤 관계가 있는 것일까?

누란樓蘭

과벽탄戈壁灘

    고비는 오천리 사방이 돌밭이다. 월씨月氏가 망할 때, 바람 기둥이 어디선가 돌들을 하늘로 날렸다. 돌들은 천년만에 하늘에서 모래가 되어 내리더니, 산 하나를 만들고 백년에 한 번씩 그들의 울음을 울었다. 옥문玉門을 벗어나면서 멀리 멀리 삼장법사 현장도 들었으리.

그 명사산 저쪽에는 십년에 한 번 비가 오고, 비가 오면 돌밭 여기저기 양파의 하얀 꽃이 핀다. 봄을 모르는 꽃. 삭운朔雲 백초련白草連. 서기 기원전 백이십년. 호胡의 한 부족이 그 곳에 호尸 천오백칠십, 구口 만사천백, 승병勝兵 이천구백십이 갑甲의 작은 나라 하나를 세웠다. 언제 시들지도 모르는 양파의 하얀 꽃과 같은 나라

누란.

앞장에서 신라인 유골의 DNA 분석 결과와 신라 박씨와 김씨의 관계에 대해서 살펴보았는데, DNA 분석 자료와 관련해서 한 가지 더 소개할 내용이 있다. 그것은 다름 아닌 신장 위구르 자치구의 고대 도시국가였던 누란이 있었던 지역에서 발견된 미라인 '누란의 미녀'이다. 이 장에서는 월지족과 관련이 있는 러시아 부리야트-코리족과 누란의 미녀와의 관계에 대해서 살펴보도록 하자.

이집트의 미라가 화학약품을 이용한 반면에, '누란의 미녀' 혹은 '죽음의 모나리자'라고도 불리는 이 미라는 건조한 사막지대에서 자연적으로 형성된 것이며, 발견 당시 얼굴에 덮여져 있던 비단천에는 '천세불변千歲不變'이라고 적혀져 있었다고 한다. 먼저 누란이라는 도시국가에 대해서 자세히 알아보자면, 위키백과에는 다음과 같이 기록되어 있다.

"누란으로 불리는 도시 또는 국가가 언제, 어떻게 성립되었는지는 확실

하지 않다. 옛날 신석기 시대로부터 거주가 시작되었던 것이 고고학적으로 확인되고 있어 이른바 「누란의 미녀」로 알려진 미이라는 입고 있던 의복의 탄소연대측정에 의해서 기원전 19세기 무렵의 인물이라고 추정되고 있다.

그러나 문헌에 '누란'이라는 이름이 최초로 나타난 것은 ≪사기≫ '흉노 열전'에 수록된 편지 중에서 발견된 것이 최초(기원전 2세기)이며, 그 사이의 역사는 공백으로 남아 있다. 그 편지는 흉노의 지배자 모돈 선우가 전한의 문제에게 보낸 것으로, 이 편지에서 모돈 선우는 월씨에게 승리해, 누란·오 손·호게 및 근처의 26국을 평정했다고 선언하고 있다.

이 편지는 문제 4년(기원전 176년)에 보내진 것이므로, 누란은 적어도 기 원전 176년 이전에 형성되어 월씨의 세력권에 있던 것이다. 그리고 기원전 176년경 흉노의 지배하에 들어갔던 것으로 추정될 수 있다. ≪한서≫ '서역

전'에 의하면, 서역 전체를 지 배하에 둔 흉노는 언기, 위수, 위려의 사이에 동박도위를 두 어 누란을 포함한 서역 여러 나라에 세금을 부과하고, 하 서회랑에 수만의 군세를 두어 그 교역을 지배했다."

그림 11-1. 누란의 미녀 미라(출처 : The Pennsylvania Gazette, Jan & Feb 2011)

위키백과의 문제점 중 하나가 인터넷 상에서 여러 사람들이 자발 적으로 참여하여 내용을 추가해나가는 것 때문에 내용의 신뢰성이 의 심되는 경우도 있다는 것인데, 위의 기록들을 살펴보면 지금까지 조 사했던 내용과 다른 점을 발견할 수 없어서 신뢰할 수 있는 내용이라 고 판단된다. 따라서 위의 기록들을 하나하나 살펴보도록 하자.

결론부터 먼저 말하자면, '누란의 미라' 역시 신라 박씨 왕조의 뿌리인 월지족과 관련이 있을 것으로 추정한다. 그런데 위의 기록에는 미라가 입고 있던 의복의 탄소연대측정 결과 기원전 19세기 무렵의 인물로 추정하고 있다. 방사성탄소연대측정법의 문제점에 대해서는 뒤에서 설명할 홍산 문화와 가덕도에서 발굴된 유골에 대한 탄소연대측정 결과에서 정확하게 밝히겠지만, 탄소연대측정법이라는 것은 그다지 신뢰할 만하지 못하다는 것을 먼저 밝혀둔다.

　이처럼 탄소연대측정법이 제시한 잘못된 분석 결과로 인하여 우리나라에서 흔히 볼 수 있는 고인돌의 축조 시기나, 중국의 앙소 문화·용산 문화·홍산 문화의 형성시기가 지나치게 오래 전의 것으로 알려지게 되었다. 따라서 여기서는 일단 '누란의 미녀' 미라가 탄소연대측정법에 의해 기원전 19세기 무렵의 인물이라고 추정된다는 내용은 무시하도록 하자.

　다음으로 관심 깊게 살펴볼 내용은 바로 "누란이 적어도 기원전 176년 이전에 형성되어 월씨(월지)의 세력권에 있다가, 기원전 176년경 흉노의 세력권에 들어갔다"는 기록이다. 기원전 176년경은 바로 필자가 앞에서 소개했던 파지리크에서 생활하던 월지족이 흉노의 침입을 피해 알타이 산맥 아래로 남하(기원전 204년~기원전 203년경)했다가 흉노의 계속된 공격으로 대월지와 소월지로 갈라졌던(기원전 177~기원전 176년경) 시점과 일치한다. 따라서 역사적인 기록에 근거하면 누란은 바로 흉노족에 의해 파지리크 지역에서 밀려난 월지족이 투루판 분지와 타림 분지를 근거로 해서 유목 생활하던 시점에 이룩한 도시국가들 중 하나였던 것이다.

　다음으로는 역사적 기록에 의한 필자의 추정을 뒷받침하는 '누란의 미녀' DNA 분석 결과를 살펴보자. 월지족의 조상이 처음에는 알타이 산맥과 예니세이 강 분지에 거주했으며 중국 감숙성과 신장으로 남하하기 전 그곳에서 아파나시에보 돌널무덤 문화를 형성했다고 맬러리와 함께 주장했던, 펜실베니아 대학교 메어 교수는 1993년에 이 미라에 대한 유전 샘플을 구할 수 있었다.

메어 교수는 인구유전학자인 이탈리아 사사리 대학의 파올로 프랑칼라치와 함께 유전 샘플을 분석한 결과 그 미라가 위구르족과는 혈연관계가 없으며, 시베리아 지역에서 이주해 온 유럽 계통 인종이라는 것을 밝혔다. 그 후 2007년과 2009년에 중국 당국이 추가적인 연구를 허락함에 따라 이번에는 1993년의 시베리아와 관련되었다는 기존 연구를 지지하는 결과뿐만이 아니라, 메소포타미아, 인더스 문명의 발상지인 인더스 계곡, 유럽인, 그리고 기타 밝혀지지 않은 인종들이 결합되었음을 밝혀냈다.

앞에서 필자는 파지리크 고분에서 발견된 기사도 그림에 근거하여 월지족이 아리안 계통의 남성과 몽고족 여성의 결합으로 이루어진 것이 아닐까라는 추측을 한 바가 있다. 그런데 메어 등의 연구 결과에 의하면 '누란의 미녀'가 발견된 지역의 유골들의 DNA 분석 결과는 첫째, 시베리아 지역에서 이주해 온 유럽 계통이란 것과 둘째, 메소포타미아, 인더스 계곡, 그리고 기타 밝혀지지 않은 인종들이 결합되었다고 한다.

또한 제임스 밀워드에 의하면 누란의 미라 DNA 분석 결과와 관련하여 초기 미라 중 일부는 인더스 강 유역의 주민들과 유사성을 나타내는 반면, 후기의 미라들은 아무다리야 유역의 주민들과 더 많은 유연성을 보인다고 하는데, 유연성이란 생물의 분류에서 발생 계통 가운데 어느 정도 가까운가를 나타내는 성질을 말한다. 제임스 밀워드가 누란의 초기 미라 중 일부가 인더스 강 유역의 주민들과 유사성을 나타내는 반면, 후기의 미라들은 아무다리야 유역의 주민들과 더 많은 유연성을 보인다고 밝힌 내용은 한민족의 뿌리를 찾고자 하는 우리들에게 아주 중요한 정보를 제공하고 있다.

지금까지의 필자의 연구에 의하면 남시베리아 고르노알타이 지역의 파지리크 계곡에서 거주하던 월지족이 흉노의 침략을 피해 신장 지역으로 이동한 것은 기원전 204~203년 전후였으며, 그 후 계속된 흉노의 침략으로 인해 기원전 177~기원전 176년경 대월지와 소월지로 갈라지게 된다. 즉, 월지 중 일부(소월지)가 청해로 이동하고 나머지 일부(소월지)가 타림 분지로 조금씩 유입되는 동안 월지 지배 씨족의 본류(대월지)는 우선 일리 계곡 상류로 이주했다.

이러한 대월지의 이동에 압박을 받아서 이시크 고분이 있던 일리 계곡 지역에서 활동하던 사카족은 남하하기 시작하여 아무다리야 강을 건너서 아프가니스탄 지방으로 들어가 지금의 발흐 지역에 위치한 박트리아 왕국을 무너뜨린 사실은 이미 고대 그리스 작가들에게도 잘 알려져 있는 사실이었다. 그러다가 일리 계곡으로 이주했던 월지족이 기원전 174~기원전 161년 사이에 또다시 오손과 연합한 흉노의 공격을 받아 일리 강 유역으로부터 축출되어 아무다리야로 가서 사카족이 차지하고 있던 박트리아를 장악했다. 그러자 사카족은 또다시 월지족을 피해 남쪽으로 가서 계빈을 지배했는데, 계빈은 지금의 인도와 중국, 파키스탄의 경계에 위치한 카슈미르 지방이다.

이러한 역사 기록에서 이시크 고분이 있던 일리 계곡에서 아무다리야 유역으로 이동한 사카족은 곧 카슈미르 지방으로 이동하게 되

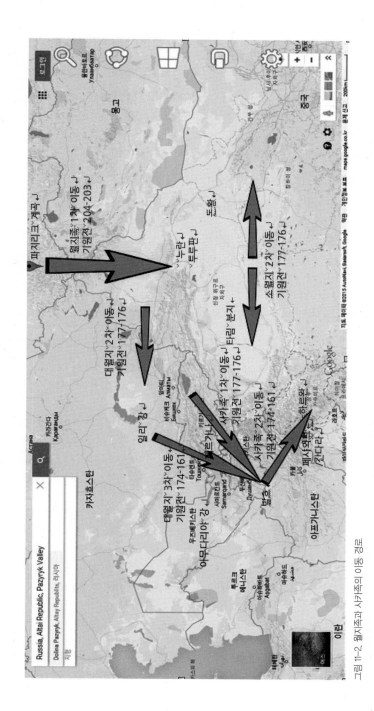

그림 11-2. 월지족과 사카족의 이동 경로

며, 아무다리야 유역을 차지한 것은 대월지임을 알 수 있다. 이런 까닭에 월지족들이 파지리크 계곡에서 1차로 이동해서 거주하던 누란 지역 후기 미라의 DNA가 아무다리야 유역의 주민들(대월지족)과 유연성을 가지게 된 것이다.

이러한 분석 결과는 메소포타미아 지역에 기원을 둔 아리안 계통이었던 월지족이 시베리아의 파지리크 지역에서 살다가, 흉노에게 밀려서 서역 지역으로 이동했다는 필자의 연구 결과와 정확하게 일치한다.[1] 그러면 이러한 DNA 분석 결과에 근거해서 월지족이 아리안 계통과 몽고 계통의 결합이라는 필자의 추측을 조금 더 자세히 진행시켜보겠다. 그리고 이를 위해서는 먼저 파지리크 고분에서 발견된 미라의 DNA 분석 결과에 대해서 알아볼 필요가 있다.

파지리크 고분에서 발견된 '우코크의 공주'라고 불리는 온 몸에 문신을 한 미라에 대한 DNA 분석 결과에 의하면, 이 미라는 이란계 백인 계통에 기반을 둔 사모예드족의 일파라고 한다. 그리고 고고학자 최몽룡에 의하면 사모예드족은 시베리아에 거주하는 황인종Mongoloid 계통 중 퉁구스/신아시아족의 한 부족이다.

즉, 월지족은 필자의 추측대로 아리안 계통의 남자가 시베리아 파지리크 지역에 거주하던 몽고족 계통인 퉁구스/신아시아족 출신 여자와 결혼하여 정착함으로써 생긴 종족이었다.(파지리크 지역에는 아리안 계통의 여군도 있었지만, 그 숫자는 많지 않았을 것이다.) 그렇기 때문에 파지리크에서 거주하다가 흉노족에 의해 투르판과 타림 분지

---

1. 메어 교수가 실시한 DNA 분석 결과는 필자가 작성했던 논문을 책으로 저술하는 과정에서 추가적인 관련 자료를 찾다가 발견한 내용이다. 따라서 이 내용은 필자의 연구 결과를 지지하는 증거자료로 이용되었을 뿐, 사전에 필자의 연구 방향이나 결과에 영향을 미친 것은 없었다.

지역으로 이동한 월지족인 '누란의 미녀' 부족을 메어가 시베리아 지역에서 이주해온 유럽 계통이라고 분석한 것이다. 결국 파지리크 고분에서 발견된 기사도의 여사제는 필자가 처음 추측했던 몽고계 출신이었던 것이다. 여담이지만 '사모예드'는 사모예드족이 키우던 개의 품종 이름이기도 하다. 필자가 보기에는 이 개는 우리나라의 명견으로 유명한 진돗개와 닮은 것 같은데, 이들의 DNA를 비교해보면 흥미로운 결과가 나올 듯하다.

결국 앞에서 소개한 『신장의 역사 유라시아의 교차로』의 저자 제임스 밀워드가 "타림 분지의 최초의 미라—남부 신장의 청동기와 철기 시대의 거주민—는 월지의 선조내지는 원형이었을 것이다"라고 한 주장은 인과관계가 뒤바뀐 것으로서, 사실은 파지리크에서 형성된 월지족이 흉노족의 침략에 의해 타림 분지로 이동한 것임이 지금까지의 필자의 연구 결과에 의해서 드러났다. 그리고 누란의 초기 미라 중 일부가 인더스 강 유역의 주민들과 유사성이 있는 부분은 인도—아리안 계통이 어떤 경로를 통해서 인더스 강 유역으로 흘러들어가게 되었는지를 보여주는 단서가 된다.

한편 선도성모 집단의 연원인 월지족이 이란 계통과 파지리크 지역의 몽고족과 관련이 있다는 필자의 추정을 뒷받침하는 추가적인 과학적 증거가 있다. 이것 역시 DNA 분석 결과인데, 『바이칼, 한민족의 시원을 찾아서』에서 서울대 의대 교수인 이홍규는 바이칼 호수 주변에서 거주하던 부리야트족이 남진하여 한반도로 이동한 것으로 추정하고 있는 것이다. 그런데 이 책에서 이홍규는 구체적으로 부리야트족 고대 유골의 DNA를 분석하여 비교한 것이 아니라 개괄적인 설명과 개연성에 대해 언급하는 수준이기 때문에 그의 연구 결과가 필자의 주장을 지지하는 증거력은 다소 약하다고 하겠다. 하지만 앞서 소개했던 신라인과 흉노족 유골에 대한 DNA 비교분석을 실시했던 이광호 교수와의 두 번째 통화에서 그 역시 부리야트족의 유골을 확보하고 있다고 했으니, 추후 부리야트족 유골과 신라인 유골의 직접적인 DNA 비교분석 결과를 기다려보아야 할 것이다.

아무튼 이홍규가 한반도로 이동한 것으로 추정하는 부리야트족은 사모예드족과 함께 퉁구스/신아시아족 계통으로서 지금 현재는 파지리크 지역과는 다소 떨어진 바이칼 호수 옆에서 거주하고 있다. 하지만 유목민족인 부리야트족 역시 파지리크 고분 시절 당시에는 파지리크 지역 부근에서 다른 퉁구스/신아시아족과 같이 공동생활권을 이루었을 것이다. 그리고 부리야트족이 월지족과 함께 파지리크에서 공동생활권을 이루었을 것이라는 필자의 추측은 다음의 사실에서 증명된다.[2]

〈그림 11-3〉은 러시아 부리야트공화국의 국기이다. 그런데 이 국기에는 〈그림 11-4〉 몽고의 국기에도 그려져 있는 몽고의 표의문자 '소욤보Soyombo'의 일부가 그려져 있다(〈그림 11-5〉 참조).

다들 알다시피 국기라는 것은 한 나라를 상징하는 것이며, 국기에 들어가는 문양 역시 그 나라의 역사·문화와 밀접한 관계를 가지고 있는 것이다. 예를 들어 국기에 십자가가 그려져 있는 국가들은 기독교와 관련이 있는 국가이며, 초승달이 그려져 있는 국가들은 이슬람교와 관련이 있는 국가들이다. 그런데 몽고 국기에 있는 소욤보를 보면

---

2 혹은 월지족이라는 명칭은 파지리크에서 서역으로 이동하여 당시 중국인들에게 알려진 이후에 붙여진 것이고, 파지리크 지역에서 거주할 때는 코리족이라는 이름을 사용했을 수도 있다. 왜냐하면 부리야트족은 에히리트, 불라가트, 코리, 홍고도리의 네 종족으로 이루어지는데, 부리야트라는 이름은 나중에 붙여진 것이며 쿠르간족의 후손이기 때문이다.

익숙한 문양이 나타난다. 그것은
바로 필자가 태극무늬로 파악한
두 개의 곡옥이다. 그리고 몽고국
기와 부리야트공화국 국기에 공통
적으로 나타나는 문양이 있는데,
그것은 위에서부터 불꽃과 태양과
달을 의미한다.

그림 11-3. 부리야트공화국 국기

"불꽃과 태양과 달."

그림 11-4. 몽고 국기

　지금까지 필자와 함께 고대한
국을 형성한 주체를 찾는 연구를
충실히 진행해온 독자들이라면
이 문양을 보고 필자가 떠올린 것
과 같은 내용을 당연히 떠올릴 것
이다.

그림 11-5. 몽고 표의문자 소욤보

　그렇다. 불꽃은 바로 조로아스
터교를 상징하는 것이며, 태양과
달은 고구려 벽화에서 해를 받들
고 있는 복희와 달을 받들고 있는
여와, 그리고 더 거슬러 올라가면 고대 메소포타미아 지역 수메르 신
화의 태양신 우투와 달의 신 난나와 연결되는 것이다. 그리고 또한 신
라의 일월제에서 태양과 달에게 제사지냈던 우리 선조들의 종교의례
와 연결되는 것이다. 이러한 사실들로 미루어볼 때 메소포타미아 출

신의 아리안 계통이 파지리크 지역에서 여러 계통의 몽고족들과 같이 생활했으며, 그 당시 전파되었던 문화적·종교적 풍습이 오늘날 부리야트공화국과 몽고의 국기에 문양으로 나타나게 된 것으로 파악할 수 있겠다.

다음으로 메어 등의 분석에서 언급한 '기타 밝혀지지 않은 인종'은 과연 누구일까 하는 의문이 남는데, 필자가 생각하기로는 「대완열전」의 "같이 떠나지 못한 소수의 무리는 남산에 있는 강족과 합류하여 그 땅을 지키면서 소월지라고 부르고 있습니다"라는 기록에 나타난 티베트족의 선조인 강족 혹은 당시 이들과 같이 생활했던 전진을 세운 저족일 가능성이 높다고 본다. 본격적으로 신라 김씨 왕조를 시작한 17대 내물왕 때 전진의 부견에게 사신을 보낸 것은 그 옛날에 그들의 조상이었던 월지족과 사카족이 서역 지역에서 같이 생활했던 인연이 있었기 때문인 것으로 추측된다.

그리고 타림 분지에서 발견된 미라에는 파지리크 고분에서 발견된 미라와 마찬가지로 온몸에 문신을 했으며, 손톱에 봉숭아물을 빨갛게 들인 것이 관찰된다. 결국 어린 시절 우리의 누이들이 손톱에 봉숭아물을 들이던 풍습은 바로 이들에게서 비롯되었던 것이다. 또한 메어에 의하면 타림 분지 미라가 발굴된 곳에서 배 모양의 관이 온전한 상태로 발굴되었으며, 미라가 쓰고 있던 펠트 모자에는 새의 깃털이 꽂혀 있었고, 무덤 안에는 마황麻黃이 놓여 있었다고 한다.

그리고 〈그림 11-6〉과 같은 타림 분지의 미라가 쓰고 있던 새 깃털로 장식된 모자는 고구려 고분벽화에서 흔히 볼 수 있는 조우관과 같은 양식이다. 『아베스타』에서는 먼 길을 떠나는 사람이 새 깃털을 부적처럼 가지고 다닌다고 기록되어 있다고 언급한 바 있는데, 새로운 세계로 떠나는 사람이 새 깃털을 모자에 꽂은 것은 같은 맥락이라고 보아야 할 것이다.

마찬가지로 파지리크 고분에서 발굴된 머리장식에는 가죽제품인 15마리의 새가 장식된 펠트로 만들어진 아주 긴 새 깃털이 가발의 윗부분에 있다. 이것 역시 누란의 미녀 미라가 쓰고 있던 펠트 모자에 새의 깃털이 꽂혀 있는 것과 삼한시대에 새의 깃털을 이용한 장례 풍습과 관련이 있는 것이다.

그림 11-6. 타림 분지 미라 조우관(출처 : Victor Mair, The Mummies of East Central Asia)

또한 〈그림 11-7〉과 같은 누란 지역의 무덤에서 발굴된 배 모양의 관은 파지리크 고분, 삼국시대의 한반도 고분, 그리고 야요이 시대의 일본 고분에서도 발굴된 바 있다. 이처럼 무덤에 배 모양의 관이 있는 것은 조로아스터교의 교리에 의하면 죽은 사람은 강을 건너 사후세계로 가게 되는데, 이때 배를 이용하거나 친바트 다리Chinvat bridge를 건너가기 때문이다.

이런 까닭에 같은 뿌리인 알타이의 파지리크, 타림 분지의 누란, 그리고 한반도와 일본 야요이 시대의 무덤에서 배 모

그림 11-7. 배 모양 관(출처 : Victor Mair, The Mummies of East Central Asia)

그림 11-7-1. 가야시대 배모양 토기(보물 제 555호)

양의 관이나 토기가 등장하게 된 것이다(그림 11-7-1). 일본의 야요이 문화는 신라 박씨 왕조가 일본으로 건너가서 세운 것이며, 이런 까닭에 선도성모 집단임을 알려주는 표지 유물인 옹관과 고인돌, 청동검, 청동거울, 곡옥, 배 모양의 관 등이 야요이 시대 유물로 발견되는 것이다.

이처럼 배를 타고 죽음의 세계로 건너가는 것은 메소포타미아 지역에서 형성된 인류 역사상 최초의 신화인 「길가메쉬 서사시」에도 등장한다. 즉, 영생을 추구한 길가메쉬는 이미 영생을 얻은 우트나피쉬팀을 찾아서 그 비결을 알기 위해 배를 타고 죽음의 바다를 건너가는 것이다. 이러한 사후세계에 대한 관념이 수메르와 바빌로니아를 거쳐 고대 페르시아에 전승된 것이며, 이러한 종교적 관념이 페르시아의 후예인 파지리크, 누란, 한반도, 그리고 일본까지 이어진 것이다.

물론 이러한 사후세계로의 여행에 대한 관념은 메소포타미아 지역에만 국한된 것이 아니라 인근 지역에도 전파되었기 때문에 이집트의 피라밋에서도 배가 발굴되었으며 그리스신화에서는 이승과 저승의 경계인 스틱스 강을 건네주는 뱃사공 카론이 등장하게 된 것이다. 그리고 파지리크 고분에서 발견된 배 옆에 사슴이 그려져 있는 것은 아리엘 골란에 의하면 사슴을 죽은 자의 영혼을 인도하는 동물로 여겼던 고대인들이, 저승으로 가는 관념을 형상화한 모형 배에 간혹 사슴의 신체 일부를 두는 것과 관련이 있을 것으로 추정된다.

장례와 관련하여 한 가지 덧붙일 내용은 우리나라의 3일장 전통에 대한 것이다. 필자도 이 연구를 통해서 알게 된 것인데, 고대 페르시아인들은 사람이 죽으면 육신을 떠난 영혼이 시체의 머리맡에서 3일 동안 머무른다고 믿었다. 그리고 나흘째 되는 날 육신을 떠난 영혼은 죽음의 세계에 도달하기 위해 스라오샤(Sraosha; 복종의 천사)를 따라 배를 타고 어둠의 강을 건너게 되는데, 이처럼 이승과 저승의 경계를 건너는 것을 아베스타 문헌에서는 '심판의 다리'라고 불렀다.

또한 조로아스터 교리에 의하면 복종의 천사 스라오샤에게는 수탉과 개가 동반자로 존재하는데, 수탉이 우는 것과 개가 짖는 것은 사악한 기운을 위협하여 물리치기 위함이라고 한다. 수탉이 스라오샤의 새이기 때문에 수탉을 먹는 것은 금지되었으며, 수탉과 개가 죽으면 조로아스터교도의 후예인 파시교도들은 이 동물들의 사체를 'sudreh'라고 하는 내복에 싸서 묻었다고 한다. 또한 육신을 떠난 영혼이 나흘째 되는 날 '심판의 다리'에 도착하여 그가 현세에서 행했던 일들에 근거하여 심판을 받을 때, 생전에 그가 키웠던 개와 한 번이라도 먹이를 줬던 모든 개들이 그의 영혼을 환영하고, 그 영혼이 천국 혹은 지옥으로의 여행을 할 때 위로를 한다고 한다.

이처럼 수탉이 조로아스터교에서 중요한 의미를 가진 동물이기 때문에 조로아스터교를 믿었던 선도성모 집단이 한반도에 나라를 세운 뒤 그 이름을 '계림'이라고 부른 것으로 추정된다. 그리고 한반도 전역에서 발견되는 검은간토기가 파지리크 고분에서도 발견되었는데, 이 토기에도 수탉의 그림이 그려져 있다는 것은 제8장에서 언급한 바 있다.

지금까지 살펴본 것처럼 고대 페르시아 지역에서 사후 3일간 영혼이 시체의 곁에 머물고 있다고 믿었기 때문에 3일장 장례풍습이 지금까지 이어져 내려오고 있는 것이다. 그런데 오늘날 3일장 풍습에서는 사흘째 되는 날 발인을 하고 있는데, 이것은 3일장 풍습의 전승과정에서 착오가 있었던 것이 아닌가 한다. 이와 관련하여 옛날에는 신분이 높은 경우 4일장을 했다고 한다. 그리고 누란 지역의 무덤 안에서 마황이 발견된 것은 파지리크 고분에서 대마초 상자가 발견된 것과 관련이 있는 것으로, 마황은 조로아스터교의 의식에서 사용하던 신령스러운 식물인 하오마인 것으로 알려져 있다.

제12장

석가모니와 한민족은 같은 뿌리에서 나왔다

퍼즐 맞추기

언제부터였던가 인생이란 하나의 퍼즐을 맞추는 과정이라고 생각해왔었다. 다양한 경험을 통하여 이쪽저쪽 퍼즐조각들을 배치하다보면 처음에는 이상한 모습들만 보이다가 점점 구체적인 형상이 드러날 것이라고 생각했다. 존재의 이유랄까, 삶의 깊은 뜻이랄까. 그런 측면에서 필자는 불교 수행방법론의 돈점 논쟁에서 돈오돈수 보다는 돈오점수를 더 선호하는 편이며, 대학 시절 교양과목에서 배웠던 『중용』의 '성자 천지도야 성지자 인지도야誠者 天之道也 誠之者 人之道也(완전한 것은 하늘의 도이고, 완전에 가까워지려고 끊임없이 노력하는 것은 인간의 도이다)'라는 글귀를 지금까지 인생의 좌우명으로 삼아 왔다.

그런데 최근 우리나라 고대사에 관한 연구를 진행하면서 새삼스럽게 역사의 퍼즐 맞추는 작업이 필자의 적성과 꽤나 잘 맞는다는 것을 처음 알게 되었다. 물론 어린 시절, 〈수사반장〉이라는 드라마를 보면서 나름 범인을 추리하는데 일가견이 있긴 했었지만, 그동안 제대로 알려지지 않았던 고대사 분야에서 필자의 추리 능력이 빛을 발할 것이라고는 꿈에도 생각하지 않았다.

이제껏 필자는 필자의 적성과 맞지 않는 엉뚱한 전공분야에서 길을 잃고 헤매고 있었던 것이었다. 물론 지금까지의 필자의 전공분야였던 경영정보시스템MIS 역시 역사의 퍼즐 맞추는 작업에 중요한 도구가 된 것은 틀림없는 사실이었다. 뿐만 아니라 다양한 경험을 통하여 이쪽저쪽 퍼즐조각들을 맞추는 작업의 일환으로 그동안 블로그 활동을 통해 한문학, 사서삼경을 비롯한 제자백가 사상, 동서양의 신화, 한시, 영시, 문학, 서예, 회화, 음악 등 특정 장르에 한정짓지 않고 이쪽저쪽 분야를 기웃거리면서 다양한 지적 호기심을 충족시켜왔던 것도 이 연구의 토대가 되었다.

특별히 이 연구를 위하여 준비한 것은 아니었지만 평소 다양한 지적 호기심을 충족시켜 왔던 것들이 따로따로 누적되어 오다가, 이번 계기를 통하여 하나의 목표를 향한 화학작용을 일으킴으로써 이번 연구를 제대로 진행할 수 있었다고 하는 것이 어쩌면 더 정확한 표현일 것이다. 결국 본 연구를 진행한 표면적인 기간은 1년 반 정도였지만, 실질적인 연구의 시작은 글 읽기를 배우기 시작한 이후부터였다고 할 수 있겠다.

제10장에서 필자는 신라 김씨 왕조의 뿌리인 투후 김일제가 흉노족이 아니라 사카족이며, 따라서 신라 김씨 왕조는 부처와 같은 종족이라고 밝힌 바 있다. 본 장에서는 기존의 학자들이 부처의 종족과 가계에 대해서 밝힌 연구 결과를 살펴보고, 부처와 한민족의 관계에 대해서 필자가 새롭게 밝혀낸 사실을 제시하도록 하겠다.

석가모니 부처의 가계를 추적할 때 대부분의 서구학자나 인도학자 그리고 이에 영향을 받은 일본의 학자들까지 사캬(Sakyā, 석가족)가 인도-아리안계, 즉 인도-유럽인의 일족이었다는 전제 아래 논의를 전개하고 있다. 특히 서구학자들은 석가족이 아리안계로 자신들과 동족이었을 것으로 믿었다. 그러나 근래에 석가족의 인종에 대한 연구가 심층적으로 진행됨에 따라 석가족이 비아리안 계통의 종족이었다는 주장이 나오고 있으며, 국내에서도 석가족이 비아리안계 인종이었다는 연구 논문이 발표되었다.

과연 석가모니 부처가 속한 석가족은 어느 인종에 속했을까? 먼저 석가의 종족에 대한 양 측의 주장을 살펴보면 다음과 같다.

먼저 아일랜드 출신의 인도사학자 빈센트 스미스는 부처가 몽고 인종이었다는 설을 제기했다. 그는 석가족에 근접하여 살았던 릿차위족이 티베트의 장례 풍습과 사법 절차를 행했던 점을 증거로 들어 그 근친 종족인 석가족 또한 아리아계가 아닌 티베트 계통의 몽고계라고 주장했다.

조준호 역시 석가족이 인도-유럽인 계통이라는 것에 대해 반박하는 논문에서 몇 가지 이유를 들면서 부처가 아리안 계통이라는 것에 대해 반박하고 있다. 첫째, 어계와 인종이 반드시 일치하는 것은 아니라는 것으로서, 석가족이 비록 인도-유럽어를 사용했다고 해서 반드시 인도-유럽인종일 이유는 없다는 것이다. 둘째, 초기 불교경전에 자주 등장하는 'ariya'라는 단어가 반드시 그들의 종족이라고 알려진 아리안을 의미하는 것은 아니라는 것이다. 셋째, 석가족이 부계사회라는 것이 아리안 계통이라는 증거의 하나로 제시되고 있는데, 부계제나 모계제로서 아리안과 비아리안을 구별하는 것은 설득력이 없다는 것이다. 그밖에도 '고타마'라는 부처의 성이나 사성계급 구조 등을 거론하면서 부처가 아리안 계통이라는 것에 대해서 반박하고 있다.

반대로 석가족이 아리안 계통이었을 것이라는 주장의 근거는 다음과 같다. 첫째, 석가족은 크샤트리야라는 것이다. 크샤트리야는 아리안인의 계급으로 석가족이 그 안에 위치하고 있는 이상 그들이 아리안임은 자명하다는 것이다. 둘째, 석가족의 사람들과 부처가 아리안 계통의 언어를 사용하고 있었던 점을 증거로 제시하고 있다. 셋째, 석가족의 사회는 부계 사회로서 모계 사회가 아니라는 점도 석가족이 아리안계 인물이라고 결론짓는 하나의 증거가 되고 있다.

이상 석가의 종족이 아리안 계통인지 아니면 몽고 계통인지에 대해 양측이 제시하고 있는 논리적 근거를 살펴보았다. 이러한 자료들을 인터넷 상에서 찾다보니 한술 더 떠 산스크리트어를 전공한 어느 학자가 단군이 부처의 선조라는 사실이 옥스퍼드에서 출판된 산스크리트어 사전에 기록되어 있다는 주장까지 하는 동영상도 보게 되었다. 그에 의하면 산스크리트어 'dhanu raja'는 그 뜻이 '석가모니의 선조들 중의 한 명의'인데, 여기서 'dhanu'는 '단'이며 'raja'는 '임금君'을 지칭하는 단어이므로 'dhanu raja'가 바로 '단군'을 나타내는 말이며, 따라서 단군이 석가모니의 선조라는 것이었다.

이 기록과 관련하여 여러 가지 자료를 찾아본 바에 의하면 미얀마의 고산족 중 다누족이라는 소수민족이 있었다. 필자의 추측으로는 인도와 미얀마가 멀지 않으니 옛날 인도에 있던 다누족이 미얀마로 이동했으며, 이들 다누족이 석가모니의 종족과 관련이 있지 않았을까 추측해본다. 그런 까닭에 산스크리트어 사전에 '다누족의 임금dhanu raja'이 석가모니의 선조들 중 하나라고 기록되었지 않았을까하는 것이 필자의 추측인데, 유감스럽지만 지금 입수한 자료만으로는 그 사실 여부를 알 수 없다. 혹시라도 이들 민족의 DNA와 부처와 관련된 민족의 DNA를 비교 검사할 수 있다면 좀 더 확실한 단서를 얻을 수 있을 것이다.

자, 그러면 이처럼 부처의 종족과 가계에 대하여 수많은 이론이 난무하는 가운데 과연 무엇이 진실이고, 무엇이 허구일까? 지금부터는 한민족과도 밀접한 관련이 있는 부처의 종족과 가계에 대해서 살펴보도록 하겠다.

신라 23대 법흥왕이 이차돈의 순교를 거쳐 불교를 국교로 정한 이후 신라 왕족의 이름에 불교적인 요소와 의미를 포함하여 짓게 되었는데, 26대 진평왕 김백정의 이름은 석가모니의 아버지 백정에서 비롯되었고 그의 부인인 마야 부인의 이름은 석가모니의 어머니 마야 부인에서 비롯된 것이다. 또한 진평왕 김백정의 동생들 역

धनु *dhanu*, m. or (Uṇ. i, 82) 2. *dhanū*, f. (fr. √2. *dhan*?) a bow, Hit.; Śantiś.; a measure of 4 Hastas or cubits, L. (cf. *dhanv-antara* below); the sign of the zodiac Sagittarius, Priy. i, 5; Buchanania Latifolia, L.; Semecarpus Anacardium, L.; (*dhánu* or *dhanū*), f. a dry sandbank, a sandy shore [cf. Engl. *bight*, Germ. *Bucht*], RV.; AV. i, 17 (nom. °*nūs*). — **ketakī**, f. a kind of flower, L. — **gupta**, m. N. of a man, L. — **rāja**, m. N. of one of the ancestors of Śākya-muni, L. — **rāśi**, m. the sign of the zodiac Sagittarius, L. — **śreṇī**, f. Sanseviera Zeylanica, L. — **stambha**, see *dhanuh-st*°. — **hastā**, f. N. of a being attendant on Devī, W. **Dhanv-aṅga**, see *dhanvaga*. **Dhanv-antara**, n. the space or distance of a Dhanu or 4 Hastas, MBh. viii, 4224; N. of Śiva, vii,

그림 12-1. 옥스퍼드 출판 산스크리트어 사전

시 석가모니의 숙부인 백반과 국반의 이름을 그대로 본따 지었다.

이러한 것에 대해 지금까지 학자들은 신라 김씨 왕실이 왕실의 신성성을 강화하기 위해 허구의 사실에 기반하여 천축국 석가족이 윤회하여 자신들로 태어났다는 소위 진종설眞種說을 내세웠다고 파악해 왔다. 과연 이러한 진종설이 학자들의 주장대로 신라 김씨 왕실이 자신들의 신성성을 강화하기 위하여 허구의 사실에 기반을 두어 지어낸 이야기에 불과한 것일까?

앞에서 말한 바와 같이 필자는 이미 신라 김씨의 시조인 김일제가 흉노족이 아니라 사카족 출신이며, 따라서 부처와 같은 종족 출신임을 밝힌 바 있다. 그런데 그 후에도 계속해서 한 가지 의문점이 있었는데, 그것은 과연 신라 김씨들이 자신들의 뿌리가 부처와 같은 일족임을 알고 있었느냐 하는 것과 알았다면 그 시기는 언제였는가였다. 이 부분에 대해 궁금하게 생각한 이유는 신라 김씨가 박씨의 뿌리인 월지족과 서역에서 처음 조우했을 시점이 기원전 175년경이며 월지족과 함께 혹은 뒤에 한반도로 건너온 시점은 기원전 1세기경 이후인데, 부처는 그보다 몇 백 년 이전의 인물이었기 때문이었다.

그런데도 신라 김씨 왕실에서 진종설을 내세웠다는 것은 그들이 이미 부처와 같은 종족임을 알고 있었기 때문으로 추정할 수 있다. 이런 까닭에 신라 김씨 왕실이 부처와 같은 종족임을 언제 어느 시기에 알았느냐 하는 것이 계속적으로 풀리지 않는 의문이었다. 그리고 이 의문을 풀어가는 과정에서 필자는 부처와 한민족이 부계뿐만 아니라 모계도 원래 한 뿌리에서 나왔다는 또 한 가지 중요한 사실을 알게 된 것이다.

부처의 탄생연도에 대해서는 여러 가지 학설이 있지만, 현재 학계에서 쓰이고 있는 부처의 재세 연대는 크게 다음과 같은 두 가지로 나누어진다고 한다.

첫 번째는 기원전 약 560~480년설이다. 이것은 주로 서양의 여러 학자들이 세일론의 역사서 등의 자료를 검토하여 주장하는 학설이다. 두 번째는 기원전 약 460~380년설로서 일본의 우이 하쿠주와 나카무라 하지메의 학설이다. 우이는 아소카왕의 즉위 연대를 기원전 271년으로 추정하고 이 즉위가 불멸(佛滅 ; 부처 열반) 후 116년에 거행되었다고 하는 불교 전승에서 거꾸로 계산하여 불멸을 기원전 386년으로 산정했다. 아소카왕의 연대는 그 후의 연구에 의해 다소 수정되어 현재 나카무라 하지메는 기원전 268년 즉위설을 취한다. 따라서 부처의 재세 연대는 기원전 463~383년으로 수정된다.

부처의 탄생연도에 대한 이러한 두 가지 학설 중 보다 가까운 기원전 463~383년의 학설을 취하더라도, 김씨 일족인 사카족이 월지족과 서역에서 처음 조우하게 된 시점인 기원전 175년 전후와는 약 200년의 시간차이가 발생한다.

문제를 차근차근 풀어나가기 위해 지금부터 월지족과 사카족이 서역 일대에서 만나게 된 시점과 경위부터 다시 알아보겠다. 이를 위해 11장에서 소개했던 월지족과 사카족의 이동 경로 그림을 다시 한 번 살펴보도록 하자(〈그림 12-2〉 참조).

11장에서도 언급한 바 있지만 남시베리아 고르노알타이 지역의 파지리크 계곡에서 거주하던 월지족이 흉노의 침략을 피해 신장 지역으로 이동한 것은 기원전 204~203년 전후였으며, 그 후 계속된 흉노의 침략으로 인해 기원전 177~기원전 176년경 대월지와 소월지로 갈라지게 된다. 즉, 월지 중 일부(소월지)가 청해로 이동하고 나머지 일부

(소월지)가 타림 분지로 조금씩 유입되는 동안 월지 지배 씨족의 본류 (대월지)는 우선 일리 계곡 상류로 이주했다.

이러한 대월지의 이동에 압박을 받아서 이시크 고분이 있던 일리 계곡 지역에서 활동하던 사카족은 남하하기 시작하여 아무다리야 강을 건너서 아프가니스탄 지방으로 들어가 지금의 발흐 지역에 위치한 박트리아 왕국을 무너뜨렸다. 그러다가 일리 계곡으로 이주했던 월지족이 기원전 174~기원전 161년 사이에 또다시 오손과 연합한 흉노의 공격을 받아 일리 강 유역으로부터 축출되어 아무다리야로 가서 사카족이 차지하고 있던 박트리아를 장악했다. 그러자 사카족 역시 또다시 월지족을 피해 남쪽으로 가서 계빈을 지배했는데, 계빈은 지금의 인도와 중국, 파키스탄의 경계에 위치한 카슈미르 지방이다. 그리고 이 카슈미르 지역 동남쪽에 부처가 탄생한 곳인 룸비니가 위치한다.

같은 아리안계 출신인 월지족과 사카족의 악연이라면 악연이 여기서 끝난 것이 아니다. 박트리아 왕국이 있던 발흐 지역에서 카슈미르로 이동하다 보면 대월지의 제후국 중 하나인 쿠샨왕조가 간다라미술을 꽃피웠던 페샤와르를 거치게 되는데, 중국 역사서『위서魏書』「서역전」에 의하면 소월지국의 수도가 이곳 페샤와르였다고 한다. 관련 기록은 다음과 같다.

"소월지국. 도읍은 부루사성이다. 그 왕은 본디 대월지의 왕인 기다라의 아들이었다. 기다라가 흉노에 의해 쫓겨나서 서쪽으로 이주한 뒤, 그 아들로 하여금 이 성을 수비하도록 했고 그런 연유로 소월지로 불리게 되었다."

그런데 이 책의 번역자는 각주에서 여기서 언급된 소월지국을 박

그림 12-2. 월지족과 사카족의 이동 경로

트리아 왕국을 장악한 대월지가 세운 다섯 제후국 중 하나인 키다라 쿠샨을 가리키는 것으로 파악하고 있다. 즉, 대월지가 흉노에게 쫓겨난 것은 기원전 200년 전후인 서한 초기의 일인데, 이 기록에서 말하는 것은 시기적으로 몇 백 년 후인 5세기에 유연柔然의 침공을 받은 역사적 사실과 관련 있는 것으로 추정하는데 필자의 생각은 다르다. 이책의 번역자의 의견대로라면 '유연'을 '흉노'로 잘못 기록했다는 것인데, 그 이유는 '기다라'라는 이름이 등장하기 때문일 것이다. 즉, 이기다라 왕을 키다라 쿠샨의 왕 이름으로 파악한 것인데, 오늘날에도 같은 민족 내에서 동명이인이 흔하듯이 당시에도 월지족에는 '기다라'라는 이름이 흔히 등장할 수 있을지 그 누가 알 수 있겠는가?

이것은 뒤에서 살펴볼, 기원전 322년 인도 최초의 통일왕조인 마우리아왕조 창건자와 그로부터 600년도 훨씬 이후에 굽타왕조를 세운 창건자 이름이 찬드라 굽타로 동일한 것과 같은 이치인 것이다. 야사의 기록이 아닌 정사의 기록을 오늘날의 시각으로 판단해서 당시 기록이 잘못되었을 것이라고 함부로 단정 짓는 일은, 마치 『후한서』를 편찬한 범엽이 '월지'를 '목지'로 제멋대로 해석한 오류를 저지르는 것과 마찬가지다.

따라서 페샤와르는 대월지가 제후국 중 하나로 쿠샨을 세우기 전에 이미 소월지가 차지하고 있다가 나중에 대월지의 쿠샨왕조로 흡수되었으며, 카슈미르 지역으로 이동하던 사카족은 페샤와르에서 다시 한 번 소월지와 조우했을 가능성이 높다고 본다.

일단 여기까지의 내용을 잘 기억하길 바라면서, 지금부터는 잠시 눈을 돌려 부처가 아리안 계통이 아니라 몽골 계통이라는 주장에 대해서 짚고 넘어가도록 하겠다. 앞에서 소개했듯이 인도사학자 빈센트 스미스는 석가족에 근접하여 살았던 릿차위족이 티베트의 장례 풍습과 사법 절차를 행했던 점을 증거로 들어 그 근친 종족인 석가족 또한 아리안계가 아닌 티베트 계통의 몽고계라고 주장했다.

이 내용을 좀 더 자세하게 알아보기 위해 인터넷에서 빈센트 스미스의 저술을 찾아본 결과, 다행스럽게도 책 전문 내용이 수록된 자료를 구할 수가 있었다. 그리고 이 책에서 소개된 티베트의 장례 풍습이란 다름 아닌 시체를 나무에 걸어놓거나 야외에 노출시키는 풍장 혹은 천장이었다. 그리고 그는 티베트의 초대 왕이 사카족인 부처의 친척인 릿차위족 가문 출신이었다고도 했다.

필자와 함께 지금까지 월지족의 기원과 그 이후의 행적에 대해 주의 깊게 추적해온 독자라면 앞에서 언급한 빈센트 스미스의 주장의 인과관계가 틀렸음을 쉽게 알 수 있을 것이다. 즉, 티베트의 장례 풍습이었던 조장의 풍습은 원래 티베트의 장례 풍습이 아니라 월지족의 장례 풍습이었으며, 흉노의 공격을 받은 소월지가 대월지와 같이 일리 계곡으로 떠나지 못하고 티베트족의 선조인 강족 및 저족과 남산에 머무를 때 이러한 월지족의 장례 풍습이 티베트족에게 전파되었던 것이다.

그리고 이 시기는 기원전 177~기원전 176년 이후로 부처가 열반한 지 적어도 200년도 더 지난 때였다. 그런데 빈센트 스미스는 원래 아리안족의 장례 풍습이었던 천장(조장)을 티베트족의 장례 풍습으로 오인하고 그것을 사카족의 친척인 릿차위족이 따랐기 때문에 릿차위족도 티베트와 같은 몽골 계통이며, 그 친척인 사카족 역시 몽골 계통이라는 터무니없는 논리를 펼친 것이다. 백번을 양보하여 천장 풍습이 월지족에서 티베트족으로 전파된 것이 아니라 원래 티베트족의 풍습이었다고 하더라도 티베트족의 선조인 강족이 서역에서 월지족과 함께 생활하다가 지금의 라싸 지역으로 이동한 것은 부처가 열반한 지 몇 백 년이 흐른 뒤의 일이므로 그의 주장은 논리가 맞지 않는 것이다.

다음으로 조준호가 주장한 어계와 인종이 반드시 일치하는 것은 아니기 때문에 석가족이 비록 인도-유럽어를 사용했다고 해서 반드시 인도-유럽인종일 이유는 없다는 논리에 대해서 생각해보자. 그의 논리를 그대로 적용해보면 석가족이 인도-유럽어를 사용했다고 해서 반드시 인도-유럽인종일 이유도 없지만 그렇다고 해서 석가족이 반드시 인도-유럽인종이 아니고 몽골계 인종일 이유도 없는 것이다. 그 밖에 석가족이 몽골 계통이라고 든 근거들도 같은 맥락의 주장들인데, 그가 들고 있는 근거들은 석가족이 인도-유럽인종이 아닐 수도 있다는 것이지 몽골계 인종이라는 확증을 제시하는 것은 아니다.

이해를 돕기 위하여 그의 논리를 오늘날의 한국에 적용해보자. 최근 한국도 다민족 사회로 진행되고 있는 중인데, 한국에서 사는 어떤 사람이 한국말을 사용한다고 해서 반드시 한국 사람이 아닐 수도 있다고 주장해보자. 물론 그럴 수도 있을 것이다. "한 뚝배기 하실래예?"라는 구수한 사투리를 구사하는 로버트 할리(한국명 하일) 같은 경우 귀화한 한국인이며, 그밖에도 수많은 외국인들이 한국 사람과 결혼해서 한국말을 사용하면서 한국에서 살고 있다. 하지만 한국에서 한국말을 사용하는 대부분의 사람들은 원래 한국인들이다. 그리고 그것은 당시 인도-유럽어를 사용했던 사람들도 마찬가지였을 것이다.

마지막으로 부처가 몽골계 인종이 아니라 아리안계 인종일 수밖에 없는 근거를 밝히겠다. 그리고 이 근거는 단순히 부처가 아리안계 인종이란 사실뿐만이 아니라 아주 놀랍게도 앞에서 언급한 바와 같이 부처와 우리 한민족이 그 부계뿐만 아니라 모계에 있어서도 같은 뿌리를 가지고 있음을 보여준다.

사실 원고를 준비하면서 처음에는 부처의 가계에 대해서 깊게 들어갈 생각이 전혀 없었다. 그런데 천축국 석가족이 윤회하여 자신들로 태어났다는 소위 진종설을 내세운 신라 김씨들이 언제 어떤 경로로 부처와 자신들이 같은 뿌리인 것을 알았을까하는 의문을 해결하기 위해서는 부처와 관련된 추가 자료들을 찾아볼 수밖에 없었다. 앞에서도 도요타 자동차 회사의 5Why 기법에 대해서 언급한 바 있지만, 이 연구를 진행하면서 '왜Why' 혹은 '어떻게How'라는 의문을 끊임없이 던지면서 근원을 추구한 것은 지금 돌이켜 생각해보면 거의 병적인 강박관념 수준이었다.

지금까지 논의된 바와 같이 부처의 아버지인 숫도다나왕은 사카족이었다. 그런데 추가적인 자료 연구를 통해 새롭게 알게 된 사실이 있었는데, 그것은 바로 부처의 어머니인 마야부인이 Koliya(Koli 혹은 Kori)족이라는 것이었다. 그리고 부처의 부인도 코리족이었으며, 뒤에서 다시 살펴볼 마우리아왕조를 창건한 찬드라 굽타 역시 코리족이었다.

순간 머리를 스치는 생각이 있었다. 그것은 바로 삼한시대 마한 54국 중의 하나인 '고리국'과 바이칼 인근에 살고 있는 부리야트-코리족이었다. 앞장에서 부리야트족은 에히리트, 불라가트, 코리, 홍고도리의 네 종족으로 이루어지며, 부리야트족과 한민족이 관계가 깊다는 사실을 이미 제시한 바 있다. 그런데 한민족과 관련이 깊은 부리야트족 중 하나인 코리족은 부처의 모계 종족 이름과 같은 것이었으며, 삼한시대에도 비슷한 이름의 국가명이 등장하는 것이었다.

이것은 단순히 우연의 일치였을까? 이제까지 한반도 고대사에서 우연의 일치란 결코 없었다고 누누이 말해 왔듯이, 만약 이것이 우연의 일치가 아니라면 이것들 사이에는 어떤 긴밀한 인과관계가 존재할 것이라고 추측했다. 그런데 만약 그런 긴밀한 인과관계가 있다고 할지라도 그 인과관계를 어떻게 밝힐 수 있을 것인가?

산 넘어 산이라고 또다시 새로운 고민이 생겨났다. 그런 고민 끝의 어느 날, 이들이 만약 동일한 뿌리라면 근원지인 이란에도 이런 이름이 있지 않을까하는 생각이 문득 머리를 스쳐지나갔다. 그래서 구글에서 Iran, Persia, Kori, 혹은 Koli라는 몇 개의 단어들로 검색을 해 봤다. 아니나 다를까 이란의 북서부에 위치하고 있는 아르다빌 주에 Koli라는 마을이 있었다. 그리고 콜리 마을에서 멀지 않은 곳에 한강의 옛 이름인 아리(라)수의 어원인 아라스 강이 흐른다고 앞에서 밝힌 바 있다.

Coordinates: ● 37°29′25″N 48°29′41″E

Location of Ardabil within Iran
Coordinates: ● 38.2514°N 48.2973°E

그림 12-3. 이란 아르다빌 주와 콜리 위치

　　이것으로 앞의 내용들이 우연의 일치가 아닌 것이 증명이 된 것인가? 혹시라도 우연의 일치에다 도깨비의 장난에 의해 또 하나의 기묘한 우연의 일치가 겹친 것은 아닐까? 뭔가 좀 더 확실한 증거가 필요했으며, 결국 추가적인 단서를 찾을 수 있었다. 그것은 아르다빌 주의 주도州都 이름 역시 아르다빌이었는데, 옛날부터 비단과 양탄자로 유명한 도시라는 사실이었다. 그리고 16세기 중엽 이 도시에서 만들어진 〈그림 12-4〉와 같은 두 개의 아르다빌 카펫이 발견되어 런던과 로스앤젤레스의 박물관에 소장되어 있다.

　　독자 여러분들은 필자가 앞에서 소개했던 파지리크 고분에서 발견된 유명한 유물들을 기억할 것이다. 그것은 바로 〈그림 12-5〉와 같

그림 12-4. 아르다빌 카펫(출처 : Rexford Stead, The Ardabil Carpets)

이 기사도가 그려진 카펫들이다. 부처의 모계 종족 이름과 동일한 콜리시가 위치한 이란의 아르다빌 주가 카펫으로 유명한 것처럼 월지족이 살았던 파지리크 유물

그림 12-5. 파지리크 고분 카펫(출처 : Sergei Rudenko)

에서도 화려한 카펫이 발견되었던 것이다. 즉, 이들 간에는 카펫 생산 기술이라는 공통점이 있었던 것이다

　혹시라도 파지리크 고분에서 출토된 이 카펫들이 파지리크 지역에서 생산된 제품이 아니라, 당시 페르시아 지역에서 수입된 것이 아닐까라고 의문을 가질 수 있다. 이러한 의문에 대한 대답은 다음과 같다. 1940년대 말에 파지리크 고분을 발굴했던 러시아 고고학자 세르게이 루덴코는 이 고분에서 발굴된 카펫에 그려진 사슴처럼 생긴 동물은 알타이 지역의 엘크가 아니라 페르시아의 다마사슴으로 카펫 중 일부는 페르시아 지방에서 수입해온 것이고 일부는 파지리크에서 자체적으로 생산한 것이라고 주장했다.

　반면에 파지리크 고분 예술을 연구한 피츠버그 대학교의 존 하스킨스는 카펫에 나타난 디자인들이 초원지대의 특징을 가진 엘크라고 주장했다. 두 사람의 의견을 종합해보면 어찌 되었든 파지리크 지역에서 자체 생산한 카펫 제품이 존재하는 것이다. 그리고 이 지역에서 카펫이 생산되었다는 것은 이 쿠르간족의 후손인 부리야트-코리족도 카펫을 생산했다는 의미이다. 이미 11장에서 월지족이 서역으로 이동하기 전에 파지리크 지역에서는 코리족이라는 명칭을 사용했을 수도 있다고 밝힌 바 있다. 사실 이 부분은 뭐라고 단정할 수 없는 부분인데, 왜냐하면 마한 54국 중에는 월지국도 있고 고리국도 있기 때문이다. 만약 이들이 애초에 같은 부족이라면, 굳이 두 개의 국가 이름을 붙일 필요가 없지 않았을까하는 의문이 들기도 한다. 하지만 한반도 이주 후에 신라 박씨의 후손이 일본으로 건너간 후 세운 야마타이국의 비미호 여왕의 이름이 마한 54국 중 비미국이라고 나오는 것을 보면 월지족이라는 하나의 부족이 부족명을 포함해서 여러 국가 이름을 사용했을 수도 있는 것 같기도 하고 단정하기가 애매한 부분이다.

아무튼 〈그림 12-6〉은 아르다빌 카펫에 사용되는 페르시아 매듭을 보여주고 있는데, 이 그림에서도 하나의 반복되는 패턴이 나타난다. 즉, 가로 방향의 씨줄 위에 세로 방향의 날줄이 왼쪽 첫 줄은 씨줄의 아래와 위를 반복해서 통과하고, 둘째 줄은 반대로 위와 아래를 반복해서 통과한다. 셋째 줄은 다시 첫 줄과 동일하게 아래와 위를 통과하고, 넷째 줄은 그림 상단처럼 하나의 매듭을 형성한다. 그리고 그 이후로는 이러한 패턴이 반복되는 것을 알 수 있다.

이 그림을 제시하는 까닭은 혹시라도 이러한 매듭 양식이 우리나라의 전

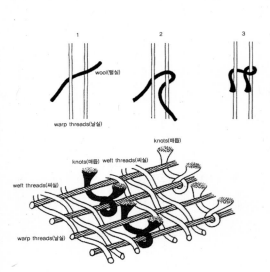

그림 12-6. 페르시아 매듭 양식(출처 : Michele Roohani, Persian Rug : a paradise at your feet)

통공예에서 지금까지도 전승되어 사용될 수도 있다는 생각 때문이다. 즉, 이러한 매듭 양식이 지금 현재 어떤 곳에서 사용되고 있는지는 비록 알지 못하지만, 누군가 이런 매듭 양식을 전승하여 사용해왔던 사람이 혹시라도 이 책을 본다면 그 매듭 양식의 기원이 바로 2000년도 이전에 페르시아에 뿌리를 둔 우리의 선조들이 이 땅에 건너와 우리에게 물려준 유서 깊은 것임을 알기를 바라는 마음에서 이곳에서 이 매듭 양식을 소개하는 것이다.

다음으로는 인도의 코리족에 대해서 알아보자. 그들도 과연 카펫 생산이라는 공통점이 존재할 것인가? 대답은 '그렇다'이다. 인도 중부 지역의 부족과 카스트 제도에 대해서 연구한 R. V. Russell에 의하면, 그들은 전통적으로 베를 짜는 하층 계급인 직공 계급이었다. 물론 이들이 처음부터 하층 계급인 직공 계급이었을 리는 만무하다. 다만 부처 탄생 당시만 하더라도 카스트의 두 번째인 크샤트리아 계급이었던 코리족이 어느 순간 몰락하여 하층 계급으로 전락했던 것이다.

그것은 아마도 부처의 부계인 사카족도 마찬가지였을 것이다. 부처 탄생 당시 석가족(사카족)은 현재 네팔 중부의 남쪽 변경과 인도 국경 근처에 위치한 작은 부족으로 독립된 자치공동체였지만 정치적으로는 꼬살라국에 예속되어 있었다. 그래서 부처 탄생 후 현자들을 불러 왕자의 앞날을 점쳐달라는 부탁을 했는데, 그들은 왕자가 왕위에 오르게 되면 전 세계의 통치자인 전륜성왕이 되어 온 세계를 다스리지만, 세속을 떠나 출가하게 되면 정등각자가 되어 사람들을 무지에서 구하게 될 것이라고 예언했다. 이러한 예언으로 인하여 당시 꼬살라국에 예속되어 있던 부처의 부왕과 석가족들은 석가가 왕위에 올라 전 세계의 통치자인 전륜성왕이 되기를 희망했지만 결국 부처는 출가하여 정등각자가 된 것이다. 그러므로 그 후의 석가족 역시 코리족과 비슷한 몰락의 길을 걸었을 것으로 추정된다.

그리고 사카족 역시 베짜기를 한 것이 사서의 기록에 남아 있다. 『한서』「서역전」에는 사카족이 카슈미르 지역으로 이동한 후 세운 계빈국에 대하여 "그 주민들은 손재주가 좋아서 무늬를 조각하거나 새겨 놓기를 잘하고, 궁전과 가옥을 짓고, 모직물을 짜고 자수를 수놓기도 하며, 음식 만들기를 좋아한다. 금·은·동·주석이 있으며 그것으로 그릇을 만들고, 시장에는 [점포가] 늘어서 있다. 금과 은으로 화폐를 만드는데, 정면에는 기마상이, 배면에는 사람 얼굴이 있다"고 기록하고 있다.

이란의 콜리와 파지리크의 부리야트-코리족, 그리고 인도의 코리족이 다 베짜는 것과 관련이 있음을 알았다. 그러면 한반도에 등장하는 고리국은 어떨까? 고구려와 관련된 후속서에서 다시 언급하겠지만, 삼한의 고리국이 결국은 고구려와 관련이 있다고 생각한다. 오늘날 우리는 삼국시대에 주몽이 세웠던 나라 이름을 고구려라고 부르지만, 홀본 부여에서 출발하여 고구려라는 국명을 사용하기까지는 구려, 고리, 고려, 고례 등으로 불렸다. 그리고 우리는 주몽이 어릴 때 활과 화살로 어머니가 작업을 하던 물레에 앉은 파리를 잡았다는 이야기를 익히 알고 있다. 또한 평안남도 남포시 대안리 1호 고분벽화에는 베틀을 이용하여 베를 짜는 그림이 그려져 있다. 결국 고구려에서도 베짜기가 이루어졌다는 것이다.

그리고 고구려와 백제 역시 이들 선도성모 집단과 같은 뿌리라는 증거 중 하나로 아베스타어 예를 들어보겠다. 고구려 시조 주몽은 『삼국사기』 기록에 의하면 '추鄒' 또는 '상해象解'라고 불렸다고 한다. 여기서 '상해'는 아베스타어 'sanghem'에서 나온 것으로 추정되는데, 이 단어의 어근은 'nairyô-sangha'이다. 그리고 이 단어의 의미는 '야자드와 불의 이름name of a Yazad and a fire'인데, 야자드는 조로아스터교에서 '신성divinity' 혹은 '숭배 받을만한 존재a being worthy of worship'를 의미한다. 즉, 주몽의 이름인 상해는 신의 이름이었던 것이다.

　마찬가지로『주서』「이역전 백제조」에 의하면, "왕의 성은 부여씨이고 이름은 '어라하於羅瑕'라 하는데 백성은 건길지라고 부른다"고 기록되어 있다. 그런데 이 명칭과 관련하여『환단고기』중「태백일사」에는 '어하라'라고 단어순서가 바뀌어져 기록되어 있다. 그리고 '어라하' 혹은 '어하라'라는 단어 역시 '신'을 의미하는 아베스타어 'ahura'에서 나온 것으로 추정된다. 조로아스터교의 주신 이름이 아후라 마즈다Ahura Mazda인데, 백제의 왕 이름인 '어하라'는 바로 이 '아후라'에서 나온 것이다. 즉, 고구려와 백제에서 모두 왕을 신의 이름으로 불렀음을 알 수 있다.

　또한 이것은 앞에서 국어학자 성호경이 박혁거세의 이름인 '박불구내'가 고대 페르시아에서 하늘을 뜻하는 '박bagh'과 아들을 뜻하는 '푸르pur'의 결합어('하늘의 아들'이란 뜻)에서 유래한 것이라고 주장한 것과 일맥상통한다. 그리고 여기서『주서』「이역전 백제조」의 기록(어라하)보다『환단고기』중「태백일사」의 기록(어하라)이 원음인 '아후라'와 더 비슷한 것을 알 수 있다.『환단고기』의 기록 중 부여 제실의 딸이라는 선도성모의 출신에 대한 언급과 함께 아주 드물게 올바른 기록인데 이것들은 모두『환단고기』중「태백일사」에 기록된 내용들이다.

　기왕지사 여기서 아베스타어에 대해서 몇 가지 자료를 더 언급했으니, 추가적으로 몇 가지 더 덧붙이도록 하겠다. 역사서에서 부여왕으로 나오는 해부루는 아베스타어에서 '태양'을 의미하는 'hvar'에서 나온 것으로 추정되는데, 이 단어의 발음은 '흐바르'이다. 그리고 고구려의 금석문 자료에서 신라왕을 지칭하는 '매금寐錦'은 '달'을 의미하는 'mânghem'에서 나온 것으로 추정되는 데, 이 단어는 어근 'mâh'에서 파생된 단어이다.

그리고 고구려왕이 신라왕을 태양보다 아래인 달을 의미하는 '매금'으로 부른 것 역시, '백잔신라'라는 광개토대왕비문의 기록과 관련된 것이다. 광개토대왕비문에 새겨진 기록의 의미에 대하여 보다 자세한 내용은 후속 연구서에서 소개하도록 하겠다. 하지만 이것이 소위 임나일본부설과 관련하여 최근까지도 한일 학자 간에 격렬한 논란을 일으켜왔던 아주 중요한 내용이기 때문에 핵심적인 내용만 여기서 언급하고 넘어가겠다.

광개토대왕비문에 새겨진 '백잔신라百殘新羅'라는 문구의 '百殘'을 이제까지 한·중·일의 모든 학자들은 한결같이 고구려가 '백제'를 적대시하여 낮춰 부르기 위해 사용한 단어로 파악해왔다. 즉, '殘'의 의미를 '잔인하다' 혹은 '흉악하다'는 의미로 파악하여 백제를 비하한 명사로 생각한 것이다. 그래서 백잔신라를 백제·신라로 구분해서 파악했으며, 일본의 역사학자들은 '백잔신라'라는 단어가 나오는 광개토대왕비문 신묘년의 구절을 왜가 백제와 신라를 둘 다 정복해서 신하로 삼았다고 해석한 것이다. 이것이 소위 일본 역사학자들이 이제까지 마르고 닳도록 주장하는 임나일본부설의 토대를 이루는 핵심 내용이다.

그러나 그 실상은 '百殘'의 '殘'은 '잔인하다'의 의미가 아니라 '남다'라는 의미로 사용된 것으로서, '백잔신라'의 진정한 의미는 '소수(百)

가 남은 신라'라는 의미로서 '백잔'이 형용사로 사용된 것이다. 즉, 신라 초기의 박씨 마지막 왕인 8대 아달라왕 시절에 박씨 왕조의 주력 부대가 모두 일본으로 건너가고 난 다음에 소수의 숫자만 남아 있는 신라라는 의미인 것이다. 이런 까닭에 신라 초기 박씨 마지막 왕인 아달라왕 12년(165년)에는 신라 개국 이래 최초로 아찬 길선에 의한 반란이 일어나고, 아달라왕 이후에는 석씨로 왕권이 넘어가게 된 것이다. 이러한 것은 프롤로그에서 복선으로 제시하였듯이 『삼국유사』에 기록된 연오랑·세오녀 설화와 『삼국사기』 아달라왕 시대에 기록된 각종 내용들의 행간을 파악하여 이 두 가지를 연결해야만 비로소 알 수 있는 내용이었던 것이다.

고대 페르시아에서는 군사의 수에 따라 '십인 부대', '백인 부대', '천인 부대', 그리고 '만인 부대'로 부대를 편성하여 조직했다. 그리고 후속 연구서에서 살펴 볼 키루스왕의 친위 부대인 이모탈 부대는 만 명으로 구성된 '만인 부대'였다. 같은 맥락으로 '백잔신라'는 신라 박씨 왕조의 주력 부대는 일본으로 모두 건너가고, 신라에는 그야말로 적은 숫자만 남았다는 의미였던 것이다. 그런데 이제까지 위당 정인보 선생을 비롯하여 한·중·일의 모든 학자들이 아달라왕 시절에 발생했던 이런 일들을 제대로 파악하지 못했기 때문에 '남다'라는 의미가 아니라 '잔인하다' 혹은 '흉악하다'의 의미로 파악하여, 애꿎은 백제만 이제까지 나쁜 나라 취급을 받은 것이었다. 그동안 백제 지역의 후손들 입장으로서는 참으로 억울한 일이었던 것이다.

그리고 바다를 건너와서 김씨 왕조가 다스리고 있던 '백잔신라'를 쳐서 신민으로 삼았다는 왜倭는 당연히 아달라왕 시절에 일본으로 건너갔던 신라 박씨 주력 부대들의 후손이었던 것이다. 비록 소수 인원만 남았지만 한반도 이주의 주도 세력이었던 박씨 후손들을, 같은 월지족의 일원이었던 석씨들과 뒤늦게 피난 온 사카족 김씨들이 몰아내고 왕위를 차지할 것이라고는 꿈에도 생각하지 못하고 일본으로 건너간 박씨의 주력 부대 후손들이 그것을 징벌하는 차원에서 신라로 쳐들어왔던 것이다. 이것이 삼국시대 이래로 오랫동안 견원지간이었던 한국과 일본이 왜 그렇게 되었는지에 대한 근원적인 이유였던 것이다.

다시 원래의 주제로 돌아가서 베짜기와 관련하여 우리나라 고대 유적지에서 빠지지 않고 발굴되는 유물이 있는데, 그것은 바로 〈그림 12-7〉과 같은 가락바퀴라고도 하는 방추차紡錘車이다. 이것은 섬유를 꼬아 실을 만드는데 사용되는 가장 오래된 방적기구이며, 이러한 방추차는 파지리크 고분에서도 발견된 바 있다.

2015년 현재, 중학교 역사 교과서에는 신석기 시대 유물로 방추차와 러시아 아무르 강 주변과 연해주에서도 비슷한 형태가 발견되는 덧무늬 토기, 그리고 파지리크 고분 지역에서 발견되는 빗살무늬 토기를 설명하고 있다. 또한 고등학교 한국사 교과서에도 역시 빗살무늬 토기와 덧무늬 토기를 신석기 시대의 대표적인 토기로 설명하고 있었다. 그러나 이러한 시대 구분은 전혀 믿을 것이 못되는데 그 이유는 16장에서 밝히도록 하겠다.

또한 『삼국유사』 「선도성

그림 12-7. 방추차(출처 : 공공누리)

모수희불사」편에는 "일찍이 여러 천선으로 하여금 비단을 짜게 하여 비색으로 물들여 조복을 만들어 그 남편에게 주니 국인들이 이로 인하여 신이한 영험을 알았다"고 기록되어 있고, 『삼국사기』 「신라본기 유리이사금조」에는 "왕이 이미 6부를 정한 다음에 가운데를 둘로 나누고서 왕녀 두 사람으로 하여금 각기 부 내의 여자를 거느리고 편을 지어 가을 7월 기망(旣望; 16일)부터 매일 일찍 대부의 뜰에 모여 길쌈(베짜기)을 하고 한밤중에 파하되, 8월 15일에 이르러 그 공의 다소를 조사하여 진 편이 술과 음식을 장만하고 이긴 편에게 사례하도록 하니 이에 노래와 춤 온갖 놀이가 벌어졌는데 이것을 가배라 하였다"고 기록되어 있다. 이러한 기록들을 통해서도 당시 고구려와 신라를 포함한 한반도 전체에서 베짜는 기술이 있었음을 알 수 있다.

여기서 나오는 '가배嘉俳'는 '가우嘉優'라고도 불렸는데, 설과 함께 오늘날 우리민족의 2대 명절인 한가위 추석이다. 이 기록에 대하여 어느 역사학자는 '가배'가 유리왕 대에 있었다는 이 기사는 신빙성이 없으며, 훨씬 후대인 통일신라시대에 이루어진 명절이라고 주장했다. 이 역사학자의 주된 주장은 신라 초기의 박씨 왕조라는 것은 애초에 없었으며, 가장 나중에 생긴 박씨 왕조가 그들의 위상을 더 높이기 위하여 역사를 조작하여 제일 앞으로 배치시켰다는 것이었다.

그러나 '가우'와 '가배'는 둘 다 아베스타어 'gâu'와 그 파생어 'gave'에 해당하는 단어로서 '정착settlement'을 의미하는 단어이다. 결국 박혁거세가 기원전 57년에 나라를 세운 뒤에 약 90년이 지난 유리왕 9년(기원후 32년)때에 와서야 어느 정도 정착단계에 이르렀다고 추측할 수 있다.

그리고 베짜기와 관련하여 이란의 콜리 지방, 인도의 코리족, 그리

그림 12-8. 안동 베틀(출처 : 공공누리)

그림 12-9. 대안리 1호 고분벽화 직녀도(출처 : 전호태, 고구려 고분벽화의 세계)

고 한반도의 고구려(고리국)를 연결해주는 보다 확실한 단서가 한 가지 더 있다. 그것은 바로 고구려 고분벽화에도 등장하는 베틀이다. 박선희 교수는 우리나라의 전통베틀인 〈그림 12-8〉의 안동 베틀은 〈그림 12-9〉 고구려 고분벽화 직녀도에 나오는 베틀의 경사도와 같은 수평 모습인데, 〈그림 12-10〉 중국의 베틀은 경사도가 매우 가파르다고 비교하고 있다. 즉, 문화권마다 베틀의 구조가 다르다는 것이다.

그런데 〈그림 12-11〉과 같이

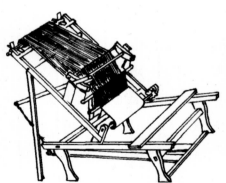

그림 12-10. 중국 베틀 복원도(출처 : 趙翰生, 中國古代紡織與印染)

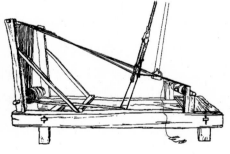

그림 12-11. 이란 길란 주 베틀(출처 : Christian Bromberger, GILAN xx, Handicrafts)

우리나라 베틀과 비슷한 구조의
베틀이 이란의 길란 주에서 발견
되었는데, 길란 주는 콜리 시가
있는 아르다빌 주의 바로 이웃에
위치하고 있다. 마찬가지로 부처
의 탄생지인 룸비니 근처에 위치
한 네팔의 묵티나스Muktinath 지방

그림 12-12. 네팔 묵티나스 지방 베틀(출처 : Till Niermann)

의 베틀(〈그림 12-12〉 참조) 역시 수평형 베틀로서 이란의 길란 주 베
틀과 흡사한 구조임을 알 수 있다. 그리고 일본의 베틀 역시 우리나라
안동 베틀과 비슷한 경사도를 보이고 있다.

이러한 단서들로 판단해볼 때 인도의 코리족과 시베리아의 부리야
트-코리족, 그리고 한반도의 고리국이라는 명칭은 모두 이란의 콜리
지방에서 나온 것으로 확신할 수 있었다. 지금까지 부처가 한민족과
같은 뿌리인 것을 여러 가지 증거를 제시하면서 증명하였다. 그렇다
면 혹시라도 부처가 한민족과 같은 뿌리라는 사실을 증명해줄 문헌으
로 기록된 역사 기록이 남아 있을까? 당연히 남아 있으며, 국내 역사
서와 중국의 고대 기록 두 곳에서 발견하였다.

국내 역사서의 기록은 앞에서 소개한 바와 같이 『삼국유사』 「탑상
편」 '황룡사의 구층탑'에 기록된 다음과 같은 내용이다.

"문수보살은 자장법사에게 말했다. '너희 나라 왕은 천축 찰리종(인도의
크샤트리아 계급)의 왕으로 이미 불기를 받았기 때문에 특별한 인연이 있어
동이 공공의 종족과는 다르다.'"

그리고 부처가 한민족과 같은 뿌리인 것을 알려주는 중국의 고대 기록은 다름 아닌 『산해경』이다. 혹자는 이 책을 허황된 상상으로만 가득 찬 책으로 생각할지 모르겠지만, 『산해경』은 그런 책이 아니다. 물론 오늘날 우리가 생각했을 때 이해가 되지 않는 부분이 존재하는 것도 분명한 사실이지만, 대부분의 내용들, 특히 지리에 관련된 것은 사실에 근거하는 것이다. 앞에서 이미 서왕모와 관련하여 『산해경』의 내용을 소개한 바 있지만, 이 책은 지리서로서 정확한 내용을 기술하고 있다. 이 책에서 우리 한민족과 관련된 몇 개의 기록이 있는데, 그 내용은 다음과 같다.

첫 번째는 조선의 위치에 관한 것이다.

『산해경』「해내북경」에 "조선은 열양의 동해, 즉 북산의 남쪽에 있다. 열양은 연에 속한다"라고 되어 있다고 기록되어 있으며, 진나라의 곽박은 이 구절에 대해 다음과 같이 주를 달아 놓았다. "조선은 지금의 낙랑현으로, 기자가 봉해진 곳이다. 열도 강의 이름이다. 지금 대방군에 있다. 대방군에 열구라는 현이 있다." 원문은 다음과 같다."

朝鮮在列陽東海北山南列陽屬燕[朝鮮今樂浪縣. 箕子所封也. 列亦水名也. 今在帶方, 帶方有列口縣].

두 번째는 대월지, 소월지·천축국(오늘날의 인도)에 관한 것이다.

「해내동경」에 "유사의 밖에 있는 나라로는 대하[대하국의 도성은 2, 3백리 사방으로 수십 국으로 나뉘어져 있다. 토지는 온화하고 오곡이 자라기에 적합하다]·수사·거요·월지국[월지국에는 좋은 말과 맛

있는 과일이 있다. 꼬리가 큰 양이 있어 당나귀의 꼬리와 같다. 다름
아닌 겸양이다. 소월지·천축국은 모두 이 나라의 속국에 불과하다]·
서호·백옥산은 대하국의 동쪽에 있다. 창오는 백옥산의 서남에 있다.
모두가 유사의 서쪽, 곤륜허의 동남에 있다. 곤륜산은 서호의 서쪽에
있다. 모두 서북에 있다[〈지리지〉에 '곤륜산은 임강의 서쪽에 있다'고
하고, 또 서왕모의 사당이 있다고 한다]."고 기록되어 있으며, 원문은
다음과 같다.

"國在流沙外者大夏[大夏國城方二三百里, 分爲數十國. 地和溫, 宜五穀],
豎沙居繇[繇音遙], 月支之國[月支國多好馬美果. 有大尾羊, 如驢尾, 卽羬羊
也. 小月支天竺國皆附庸云]. 西胡白玉山, 在大夏東. 蒼梧在白玉山西南. 皆
在流沙西, 昆侖虛東南. 昆侖山在西胡西. 皆在西北[地理志, 昆侖山在臨羌
西, 又有西王母祠也]."

세 번째는 조선과 천축에 관한 것이다.

「해내경」에 "동해의 안, 북해의 모퉁이에 나라가 있다. 이름하여
조선이라 한다[조선은 지금의 낙랑군이다]. 천독에서는 국민이 물 위
에 산다[천독은 천축국을 말한다. 그 나라에서는 도덕을 존중하고, 문
서와 금은 화폐가 있다. 석가는 이 나라에서 나온 것이다.]"고 기록되
어 있으며, 원문은 다음과 같다.

"東海之內, 北海之隅, 有國, 名曰朝鮮[朝鮮, 今樂浪郡也]天毒, 其人水居
[天毒卽天竺國. 貴道德, 有文書金銀錢貨. 浮屠出此中也]."

이상의 내용을 요약해보면, 『산해경』 「해내북경」에는 조선의 위치를 기록하고 있는데, 조선이 열양의 동해, 북산의 남쪽에 있다고 기록하고 있다. 여기서 열양은 연나라에 속한다고 했으니, 동해란 산동반도의 위쪽 서해에 해당하는 발해를 지칭하는 것이다. 우리에게는 서해지만 중국을 기준으로 보면 동해에 해당하기 때문이다. 그리고 여기에서의 조선은 아마도 기자조선을 지칭하는 것으로 추정된다.

단군조선의 실체에 대해서 여기서 간단히 언급하자면, 우리가 지금까지 알고 있던 기원전 2333년에 한반도에 세웠다는 단군조선이란 것은 존재하지 않으며, 선도성모 집단의 한반도 이주기가 바로 단군신화의 실체였다. 그런데 아직 월지족이 한반도로 이주하기 전 흉노와 국경을 접하고 있을 무렵에, 흉노는 동쪽으로 예맥과 조선과 접해 있었다는 역사기록이 있다. 따라서 월지가 흉노와 국경을 접하고 있을 당시의 조선은 기자조선을 의미하는 것이며, 「해내북경」에서 언급하는 '조선' 역시 기자조선을 의미할 가능성이 높다. 그래서 곽박도 "조선은 지금의 낙랑현으로, 기자가 봉해진 곳이다"라고 주석을 달아놓았던 것이다.

다음으로는 「해내동경」에 대월지, 소월지, 그리고 천축국에 대한 내용이 기록되어 있다. 『산해경』을 크게 나누어 보면 '산경'과 '해경'으로 구성되어 있으며, '산경'의 경우 어떤 특정한 산을 기점으로 하여 각각의 위치를 서술하고 있다. 즉, 「남산경」은 작산이 기점이며, 「서산경」은 전래산, 「북산경」은 단호산, 「동산경」은 속주산, 「중산경」은 감조산이 기점이다. 마찬가지로 '해경' 역시 본문에는 명시되어 있지 않아서 「해내동경」의 바다가 어떤 바다를 지칭하는 것인지는 알 수 없지만, 어떤 특정 바다나 큰 호수를 기점으로 서술되었을 것이다.

그리고 소월지·천독국이 대월지의 속국이라는 곽박의 주석은 앞에서도 언급했듯이 『위서』「서역전」의 기록처럼 대월지 기다라 왕의 명령을 받고 소월지의 왕자가 현재의 파키스탄 페샤와르 지역을 차지한 이후의 일을 기술하는 것으로 추정할 수 있다. 지금까지 흉노의 침입을 피하기 위한 연쇄작용으로 발생한 월지족과 사카족의 이동을 앞장과 본 장에서 이미 두 번이나 살펴봤기 때문에 소월지·천축이 대월지의 속국이라는 곽박의 설명을 충분히 이해할 수 있을 것이다.

마지막으로 「해내경」에 기록된 조선과 천독(혹은 조선천독)에 대해서 생각해보자. 이 기록에는 동해의 안, 북해의 모퉁이에 나라가 있는데 조선과 천독(조선천독)이라고 했다. 「해내북경」에는 동해에 조선이 있다고 했으니, 「해내경」의 조선이 같은 나라를 가리키는 것은 틀림이 없을 것이다.

그런데 왜 조선과 천축(조선천독)이 같이 등장하는 것일까? 앞에서 『산해경』이 비록 지금의 관점으로는 이해할 수 없는 기이한 상상의 동물 등이 나타나기도 하지만, 지리서로는 정확하다고 했으며 '조선'이나 '소월지·천독'과 같이 지금까지 나온 내용들이 다 정확했음을 알 수 있었다. 그런데 왜 뜬금없이 조선과 천축(조선천독)이 같은 지역에 있는 것으로 「해내경」에 기록되어 있는 것일까? 이 기록에 대해 어느 학자는 "인도와 조선이 같은 방위에 있다고 한 것은 이 『산해경』이 상상과 왜곡의 한계를 한껏 뛰어넘고자 한 것임을 알 수 있다"고 했지만 사실은 그런 것이 아니다.

옛날의 한문 문장은 오늘날의 구두법^{句讀法}과 같은 것이 따로 없어서 모든 단어와 문장이 이어져 있었다. 따라서 「해내경」에 기록된 '조선천독'은 '조선'과 '천독' 두 개의 나라를 기술한 것이 아니라 '조선천독'이라는 하나의 나라 이름을 표시한 것이었다. 그리고 이러한 원 저자의 의도를 몰랐던 곽박 역시도 조선과 천독을 구분해서 주석 처리를 했던 것이다. 그리고 어쩌면 「해내동경」에 나타나는 '소월지·천독' 역시 마찬가지로 두 개의 나라를 구분한 것이 아니라 '소월지천독'이라는 하나의 국가를 설명한 것일 수도 있다는 것이 필자의 판단이다.

그리고 「해내경」에 기록된 '조선천독'은 「해내동경」에 나타나는 '소월지천독'을 세운 소월지국이 한반도 쪽으로 옮겨와서 세운 나라였던 것이며, 비록 곽박이 '조선천독'을 별개의 나라로 착각하고 주석을 달았음에도 불구하고 '조선천독'에서 부처가 나왔다는 내용 자체는 틀림이 없는 사실이었던 것이다. 물론 보다 엄밀히 말하면 소월지천독과 조선천독이 같은 종족 출신이니 소월지천독과 관련 있는 부처 역시 조선천독과 같은 종족 출신이라는 의미로 해석하는 것이 더 합당할 것이다.

이상의 내용을 분석해보면 「해내북경」은 「해내경」보다 일찍 만들어진 책이라고 추정할 수 있다. 즉, 『산해경』은 특정 시기에 한꺼번에 만들어진 것이 아니라 시차를 두고 내용이 덧붙여진 것으로 알려져 있는데, 「해내북경」의 '(기자)조선'과 「해내경」에 기록되어 있는 '조선천독'에 대한 기록을 비교해보면 「해내경」이 더 후대에 이루어 진 것임을 알 수 있다. 그리고 이러한 필자의 추측은 『산해경』의 성립에 대한 다음 기록에서도 증명된다.

"「남산경」이하의 「오장산경」5편이 가장 오래 된 것이며, 한나라 초인 기원전 2세기 이전에 되어 있었다고 생각된다. 그 다음으로 「해외사경」4편, 「해내사경」4편이 이어졌고, 한대의 지명을 포함하였으며, 「대황사경」4편, 「해내경」1편은 가장 새롭다."

지금까지 부처와 한민족이 부계와 모계 모두 같은 뿌리라는 것을 파악하는 의외의 수확을 거두었지만, 아직도 이 장의 처음에 제기한 신라 김씨들이 부처와 같은 뿌리인 것을 그 당시 어떻게 알았을까하는 의문은 풀리지 않았다. 그런데 이 의문을 해결할 수 있는 단서는 의외로 월지족들이 거주했던 파지리크 고분에서 발견되었다. 즉, 월지족의 첫 출발지에 그 단서가 숨겨져 있었던 것이다.

이것을 확인한 순간 느꼈던 허탈한 감정을 어떻게 설명할 수 있을까? 마치 파랑새를 찾으러 사방팔방을 헤매고 돌아다니다가 어쩔 수 없이 포기하고 집에 돌아오니 파랑새가 있었다는 모리스 메테를링크의 이야기가 떠오른 순간이었다. 하지만 그 덕분에 부처와 한민족 간의 관계를 정확하게 파악한 계기가 되었으니, 완전히 헛수고를 한 것은 아닌 셈이었다.

첫 번째 단서는 면으로 된 셔츠인데, 이것이 파지리크 2호 무덤에서 발견된 것이다. 처음에 학자들은 이 셔츠가 파지리크 지역에서 만들어진 것으로 생각했으나, 추후에 이것이 인도에서 만들어진 것으로 밝혀졌다.

두 번째 단서 역시 2호분에서 발견된 것으로 놋쇠$^{tin-bronze}$로 만든 거울이다. 이 거울도 처음에는 중앙아시아 지역 원산으로 생각되었으나, 이 거울의 원재료인 금속성분이 알타이 지역이 아니라 인도 지역 것으로 밝혀졌으며 아소카왕이 다스렸던 마우리아왕조 이전인 기원전 4세기경의 물건으로 추정된다.

또 다른 단서는 다른 고분에서 발견된 인도산 비단인데, 이것도 예전에는 중국산으로 생각되었던 것이다. 이러한 인도산 물건들이 어떻게 머나먼 파지리크 지역까지 오게 되었는지에 대해 연구자들은 의아하게 생각하면서, 그들은 이 물건들이 서부 중앙아시아나 중국을 통해서 교역되었을 것으로 추측하고 있다.

그러나 한민족의 뿌리인 월지족이 파지리크 지역에 자리를 잡고 있을 무렵인 기원전 4세기경에 인도에도 같은 종족인 고리족과 역시 같은 아리안 계통인 사카족이 자리 잡고 있었기 때문에 이들 간에는 지속적인 상호접촉이 있었으며, 그러한 증거가 바로 앞에서 소개한 파지리크 고분 지역에서 발견되는 인도산 물건들이었던 것이다. 결국 월지족들은 파지리크 지역에서 거주할 당시부터 인도와의 지속적인 접촉을 통하여 부처의 모계 종족인 고리족의 후손인 부처가 인도에서 탄생한 것을 알고 있었을 것으로 보는 것이 합당한 추정이며, 그것은 당시 이시크 지역에서 거주하던 부처의 부계 종족인 사카족 역시 마찬가지였을 것이다.

마지막으로 11장과 12장 두 번에 걸쳐 살펴봤듯이 사카족이 월지족에게 밀려서 카슈미르 지역까지 밀려나게 되었는데, 같은 사카족인 김일제의 아버지 휴도왕이 도대체 언제 어디서 흉노의 제후국이 되었는가 하는 의문이 남는다. 그 답은 다음과 같은 『한서』 「외국전」 기록에서 찾을 수 있을 듯하다.

"그 이듬해(기원전 176년) 선우가 한나라에 편지를 보내왔다. … 지금 낮은 관리가 [화친의] 약속을 깨뜨렸기 때문에 그 벌로써 우현왕에게 서방으로 가서 월지를 치게 했소. 하늘의 축복을 받았고 [우리] 병사가 우수하고 말의 힘이 강하였기 때문에 월지를 섬멸함으로써 모두 죽이고 항복시켰소. 누란, 오손, 호걸과 그 인근의 26개 나라를 평정해 모두 흉노와 한 나라가 되었소. 여러 유목민들이 모두 한 집안 식구가 되니 북쪽 지방은 이미 안정되게 되었소."

"색塞 종족(사카족을 중국에서는 '색인塞人' 혹은 '색종인塞種人'이라고 불렀다.)은 나뉘어져 왕왕 여러 나라를 만들었는데, 소륵에서부터 서북쪽으로 휴순·연독 등은 모두 원래 색 종족이었다."

이러한 두 기록을 종합해보면 월지족이 5부족 연합의 관습이 있었듯이 사카족 역시 여러 연합 국가 형태를 유지했으며, 그 중에 휴도왕이 다스렸던 사카족이 기원전 176년 흉노의 침입에 의해 대월지가 2차 이동을 할 무렵 흉노의 제후국이 된 것으로 추정할 수 있다. 따라서 월지족에게 밀려 네팔로 이주한 사카족과 서역에 머물러 있다가 흉노의 제후국이 된 사카족이 따로 존재했던 것이며, 그럼에도 불구하고 이들 간에는 서로 지속적으로 접촉이 있었다고 보는 것이 합당할 것이다.

또한 월지족과 같은 아리안 계통인 사카족은 키루스 왕 시절에 페르시아에 예속되어 있었으므로 당시의 페르시아 국교인 조로아스터교를 같이 믿었을 것이며, 이 때문에 휴도왕이 금인으로 천주에게 제사를 지낸 것으로 추측할 수 있다. 혹자는 휴도왕의 금인을 불상이라고 파악하나, 당시는 불상이란 것이 아직 존재하지 않은 시기로 부처를 대신하여 스투파(탑)나 보리수나무를 사용했다.

이와 관련하여 중국의 역사학자 강백근이 지은 『중국현교예술사연구』에는 중국의 저명 역사학자 마명달이 "서역 오랑캐(胡人)들이 금동상(金人)으로 하늘에 제사를 지내는 것은 조로아스터교와 관계가 있으며, 중앙아시아 키르키즈스탄에서 발견된 부녀상이 이러한 금인일 가능성이 있다"고 언급한 것을 소개하고 있다.

1차 교정 원고를 출판사에 넘긴 뒤 얼마 되지 않아서 각종 뉴스에서 동북아역사재단이 추진 중인 동북아역사지도 사업 결과 중 한사군의 위치가 논란이 되었다. 즉, 다음 〈그림 12-13〉은 국회 동북아역사왜곡대책특위 소속인 도종환 의원실에서 제공한 한사군 지도 자료이다. 그런데 왼쪽의 중국사회과학원이 만든 〈중국역사지도집〉과 오른쪽의 동북아역사재단이 만든 〈동북아역사지도〉에서 낙랑과 대방의 위치가 동일하다는 점에서 동북아 역사왜곡을 막기 위해 만든 동북아역사재단이 오히려 중국의 동북공정을 추종하고 있다는 비난을 받게 된 것이었다.

그리고 기사 내용에 의하면 이런 결과는 한마디로 식민사관에 젖은 역사학자 이병도의 이론을 그의 제자들인 서울대 국사학과 출신 역사학자들이 맹종했기 때문이라는 것이다. 그리고 서울대 국사학과

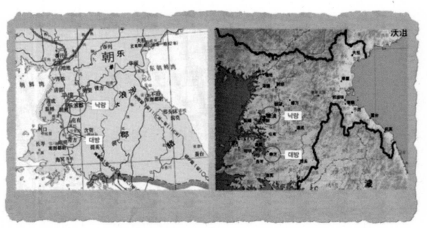

그림 12-13. 한사군 지도 비교(출처 : 세계일보)

를 중심으로 한 관학파 주류학계의 한사군 위치 주장에 반발하는 비주류학계 학자들의 주장에 대한 기사 내용은 다음과 같았다.

비주류 학계에서는 사료와 고고학 발굴 유물 등을 근거로 한사군과 패수 위치를 지금의 중국 동북부 지역으로 보고 있다. 인하대 복기대 교수는 "1차 사료만 제대로 검증한다면 한사군 한반도설이 나올 수 없다"고 주장했다.

과연 어느 쪽 주장이 옳은 것일까? 필자는 혹시 책에서 다뤘던 내용 중에서 이와 관련된 것이 있는지 원고 내용을 확인해봤다. 그랬더니 아니나 다를까 부처가 한민족과 같은 뿌리임을 증명하는 본장의 내용 중에서 다음과 같은 내용이 있었던 것이다.

첫 번째는 조선의 위치에 관한 것이다.
『산해경』「해내북경」에 "조선은 열양의 동해, 즉 북산의 남쪽에 있다. 열양은 연에 속한다"라고 되어 있다고 기록되어 있으며, 진나라의 곽박은 이 구절에 대해 다음과 같이 주를 달아 놓았다. "조선은 지금의 낙랑현으로, 기자가 봉해진 곳이다. 열도 강의 이름이다. 지금 대방군에 있다. 대방군에 열구라는 현이 있다." 원문은 다음과 같다."

朝鮮在列陽東海北山南列陽屬燕[朝鮮今樂浪縣. 箕子所封也. 列亦水名也. 今在帶方, 帶方有列口縣].
……

세 번째는 조선과 천축에 관한 것이다.

「해내경」에 "동해의 안, 북해의 모퉁이에 나라가 있다. 이름하여 조선이라 한다[조선은 지금의 낙랑군이다]. 천독에서는 국민이 물 위에 산다[천독은 천축국을 말한다. 그 나라에서는 도덕을 존중하고, 금은 화폐가 있다. 석가는 이 나라에서 나온 것이다.]"고 기록되어 있으며, 원문은 다음과 같다.

"東海之內, 北海之隅, 有國, 名曰朝鮮[朝鮮, 今樂浪郡也]天毒, 其人水居[天毒卽天竺國. 貴道德, 有文書金銀錢貨. 浮屠出此中也]."

위의 내용을 작성할 때 필자는 부처와 한민족과의 관계에 대해서 기술을 하느라고 '조선'과 '조선천독'이라는 단어에만 관심이 집중되어 있었고, '대방'과 '낙랑'의 위치에 대하여 곽박이 언급한 것은 크게 관심을 두지 않고 넘어갔었다. 그런데 곽박이 『산해경』에 주를 단 내용 중에서 '대방군'에 열구라는 현이 있으며, 조선은 '지금의 낙랑현'이라고 기록하고 있는 것이다.

곽박郭璞이란 사람은 과연 누구며, 그의 기록은 얼마나 신뢰할 만한 것일까? 곽박(276~324)은 동진東晉 하동河東 문희聞喜 사람으로 자는 경순景純인데, 학문에 밝고 고문기자古文奇字를 좋아하였으며, 천문, 역산, 복서, 점술, 음악, 문장, 시부 등 다방면에 뛰어난 사람이었다. 그리고 동진의 원제元帝가 그를 저작좌랑著作佐郎에 임명하자 왕은王隱과 함께 『진사晉史』를 찬수하였으며, 『이아爾雅』, 『방언方言』, 『산해경』, 『목천자전穆天子傳』 등에 주를 달아 지금도 매우 뛰어난 업적으로 평가받고 있는 사람이다. 한마디로 시골의 무지렁이가 아니라 그 시대를 대표하는 대학자였던 것이다.

그리고 그가 살았던 시기는 바로 대방과 낙랑이 존재했던 시기이다.

즉, 고구려 미천왕은 313년에 낙랑을 정복하고, 314년에는 대방을 몰아내었다. 따라서 낙랑과 대방이 멸망하던 시기에 살았던 학자이자 관리이자 역사가였던 곽박은 누구보다 그곳의 위치를 잘 알았을 것이다.

그러면 위의 『산해경』 기록과 곽박이 주를 단 내용을 다시 살펴보도록 하자. 『산해경』 「해내북경」에는 "朝鮮在列陽東海北山南列陽屬燕"이라고 조선의 위치를 설명하고 있으며, 곽박은 이 조선이 바로 지금의 낙랑현이라고 주를 달고 있다. 원래의 원고에는 위의 원문에 대해서 "조선은 열양의 동해, 북산의 남쪽에 있는데, 열양은 연나라에 속한다"고 해석되어 있는데, 다른 책에는 이 문장에 대하여 "조선이 열양의 동쪽, 바다의 북쪽, 산의 남쪽에 있고, 열양은 연나라에 속한다"고 해석하고 있다. 두 가지 해석이 다 가능하기 때문에 당시에 살지 않은 우리로서는 어떤 해석이 옳은지 알 수 없지만, 두 가지 해석 모두 조선이 열양의 동쪽 혹은 동해에 위치해있다는 것이다. 하지만 『산해경』 「해내경」에는 "동해의 안, 북해의 모퉁이에 조선이 있다"고 기록하고 있기 때문에, 어쩌면 「해내북경」의 내용도 "열양의 동해, 북산의 남쪽"이라고 해석하는 것이 더 타당할 듯하다. 아무튼 이 기록들을 종합해보면 낙랑과 대방의 위치를 파악할 수 있다. 즉, 조선은 열양의 동해 혹은 동쪽에 위치해있는데, 열양은 연나라에 속한다고 기록되어 있다. 그렇다면 먼저 연나라의 위치에 대해서 살펴보자.

〈그림 12-14〉 전국시대 지도를 보면 연나라는 지금의 발해만을 끼고 있으며, 동쪽으로 가면 요동반도와 만나는 것을 알 수 있다. 따라서 동북아역사재단에서 표시한 한사군 중 대방의 위치인 황해도 지역과 만날 수가 없다. 중국이나 동북아역사재단의 주장처럼 황해도에 대방이 있으려면 연나라에 속한 열양을 기준으로 동해나 동쪽이 아니

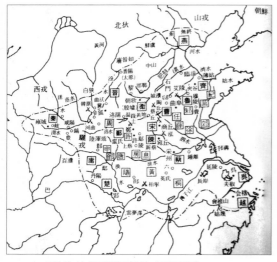

그림 12-14. 전국칠웅도(출처 : 동주열국지)

라 연나라 밑에 위치하는 산동반도를 포함하고 있는 제나라의 땅을 기준으로 동쪽이나 동해라고 했을 것이다.

그렇다면 「해내북경」과 「해내경」에 묘사된 조선의 위치는 어디일 것인가? 먼저 「해내북경」에 묘사된 "연나라에 속한 열양의 동쪽 혹은 동해"이면서 「해내경」에 묘사된 "동해의 안, 북해의 모퉁이"를 공통적으로 만족시켜 주는 지역은 바로 〈그림 12-15〉와 같이 발해만과 요동반도 사이인 것을 알 수 있다. 그리고 대방은 연나라 영토인 열양에 위치했기 때문에 지금의 북경 부근이 되어야 한다. 북경은 연나라 시절에 수도였기 때문에 예전에는 연경燕京으로 불렸으며, 〈그림 12-14〉에서는 계薊로 표시된 곳이다. 이처럼 곽박이 언급한 낙랑과 대방의 위치에 대한 필자의 분석은 〈그림 12-16〉과 같이 위당 정인보 선생이 이미 80년 전에 한사군의 위치로 파악한 곳과 비슷한 것을 알 수 있다.

그림 12-15. 산해경에서 서술한 조선의 위치(출처 : 구글 어스)

위당 정인보 선생이 이미 80년 전에 한사군의 위치를 올바로 파악하셨음에도 불구하고, 아직도 한국의 주류 역사학자들은 일제 식민사학의 농간에서 벗어나지 못하고 있으면서도 입으로만 실증주의를 주야장천 외치고 있는 것이다. 물론 그들이 한반도에 한사군이 위치했다

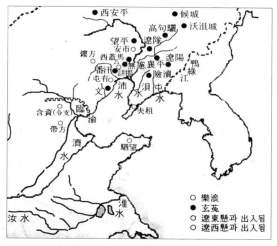

그림 12-16 정인보 선생이 파악한 한사군 위치(출처 : 이용원 해석, 한서지리지·구혁지)

고 주장하는 데에는 나름의 근거가 있을 것이다. 필자가 확인해본 결과 주류 사학자들은 평양과 황해도 지역에 한나라 양식의 무덤이 많이 출토되었으며, 낙랑의 관인이 찍힌 봉니, 그리고 평양 정백동 364호분에서는 기원전 45년 낙랑군 호구에 대한 행정문서가 발견된 것 등등을 한반도 한사군 위치설에 대한 근거로 들고 있었다. 이들 주장의 근거가 되는 이러한 유적·유물들이 왜 평양과 황해도 지역에서 집중적으로 발굴되는 지에 대해서는 지면관계 상 선도성모 집단의 한반도 이주 경로를 다루는 후속 연구서에서 자세히 다루기로 하겠지만, 이 지역은 바로 선도성모 집단이 중국에서 해로를 통해 한반도로 이동한 경로 상에 위치한 청천강 이남 지역이란 것만 미리 밝혀두는 바이다. 에필로그의 〈그림 2〉는 선도성모 집단의 표지 유물인 검은간토기와 옹관의 한반도 내 출토 지도인데 특히 옹관의 경우 평양과 황해도 지역을 시작점으로 그 이남에서 출토되고 있음을 알 수 있다.

다음으로는 '백잔신라百殘新羅'에 대해서도 조금 더 살펴보기로 하겠다. 본장의 앞에서 광개토대왕비문에 새겨진 '백잔신라'의 의미가 지금까지 여러 학자들이 주장해왔듯이 백제를 깔보는 명칭인 '백잔'과 '신라'의 두 나라를 의미하는 것이 아니라, 아달라왕 시절 박씨 왕조의 주력부대가 일본으로 건너가고 소수의 인원만 신라에 남은 것을 의미하는 것이라고 밝힌 바 있다. 그런데 곰곰이 생각해보니 이렇게 해서 책을 출판하면 틀림없이 진실을 눈앞에 설명해줘도 알아보지 못하는 청맹과니 같은 주류 사학자들로부터의 딴지가 있을 것이 분명할 것 같았다. 따라서 후속 연구서에서 다루고자 했던 필자의 주장에 대한 증거를 아예 본서에서 확실히 제시하여 논란의 여지를 없애는 것이 불필요한 논쟁을 피하고 본서의 신뢰성을 드높이는 길이 될 것이라고 판단했다. 그런 까닭에 이와 관련된 두 가지 역사기록을 필자의 주장을 입증할 증거로 여기서 추가로 제시한다.

첫 번째 증거는 광개토대왕비문에서 문제의 신묘년 기록에 이어서 나오는 다음과 같은 기록이다.

"殘不服義, 敢出百戰, 王威赫怒, 渡阿利水, 遣刺迫城, 橫 ■ 侵穴, 就便圍城, 而殘主困逼, 獻男女生口一千人, 細布千匹(?), 跪王自誓, 從今以後, 永爲奴客. 太王恩赦先迷之愆, 錄其後順之誠. 於是得五十八城村七百,將殘主弟并大臣十人, 旋師還都."[1]

위의 내용에서 지금까지 학자들이 번역해왔듯이 '잔殘'을 '백제'라

---

1. 출처 : 연민수·서영수 외, 『광개토왕비의 재조명』

고 해석하지 않고, 있는 그대로 해석하면 다음과 같다.

"(백)잔이 의에 복종하지 않고, 감히 여러 번 출전하여 싸웠다. (광개토대)
왕이 위엄을 드러내고 크게 노하여 아리수(한강)를 건너 정탐병을 파견하여
성을 압박하였다. 옆으로 ■하여 소굴에 침투하고, 손쉽게 성을 포위하였다.
이에 잔주殘主가 곤핍하여 남녀 포로 일천 명과 가는 베 천 필(?)을 헌상하고,
왕에게 무릎 꿇고 "지금부터 영원히 '노객奴客(신하)'이 되겠다"고 스스로 맹
세했다. 태왕이 그 전의 어지럽힌 허물을 은혜를 베풀어 용서해주고, 그 뒤에
순종한 성의를 (마음에) 새겼다. 이때에 58개의 성과 700개의 촌락을 획득했
으며, 또한 잔주殘主의 동생과 대신 10명을 데리고 군사를 되돌려 환도했다."

위 내용의 마지막 부분에는 잔주(백잔왕)의 동생과 대신 10명을 데
리고 환도했다고 기록되어 있다. 즉, 왕의 동생을 볼모로 데려갔다는
것이다. 그러면 이 내용과 관련하여 『삼국사기』의 기록을 살펴보도록
하자. 먼저 신라 내물왕 시절의 기록은 다음과 같다.

"37년(392) 봄 정월에 고구려에서 사신이 오니 왕은 고구려가 강성하므
로 이찬 대서지의 아들 실성實聖을 보내어 볼모로 잡혔다. … 46년(401)에
봄·여름이 가물었고, 가을 7월에 고구려에 볼모잡혔던 실성이 돌아왔다."

위의 기록을 보면 내물왕 시절에 이찬 대서지의 아들 실성을 볼모
로 보냈다가 9년 만에 되돌아왔는데, 실성은 내물왕 다음에 왕이 되는
사람으로서 친동생은 아니지만 왕의 사촌동생(종제從弟)였던 것이다.
따라서 광개토대왕비에 잔주殘主의 동생을 볼모로 잡아갔다는 기록과

일치한다.

　다음에는 혹시라도 백제에서도 왕의 동생이 광개토대왕 시절에 볼모로 잡혀간 사실이 있는 지를 확인해 볼 필요가 있다. 392년 무렵은 백제의 아신왕(재위 392~405) 시절이었는데, 고구려 등과 관련된 기록은 다음과 같다.

　　"4년(395) 가을 8월에 왕은 좌장 진무 등에게 명하여 고구려를 치게 하였으나 고구려 왕 담덕이 친히 군사 7000명을 거느리고 패수 위에서 막아 싸우니, 우리 군사가 대패하여 죽은 자가 8000명이었다. 겨울 11월에 왕은 패수의 싸움에 보복하려고 친히 군사 7000명을 거느리고 한수를 지나 청목령 아래 머물렀는데, 큰 눈을 만나 사졸들이 얼어 죽는 자가 많았으므로 회군하여 한산성에 이르러 군사를 위로하였다. 6년 여름 5월에 왕은 왜국과 우호를 맺고 태자 전지를 볼모로 잡혔다."

　이 무렵 백제의 기록에는 고구려군과 싸워서 패했다는 기록은 있지만 왕의 동생을 볼모로 보냈다는 기록은 없다. 혹시라도 왕의 동생을 볼모로 보낸 것이 부끄러워 역사 기록에서 누락시켰을 가능성은 없었을까? 없었다고 본다. 왜냐하면 고구려군과의 전쟁 바로 다음 기록에 태자 전지를 왜에 볼모로 보낸 기록이 있기 때문이다. 전지는 아신왕 사후에 백제의 왕이 되는 태자라는 주요 인물임에도 불구하고 볼모에 대한 기록을 남기고 있는데, 왕의 동생을 볼모로 잡힌 것이 뭐 그리 부끄러운 일이라고 기록에 누락시켰겠는가?

　그리고 고구려와의 전쟁에 대한 기록에서 395년 가을 8월에 광개토대왕에게 대패한 뒤에 11월에 보복하려고 다시 출전했으나 혹한으로 싸워보지도 못하고 회군하였다고 기록되어 있다. 만약 1차 전투에서 패하여 동생을 볼모로 보냈다면 신변의 안전 때문에라도 보복하기 위해 2차 출전을 감행하지 못했을 것이다. 이런 까닭에 광개토대왕비문에 적힌 '잔주殘主'란 백제왕을 가리키는 것이 아니라, 바로 신라 내물왕을 지칭하는 것이다.

두 번째 증거는 위에서 소개한 광개토대왕비문의 '노객奴客'이라는 표현과 관련된 것이다. 위의 기록에서는 잔주殘主(신라 내물왕)가 스스로 영원히 노객이 되기를 맹세했다고 기록되어 있다. 이와 관련하여 광개토대왕비문 기해년의 기록을 살펴보도록 하자.

> 九年己亥, 百殘違誓與倭和通, 王巡下平穰. 而新羅遣使白王云, 倭人滿其國境, 潰破城池, 以奴客爲民, 歸王請命. 太王恩慈, 矜其忠誠, ■遣使還告以■計.[2]
>
> 영락 9년 기해년(399)에 백잔이 맹세를 어기고 왜와 화통했다. 왕이 평양으로 순행하여 내려가자 신라가 사신을 파견하여 왕에게 다음과 같이 아뢰었다. "왜인이 국경에 가득하여 성지를 부수고 노객奴客을 백성으로 삼았기에 왕에게 돌아와 하명을 청하는 바입니다." 태왕이 은혜로이 그 충성심을 긍휼히 여겨 ■ 사신을 돌아가게 하여 ■한 계책을 고하게 했다.

399년의 기록에 또다시 백잔이란 명칭이 등장하는데, 백잔이 맹세를 어기고 왜와 서로 통했기 때문에 왕이 평양으로 가자 신라가 사신을 파견했다는 것이다. 만약 지금까지 학자들의 주장대로 백잔이 백제를 비하한 용어라면 왜 백제가 맹세를 어겨서 광개토대왕이 출전했

---

2. 출처 : 연민수·서영수 외, 『광개토왕비의 재조명』

는데, 난데없이 신라가 사신을 파견하여 이런저런 앓는 소리를 하면서 구차한 변명을 하겠는가? 누군가 이런 식으로 역사를 기록했다면 그는 사가史家로서의 자질이 없는 것이며 글 쓰는 연습부터 다시 해야 할 것이다. 그런데 비문을 작성한 사람 역시 그 시대의 대표적인 사관 혹은 이름 있는 문장가였을 것이기 때문에 이런 식의 문장을 작성했을 리가 없다. 따라서 백잔은 백제가 아니라 신라를 의미하는 것이어만 한다. 그리고 신라왕이 사신을 보내서 왜인이 노객(신라왕)을 백성으로 삼았다는 것은 앞에서 내물왕이 광개토대왕에게 영원히 '노객'이 될 것이라고 맹세를 했기 때문인 것이다.

이상의 내용이 '백잔신라'에 대한 필자의 주장이 단순히 소설이나 헛된 망상의 산물이 아니라 창의적인 상상과 정확한 분석의 결과임을 입증해주는 것이다.

제13장

불국사 다보탑과 지구라트

제3장에서 메소포타미아 문명의 대표적인 건축물이며, 계단식 피라미드 형태를 가진 지구라트에 대해서 소개한 적이 있다. 또한 12장에서 부처의 부계가 사카족이고 모계는 코리족으로서 사카족은 신라 김씨와 관계가 있고 코리족은 신라 박씨, 그리고 고구려와 관계가 있음을 살펴봤다. 아울러 난생신화를 가진 수로왕의 후손 김해 김씨와 허왕후의 후손 김해 허씨 역시 코리족과 관련된 아리안계 월지족의 후손임을 여기서 다시 한 번 밝혀둔다. 인도 최초의 통일 왕국인 마우리아왕조를 세워서 불교를 보호하고 포교한 이상적인 왕으로 많은 설화와 유적을 남긴 아소카왕 역시 코리족 출신인데, 지금부터는 아소카왕이 남긴 석주에 대해서 먼저 살펴본 후에 주변에서 흔히 볼 수 있는 탑의 의미가 무엇인지 알아보도록 하자. 왜냐하면 이 석주를 통하여 한반도에 흩어져 있는 여러 유적들의 근원에 대하여 중요한 단

서를 찾을 수 있기 때문이다.

아소카왕의 석주는 대략 15m가 넘는 높이로 그 위에는 동물상들이 올려져 있고, 석주 아랫부분에는 왕의 칙령이 명문銘文으로 남아 있다. 이 석주들은 불타의 일생과 관련된 성지들이나 인도와 네팔의 히말라야 분지를 연결하는 교통로 상에 세워졌다. 기원전 243년 네팔 부근의 로리야 난단가르에 세워진 사자 석주는 현재 완전한 형태로 남아 있는 드문 예이며, 람푸르바에서는 황소 기둥머리가 출토되었다.

또한 〈그림 13-1〉 사르나트의 녹야원에 서 있던 인도의 상징emblem인 사자 주두는 네 마리의 사자가 등을 대고 있는 모습인데, 이 주두들은 세 부분으로 구성되어 있다.

그림 13-1. 인도의 상징 사르나트 사자

첫 번째는 가장 아래 기단부분으로 불교의 가장 흔한 상징인 연꽃으로 구성되어 있다. 두 번째는 원통부분으로 네 마리의 동물이 네 개의 기본방향을 표현하면서 조각되어 있는데, 동쪽은 황소, 서쪽은 말, 남쪽은 코끼리, 그리고 북쪽은 사자이다. 그리고 그 동물들 사이에 24개의 바퀴살로 이루어진 바퀴가 각각 새겨져 있는데, 이 바퀴는 불교의 팔길상 무늬 중 하나인 다르마

(Dharma; 法)를 의미하며 〈그림 13-2〉 인도의 국기 문양으로 사용된다.

그림 13-2. 인도 국기

이러한 석주 형태는 고대 페르시아 아케메네스조 건축과 매우 유사하며, 아소카 시대는 아케메네스 왕조로부터 영향받고 있었다는 사실이 자주 지적되어 왔다. 예를 들면, 베다 시대에 쓰였던 나무, 상아, 금속 대신에 돌이 적극적으로 쓰이게 된 것은 바로 페르시아의 석조 기술이 인도로 유입되었음을 뜻한다. 돌에 칙령을 새기는 것도 영원히 지속시키고자 하는 서아시아적인 관습이며 기념비적인 석주를 세우는 것도 인도 고유의 전통이 아니라 고대 메소포타미아 문명에서 유래한 것이다. 그러므로 아소카왕의 석주는 아케메네스조의 영향을 잘 보여주고 있다.

여기에서 아소카왕의 석주에 새겨진 연꽃, 다르마를 나타내는 수레바퀴, 그리고 네 마리의 사자에 대해서 생각해보자. 우리는 앞에서 이미 이슈타르 여신의 신수가 사자라는 사실을 알았다. 그리고 연꽃은 이슈타르 여신의 꽃이고, 8개의 바퀴살로 이루어진 팔길상 무늬의 하나인 다르마 역시 제4장에서 설명한 이슈타르 여신을 상징하는 팔각형별과 관련이 있다.

앞에서 아소카왕의 석주 양식이 페르시아 아케메네스 왕조의 영향을 받은 것이라고 지적했지만, 결국 그 구성 내용은 이슈타르 여신 숭배와 관련이 있는 것이다. 그리고 이러한 이슈타르 여신을 상징하는 네 마리의 사자가 한반도의 유명 건축물에도 등장한다.

앞에서 신라시대 조장 풍습을 위해 사용되었던 천장대의 정체에

그림 13-3. 분황사 모전석탑

대해 연구를 시작하면서 처음에는 천장대 역할을 했던 것이 탑이 아닐까라는 생각을 했다가 곧 머리를 가로젓고 말았다는 이야기를 한 적이 있다. 그 뒤에 천장대의 역할을 한 것이 무엇인가는 어렵지 않게 파악했지만, 탑이 무엇을 형상화한 것인지에 대한 의문은 여전히 남아있었다. 연구를 진행하던 어느 날, 갑자기 어떤 생각이 머리에 떠올랐다. 그래서 그것을 확인하기 위해서 차를 몰고 찾아간 곳은 바로 분황사 모전석탑이었다. 〈그림 13-3〉의 사진과 명칭에서도 알 수 있듯이 분황사 모전석탑은 벽돌처럼 깎아 만든 돌로 쌓은 삼층석탑이며, 네 귀퉁이에는 네 마리의 돌사자가 앉아있다.

이슈타르 여신의 상징 동물인 사자, 벽돌로 쌓은 건축물, 3층 건축물…

혹시 메소포타미아 문명을 대표하는 어떤 건물이 떠오르지 않는가? 아직도 도대체 무슨 말을 하는지 영문을 모르겠다는 독자를 위해

그림 13-4. 다보탑

분황사 모전석탑을 찾은 이후에 또 다시 재차 확인을 위해 찾아간 건축물을 소개한다. 그것은 바로 불국사 경내에 있는 다보탑이다.

사진에서도 알 수 있듯이 불국사 경내의 다보탑에는 돌사자

한 마리가 앉아 있다. 원래는 사
방에 네 마리의 사자가 있었는
데, 지금은 한 마리만 남아 있다
고 하며 원래의 모습을 보고 싶
은 독자는 경주박물관을 찾으면
〈그림 13-5〉와 같이 네 마리 사
자가 지키고 있는 다보탑 모형
물을 볼 수 있다.

그림 13-5. 경주박물관 다보탑 모형

　　그리고 이 다보탑은 앞의 분황사 모전석탑의 단서들만으로는 탑
이 무엇을 형상화한 것인지 파악하지 못한 독자들에게 한 가지 추가
적인 단서를 제공한다. 그것은 바로 아주 특이하게도 이 다보탑에는
계단이 있다는 것이다. 그러면 분황사 모전석탑에서 파악된 '이슈타
르 여신의 상징 동물 사자, 벽돌로 쌓은 건축물, 3층 건축물'이라는 단

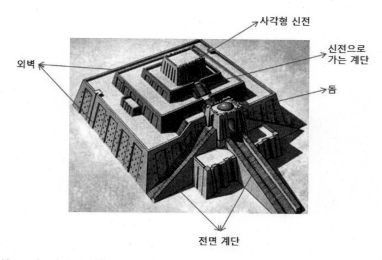

그림 13-6. 우르의 지구라트(출처 : 조르주 루, 메소포타미아의 역사 1)

서에다가 '계단이 있는 건축물'이라는 단서가 한 가지 더 추가되었다. 자, 그러면 이러한 탑이 형상화한 메소포타미아의 건축물은 무엇인가? 그렇다. 그것은 바로 지구라트였던 것인데, 〈그림 13-6〉은 지구라트의 구조를 보여주고 있다.

성서에 나오는 바벨탑의 원형으로 여겨지는 지구라트는 성탑聖塔, 혹은 단탑段塔이라고도 불린다. 원래는 〈그림 13-6〉과 같이 3층의 기단 꼭대기에 푸른 색 신전을 세운 형태의 건축물이었는데, 후대로 가면서 기단은 5층, 7층 등과 같이 그 층수가 높아졌다고 한다. 그리고 이 지구라트는 벽돌로 만들어졌으며, '단탑' 혹은 '계단이 있는 피라미드stepped pyramid'라는 명칭에서도 알 수 있듯이 '계단'이 특징적인 건축물이다. 메소포타미아 지역에는 각 도시에 수많은 지구라트가 존재했는데 각각의 지구라트는 그 도시가 숭배하는 신에게 제사지내기 위한 신전이었다. 그리고 우루크에 지어진 성전 에안나Eanna는 사자가 신수인 이슈타르 여신을 위한 성전이었다.

그리고 다보탑의 계단과 돌사자를 확인하기 위해서 불국사로 갔던 그날, 필자는 불국사의 구조 역시 지구라트를 본뜬 것임을 깨달았다.

그림 13-7. 불국사 청운교 백운교

즉, 〈그림 13-7〉의 청운교와 백운교는 지구라트의 계단에 해당했으며, 그 계단을 올라가면 지구라트의 돔에 해당하는 자하문을 거쳐 지구라트의 신전에 해당하는 대웅전에 이르게 되는 것이다. 이러한 구조는 대부분의 큰 사찰의 대웅전도 비슷하다.

원래 탑의 기원인 불탑의 의
미는 인도에서 부처의 진신사리
를 모시는 성스러운 무덤으로 이
해되었고, 탑파塔婆라는 용어 역
시 인도의 고대어인 범어, stūpa
와 thūpa에서 유래되었으나 중
국으로 건너와 한자로 소리나는
대로 적었다고 보는 것이 일반적
이었다. 그러나 이 책에서 불탑의

그림 13-8. 키루스 대제 무덤(출처 : David Stronach,
Excavations at Pasargadae : Second Preliminary
Report)

기원이 바로 메소포타미아 문명의 신전인 지구라트로 밝혀진 것인데,
이제껏 불탑이 부처의 진신사리를 모시는 성스러운 무덤으로 이해된
것 역시 필자의 연구와 일맥상통한다. 이러한 말이 무엇을 의미하는
지는 〈그림 13-8〉을 보면 쉽게 이해할 수 있을 것이다.

　〈그림 13-8〉은 페르시아 아케메네스 왕조의 첫 수도인 파사르가
데에 있는 키루스 대제의 무덤이다. 파사르가데는 다리우스1세가 수
도를 페르세폴리스로 옮기기 전까지 페르시아 제국의 수도였는데,
이곳에 아케메네스 왕조의 창건자인 키루스 대제의 무덤이 있는 것
이다. 성경에서 고레스왕이라고 불린 키루스 대제는 유대인들이 신바
빌로니아 왕조에 의해 바빌론으로 포로로 잡혀간 '바빌론 유수' 이후
에 신바빌로니아를 점령하고 유대인들이 귀향하는 것을 허용했다.

　〈그림 13-8〉은 예전의 사진이고 현재는 주위를 둘러싸고 있는 기
둥이 없는 상태이다. 그러나 1638년 이곳을 방문했던 독일인 Johan
Albrecht von Mandelslo에 의해 그려진 〈그림 13-9〉를 보면 당시
에도 무덤 주위에 기둥이 서있는 것을 확인할 수 있다. 앞에서 키루

그림 13-9. Mandelslo의 키루스 대제 무덤 그림

스 대제는 마사게타이족을 이끄는 토미리스 여왕에게 패해 전사했다고 소개한 바 있는데, 몇 층의 기단 위에 집 모양의 형태를 갖춘 키루스 대제의 무덤 역시 지구라트를 본뜬 것임을 쉽게 알 수 있다.

그리고 이것은 필자의 추측이었는데, 키루스 대제의 무덤이 지구라트를 본뜬 것이라는 필자의 추측을 확인시켜주는 기록도 있었다. 결국 메소포타미아의 신전이었던 지구라트를 모방하여 키루스 대제의 무덤을 만들었고, 부처의 진신사리를 모신 불탑 역시 이러한 지구라트를 모방하여 만든 것이었다. 그리고 키루스 대제의 무덤 주위로 둥근 기둥이 늘어서 있는데, 이러한 구조 역시 우리는 삼국시대의 몇몇 무덤에서 찾아볼 수 있다. 김기문의 『경주풍물지리지』에는 1972년 김유신 장군 묘역을 조성할 때의 사진이 실려 있다. 이 사진에서는 무덤 주위에 늘어서 있는 난간석을 볼 수 있는데, 지금은 난간석은 없어지고 12지신상이 새겨진 판석만 남아 있는 상태다.

또한 〈그림 13-10〉은 경주시 안강읍에 위치한 흥덕왕릉이다.

흥덕왕릉의 네 귀퉁이에는 사자 석상이 각각 서 있고

그림 13-10. 흥덕왕릉

12지신상이 새겨져 있는 36개의 판석과 난간석 41개가 무덤 주위를 빙둘러 장식하고 있다. 그리고 사자 석상, 판석, 그리고 난간석의 개수를 다 합치면 81개가 되는데, 81은 극양의 숫자인 9가 두 번 중첩된 숫자로 『도덕경』의 편수와 일치한다. 즉, 흥덕왕릉은 선도성모 집단들의 종교적 근원인 메소포타미아의 지구라트뿐만이 아니라 선도성모 집단들이 중국에서 새롭게 접한 종교인 도교의 핵심사상이 결합되어 만들어졌다는 것이다. 아무튼 이 무덤의 양식 역시 키루스 대제의 무덤 주위로 열석이 늘어 서 있는 것과 일치한다.

그리고 이들이 도교의 핵심사상을 처음 만나게 된 곳은 아마도 서역이 한나라와 흉노 간의 분쟁으로 시끄러울 때 전란을 피해 감숙성 지역으로 이동했을 때로 추측된다. 그리고 이곳에서 푸른 소를 타고 함곡관을 지나 서쪽으로 갔다는 전설이 있는 노자의 후손인 경주 이씨의 조상들과 만나게 된 것이다.

제14장

낭산 능지탑과 문무대왕
수중릉

기원전 480년, 페르시아와 그리스의 전쟁을 배경으로 그리스의 도시국가 스파르타가 페르시아 군대에 맞서 싸우는 역사적 사실을 주요 모티브로 한 영화 〈300〉이 2006년에 상영된 적이 있다. 이 영화에서 페르시아 왕인 크세르크세스 왕은 "나는 관대하다"라는 대사로 유명한데, 크세르크세스 왕은 앞에서 살펴본 키루스 대제의 후예로 페르시아 아케메네스 왕조는 키루스 대제 → 캄비세스 2세 → 다리우스 왕 → 크세르크세스 왕의 순으로 이어진다.

『곰브리치 세계사』를 저술한 곰브리치에 의하면 크세르크세스 왕은 영화 속의 대사처럼 실제로 관대하지는 않았으며, 오히려 혹독하고 지배욕이 강해 그 어떤 거역이나 실수도 용납하지 않았다고 한다. 반면에 성경에서 고레스왕이라고 불린 키루스 대제의 경우는 실제로도 관대한 왕이었다. 즉, 유대인들이 신바빌로니아 왕조에 의해 바빌론으로 포로로 잡혀간 '바빌론 유수' 이후에 신바빌로니아를 점령하고 유대인들이 귀향하는 것을 허용한 것이다.

필자는 원고 작성에 필요한 자료를 찾기 위해 인터넷 서핑을 하다가 영화 〈300〉에 대하여 비판을 한 고대 이란사 전공 학자의 글을 발견하게 되었다. 이 이란 학자는 영화 〈300〉에서 유럽형의 아리안 종족임에도 불구하고 흑인의 모습을 하고 악당으로 묘사되고 있는 고대 페르시아 아케메네스 왕조의 크세르크세스 왕에 대하여 정확하게 알 수 있는 정보를 제공하고 있었다. 관심 있는 독자들은 다음 사이트[1]에서 그의 글을 읽을 수 있으며, 원문에 대한 한글 번역은 다음 사이트[2]에 있으니 관심 있는 독자는 일독해보기를 권한다.

제13장에서 우리는 키루스 대제의 무덤이 지구라트를 모방하여 만들어진 것이며, 불탑 역시 지구라트를 형상화한 것이라는 새로운 사실을 알아냈다. 지금부터는 역시 키루스 대제의 무덤과 관련이 있는 한반도 내 유적지를 찾아보도록 하자.

키루스 대제의 무덤과 관련하여 먼저 살펴볼 것은 〈그림 14-1〉 경주 낭산의 능지탑인데, 능지탑 주변에서 문무왕릉비의 일부가 발견되고 사천왕사, 선덕여왕릉, 신문왕릉 등이 이웃한 것에 근거하여 기존의 학자들은 이 유적을 문무왕의 화장터로 추정하고 있다. 이 유적은 십이지신상이 새겨진 기단 위에 연화문을 두르고 위에 흙을 덧쌓은

---

1. http://www.ghandchi.com/iranscope/Anthology/KavehFarrokh/300/index.htm
2. http://blog.daum.net/danishmend/10187811

뒤, 석재를 모아 탑신을 쌓고 그 위에 다시 연화문을 두른 특이한 모습을 하고 있는데, 정확한 원형을 알지 못해서 탑을 새로 맞춰 세우다가 남은 연화문 석재를 능지탑 뒤편 구석에 가지런히 쌓아 놓고 있다.

그림 14-1. 낭산 능지탑

과연 이제까지 문무왕의 화장터라고 알려져 왔던 이 유적의 정체는 무엇일까? 문무대왕릉은 알다시피 경주시 감포 앞바다에 위치한 〈그림 14-2〉와 같은 대왕암이라고 그동안 알려져 왔지만, 학계에서는 대왕암 중앙의 큰 바위 안치 방법과 유골의 수장 여부에 대하여 많은 의문이 제기되어 왔다.

그리고 이러한 의문은 2001년 3월 KBS의 역사 다큐멘터리 〈역사스페셜〉을 제작하는 과정에서 밝혀지게 되었다. 〈역사스페셜〉 제작팀은 초음파 탐지기 등을 이용하여 바위의 조직과 바위의 내부 및 수면 아래를 조사하였는데, 그 결과 대왕암의 내부 또는 아래 부분에는 유골이나 부장품이 존재하지 않음을 확인하게 되었다. 결국 동해의 대왕암이 문무대왕릉일 가능성은 희박하다는 것이다.

그러면 진짜 문무대왕릉은 과연 어디에 있는 것일까? 필자는 이 질문에 대한 답이 바로 능지탑이라고 추정한다. 이렇게 추정하는 근거는 다음과 같다.

그림 14-2. 감포 대왕암

첫 번째 근거는 능지탑이라고 알려진 이 유적에 십이지신상이 새겨져 있다는 것이다. 필자가 십이지신상이 새겨진 유적지들을 조사해본 결과 탑에도 십이지신상이 새겨져 있는 경우도 없지는 않았지만 십이지신상이 조각되어 있는 대부분의 유적은 무덤이었다.

두 번째 근거는 원형을 알지 못해서 복구를 하다만 능지탑의 모습에서 키루스 대제의 무덤을 떠올렸기 때문이다. 키루스 대제의 무덤 양식과 비슷한 무덤이 삼국시대에 만들어진 것이 바로 뒤에 소개할 고구려의 장군총·배총과 서울 석촌동에 위치한 적석총이다. 따라서 같은 양식의 무덤이 고구려·백제와 같은 종족 출신인 신라 지역에도 있을 수 있다는 것이 필자의 생각이었다.

세 번째 근거는 능지탑 주위에서 문무왕릉비의 일부가 발견되었다는 사실이었다. 필자의 짧은 견문으로 이제껏 무덤과 비석이 서로 몇 십km나 떨어져서 존재하는 경우는 없는 것으로 알고 있다. 따라서 능지탑 주위에서 문무왕릉비가 발견되었다는 사실 자체가 키루스 대왕 무덤을 닮은 이 능지탑이 사실은 화장터가 아니라 문무왕릉 자체일 가능성을 높여 주는 것이었다.

또한 어느 순간부터 지구라트와 관련되었다고 추정되는 삼국시대의 유적지를 탐방할 때마다 휴대폰에 나침반 앱을 다운받아서 그 유적지의 방위를 측정했었다. 왜냐하면 지구라트는 특정한 방위에 맞춰서 건축되었다고 하는데, 그동안 탐사한 지구라트 관련 신라시대의 유적의 대부분도 모두 동일한 방위에 설치되어 있었기 때문이었다. 즉, 대부분의 유적지나 건축물의 입구에서 측정한 방위는 정확하게 남북 방향이었다. 물론 보다 엄밀하게는 정북 방향에서 좌우로 3~4도 정도의 차이가 발생했지만, 그 정도는 큰 문제가 되지 않을 것으로 판단된다.

이처럼 약간의 오차가 발생하
는 이유는 당시의 측정기술의 문
제 때문일 수도 있고, 아니면 당
시 그들이 북쪽 방향의 기준으로
삼았을 북극성의 위치가 매년 조
금씩 변화하는 지구 세차운동의
결과일 수도 있겠다. 아무튼 이처

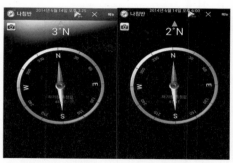

그림 14-3. 흥덕왕릉 입구 정면(좌)과 진덕여왕릉 입
구 정면(우) 방위

럼 정확한 방위로 세워진 유적지는 앞에서 소개한 분황사 모전석탑,
불국사의 청운교·백운교와 대웅전, 괘릉, 흥덕왕릉, 진덕여왕릉, 김
유신 장군묘, 능지탑 등이다. 만약 이 능지탑이 단순히 화장터에 불과
했다면 이처럼 정확한 방위까지 고려하면서 만들지는 않았을 것이다.
따라서 이러한 사실 역시도 이 능지탑이 단순한 유적이 아니라 사실
은 문무왕릉일 가능성을 높여주는 것이었다.

이와 관련하여 김유신 장군묘의 경우는 들어가는 정면 제단의 주
춧돌과 나란히 해서 방위를 측정해보면 〈그림 14-4〉의 왼쪽과 같이
정북에서 다소 많이 어긋난다. 반
면에 묘의 정면 좌측에 약간 틀어
져서 위치한 비석의 기단 방향으
로 방위를 측정하면 〈그림 14-4〉
의 오른쪽과 같이 오히려 정북에
가깝게 나타난다.

그리고 완전한 정북 방향은
〈그림 14-5〉와 같이 묘를 둘러싸

그림 14-4. 김유신 장군 묘역 제단 방향(좌)과 비석
방향(우)

그림 14-5. 김유신 장군 묘 정북 방향

고 있는 십이지신상 중 묘 전면의 뱀과 말 사이의 판석과 묘 후면의 쥐를 연결하는 방향이다. 이런 현상이 나타나는 것은 1970년대에 김유신 장군 묘역의 복원정비 작업을 할 때, 묘역 진입 방향을 원래의 방향으로부터 조금 오른쪽으로 변경하여 만들었기 때문이 아닐까 추측하지만 그 사실 여부는 알 수 없다. 신라 왕릉을 둘러싸고 있는 십이지신상의 방위는 흥덕왕릉의 경우도 마찬가지로 묘 정면의 정남 방향은 김유신 장군묘와 마찬가지로 묘 전면의 뱀과 말 사이의 판석을 가리키며, 정북 방향은 묘 후면의 쥐를 가리킨다.

이 사실로 한 가지 알 수 있는 것이 있는데, 그것은 당시 사람들이 남북 방향 중에서 남쪽이 아니라 북쪽을 기준으로 삼았다는 것이다. 이 판단에 대한 근거는 정북 방향을 쥐에 맞추고 정남 방향은 말이 아니라 뱀과 말 사이의 판석에 맞춰져 있기 때문이다. 만약 묘를 둘러싸고 있는 것이 십이지신상뿐이라면 정남 방향도 말에 맞춰져야 할 것이다. 그러나 둥근 묘의 둘레를 십이지신상뿐만 아니라 각각의 십이지신상 사이에 아무런 그림이 그려져 있지 않는 판석도 같이 둘러싸고 있기 때문에, 어쩔 수 없이 말이 아니라 뱀과 말 사이의 판석이 정남 방향에 위치하게 되는 것이다. 이와는 달리 능지탑의 경우는 둥근 형태가 아니라 사각형 형태이기 때문에 사면에 각각 세 개의 십이지신상이 새겨져 있는데, 정북 방향에는 쥐, 그리고 정남 방향에는 말이 새겨져 있는 것을 볼 수 있다(실제로는 능지탑에 새겨져 있는 십이지신상 중 3개가 분실되어서 9개만 새겨져 있다).

이처럼 신라시대의 무덤이나 주요 건축물들이 남북 방향으로 자리 잡고 있는 것은 파지리크 지역의 무덤이 남북 방향으로 위치하고 있는 것과 또한

그림 14-6. 알타이 지역 남북 방향 무덤(출처 : The Frozen Tombs of the Altai Mountains Phase 1 2005–2006)

월지족과 같이 생활을 했던 몽골족이 남쪽을 전면으로 생각했다는 것과 관련이 있을 것이다. 즉, UNESCO의 지원을 받은 한 연구에 의하면, 알타이 지역의 기원전 9세기에서 기원전 4세기 사이의 스키타이계 무덤은 〈그림 14-6〉과 같이 남북 방향으로 위치하고 있다. 그리고 무덤의 동쪽에는 돌기둥이, 서쪽에는 원형으로 둘러싼 돌 또는 돌 제단이 있는 경우도 있었다.

또한 『한서 외국전』「흉노전」에는 "흉노는 동쪽을 앞쪽으로 삼고 이를 신성하게 여겼다. 이런 관습은 이후 돌궐 등의 그것과 비슷하나 남쪽을 앞으로 생각하는 몽골과는 다르다는 점에서 종족 간의 풍습 차이를 알 수 있다"고 기록되어 있다.

이처럼 월지족의 무덤이 남북 방향으로 배치되어 있는 것과, 같은 스텝 지역에 살던 흉노족은 동쪽을 앞쪽으로 삼는 반면 월지족과 같이 생활을 했던 몽골족은 남쪽을 앞으로 생각했다는 것과 신라시대의 주요 건축물들이 남북으로 위치하여 남쪽이 들어가는 입구인 앞쪽이라는 점은 우연의 일치가 아닐 것이다.

이상과 같은 키루스 대제의 무덤 양식은 신라 지역에서만 나타나는 것이 아니라 고구려 지역 장군총과 한성백제 시대의 유적이라고

그림 14-7. 석촌동 적석총

그림 14-8. 석촌동 제2호 움무덤 안내 표지

알려진 석촌동 적석묘에서도 나타난다. 이형구 교수가 복원한 장군총 그림을 보면, 키루스 대제의 무덤과 마찬가지로 여러 층의 돌로 된 기단 위에 사당 형태의 건물이 있으며, 무덤을 둘러싼 열석 대신에 큰 돌이 무덤 주위를 둘러싸고 비스듬히 기대어 놓여 있다. 그리고 〈그림 14-7〉은 석촌동 적석총으로 3단 구조로서 경주의 능지탑과 흡사한 모습을 보여주고 있음을 알 수 있다.

필자는 서울에 석촌동 적석총 사진을 찍으러 갔다가 의외의 수확을 거두게 되었는데, 역시 역사의 사건 현장을 직접 둘러보면 뭔가 새롭게 건지는 단서가 생기는 법이었다. 〈그림 14-8〉은 제2호 움무덤의 안내 표지인데, 그곳에는 다음과 같이 기록되어 있었다.

"이 움무덤은 원래 이곳에서 북쪽으로 10여m 떨어진 곳에서 조사된 것을 이곳으로 옮겨 재현한 것이다. 땅을 파서 움을 만들고 그 안에 널을 넣어 묻은 움무덤은 인류 역사상 가장 보편적인 무덤이다. 이 곳 고분군에도 돌무지무덤보다 먼저 만들어진 것으로 보이는 다양한 집단 움무덤과 대형 움무덤 등이 있다.

이 움무덤은 동남동-서북서 방향으로 긴 직사각형이다. 아무런 시설을 하지 않은 무덤 안 동쪽 바닥에 회백색의 짧은목 단지 1개가 놓여 있었으며, 움 안에서는 지름 1.6cm 크기의 민고리 금귀고리 1개가 출토되었다."

여기서도 우리는 또다시 '동남동–서북서'라는 방향을 찾을 수 있는데, 이것은 청도 범곡리 고인돌군에서 본 것과 마찬가지로 한반도에서의 동지 무렵 일출방향으로 첨성대를 비롯하여 신라 조영물의 상당수가 이 방향을 향하고 있다고 앞에서 밝힌 바 있다.

그리고 〈그림 14-9〉는 석촌동 3호분으로 3단으로 이루어진 대형 사각형 적석총인데, 안내 표지에는 무덤이 훼손된 뒤에 발굴 조사를 했기 때문에 비록 무덤 주위에서 도자기 조각, 금장식 조각, 토기 조각 등을 발견했으나 시체가 묻힌 곳을 찾지 못했다고 기록되어 있었다. 시체의 흔적이 남아 있지 않은 거대한 이 3단 적석총은 과연 대형 무덤이었을까? 혹시 다른 용도로 사용되지는 않았을까?

필자는 석촌동 3호분의 안내 표지와 형태를 보고 혹시 이것이 세 개의 동심원으로 이루어진 '침묵의 탑'의 한반도식 변형이 아닐까라는 생각을 했었다. 그리고 이 유적이 꼭 한성백제 시절의 유적이 아니라 선도성모 집단이 한반도에서 이동 중 서울에 머물렀을 때 세운 것일 수도 있다고 추측한다. 물론 3호분 주변에서 동진 시대의 도자기 조각 등이 발견되었다고 하지만, 그것은 적석총 내부에서 발견된 것이 아니라 주변에서 발견

그림 14-9. 석촌동 3호분

그림 14-10. 몽촌토성 움집터

된 것이기 때문에 그것이 꼭 적석총 건축 당시의 유물이라고 연결 지을 수는 없을 것이다.

적석총 3호분이 선도성모 집단이 한반도에서 이동하던 당시의 유적이라고 추측하는 근거는 첫째, 이 부근의 풍납토성과 몽촌토성에서 〈그림 14-10〉과 같이 선도성모 집단의 주거형태인 움집터가 발견된 바 있다는 것이다.

두 번째 근거는 풍납토성의 연대 측정 결과가 그 중심 연대는 기원전 199±50년이며 토성 밑바닥에서 나온 자료는 기원전 109년±50년으로 나왔고, 또한 주거지 자료의 경우 그 중심 연대가 199±50년, 기원전 184±50년, 기원전 60±60년, 기원전 14±60년 등으로 나왔다는 것이다.

이종욱 교수는 이러한 풍납토성의 탄소연대 측정 결과를 가지고 백제 역사와 결부시키면서 백제의 역사가 기록보다 훨씬 앞으로 당겨질 수 있다고 해석한다. 하지만 필자는 풍납토성 역시 선도성모 집단이 대동강에서 한강 유역으로 이동한 시점의 흔적으로 파악하고 있으며, 중심연대가 현재와 가까워지는 주거지 자료의 경우는 후대의 백제와 관련이 있을 수도 있다고 본다.

그러면 혹자는 필자가 앞에서 탄소연대 측정 결과를 신뢰하지 않는다고 했으면서, 왜 풍납토성의 측정 결과는 신뢰하느냐고 반문할 수도 있다. 그것은 뒤에서 자세히 밝히겠지만, 탄소연대측정의 결과가 틀리는 경우는 대부분 그 지역이 석회암 지대인데, 풍납토성의 경우 자료를 찾아봤지만 이 일대가 석회암 지대라는 증거를 발견하지 못했기 때문이다. 혹시라도 누군가 이 지역의 토양이 석회암 지대라는 것을 밝힌다면 필자의 추측은 틀릴 가능성이 높으므로 취소하도록 하겠다.

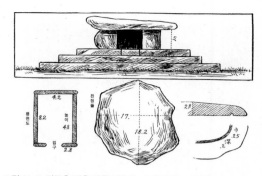

그림 14-11. 장군총 배총 약측도(출처 : 도리이 류조, 1909)

다음으로 고구려 집안 지역 장군총 주변에 있는 딸린 무덤(陪冢) 역시 석촌동 적석총과 비슷한 형태인데, 이 배총에는 사당 대신 탁자식 고인돌이 얹혀 있다.

집안의 고구려 유적을 가장 먼저 학술적으로 조사한 사람은 도쿄대학에서 인류학을 전공하던 도리이 류조鳥居龍藏인데, 그는 25세이던 1895년부터 몇 차례에 걸쳐 집안 지역을 조사하였다.

집안 지역의 고구려 유적을 학술적으로 처음으로 조사한 도리이 류조의 이름을 보고 처음 필자의 머릿속에 떠오른 생각이 있었다. 그것은 다름 아닌 '도리이鳥居'라는 그의 성에 관한 것이었는데, 일본의 '도리이'라는 성이 조상의 직업과 관련이 있을 것으로 추측되며, 그 직업은 아마도 신사를 지키는 신관이었을 것이다.

이렇게 추측하는 이유는 일본의 고대 신사인 이즈모 대사를 그린 〈그림 14-12〉를 보면 바빌론성과 같이 해자로 둘러싸인 독특한 구조를 가지고 있는데, 이 신사를 들어가는 입구에 서 있는 기둥 문의 이름이 바로 '도리이'이기 때문이다. 그리고 '새가 거주한다'

그림 14-12. 일본 이즈모 대사 전도(출처 : 일본국립 공문서관 소장)

그림 14-13. 인도 바라물라 시 부니아르 사원(출처 : Ram Chandra Kak, Ancient Monuments of Kashmir)

는 의미를 가진 도리이는 한반도의 소도에 설치된 솟대와 같은 용도일 것이며, 삼한시대에 천신에게 제사지내던 장소인 소도는 당시 한반도에 건너온 선도성모 집단이 하늘에 제사를 지낸 장소인 것이다. 일본 큐슈 요시노가리 공원에는 야요이 시대 유적지가 있

는데 그 입구에 도리이가 서 있다. 그리고 도리이 위에는 어떤 연유에서인지는 모르겠지만 세 마리의 새 조각이 설치되어 있다. 혹시 도리이에 얽힌 서왕모(선도성모)의 삼청조와 관련된 신화나 전설이 전승되어 내려왔던 것이 아닐까 조심스레 추측해본다. 또한 이즈모 대사 역시 입구인 도리이로부터 신전까지 남북 방향으로 배치되어 있는 것 역시 신라의 주요 왕릉이 남북 방향으로 배치되어 있는 것과 일치한다.

그리고 키루스 대제의 무덤에 나타나는 중앙의 제단 또는 무덤을 돌기둥이 둘러싸는 양식은 인도의 석굴 사원인 차이티야 굴 양식과 일치한다. 이 양식은 기원전 2~기원전 1세기에 시작되어 기원 1세기에 성행한 것으로 동굴 안을 원형 또는 사각형으로 파내어 중앙에 탑을 안치하고 좌우에 열주를 배치했다.

그리고 〈그림 14-13〉은 인도 잠무카슈미르 주 바라물라 시에 위치한 부니아르 사원인데, 키루스 대제의 무덤과 모양이 거의 흡사한 것을 알 수 있다. 바라물라 시는 주도인 스리나가르로부터 60km 지점의 카슈미르 계곡에 있으며, 젤룸 강 연안에서 가장 높은 지대인 해발 1,593m에 자리 잡고 있다. 동쪽으로는 카슈미르 계곡이 펼쳐지고 서쪽으로는 높은 산악으로 둘러싸여 경관이 아름다운 것으로 유명한데, 매우 오래된 힌두교 사원과 이슬람 사원이 공존한다.

13장에서 우리는 아소카왕의 석주에 나타난 여러 가지 조각들을 단서로 아소카왕의 석주가 아케메네스 왕조의 이슈타르 여신 숭배와 관련이 있음을 알았다. 또한 이와 관련된 일련의 유적들로 인해 지구라트 신전을 본뜬 기원전 6세기 페르시아 아케메네스 왕조 키루스 대제의 무

그림 14-14. 하르완 기와
(출처 : Ram Chandra Kak, Ancient Monuments of Kashmir)

덤 양식이 기원전 2세기 인도의 차이티야 굴과 바라물라 시 부니아르 사원에 전승되어 나타나고, 마찬가지로 기원 전후 한반도의 고구려와 신라 시대 무덤과 각종 건축물에 전승되어 나타나는 것을 알 수 있었다. 이것과 관련된 유적들을 한 가지 더 살펴보도록 하자.

〈그림 14-14〉는 카슈미르 하르완 지역에서 발견된 기와인데, 하르완은 대월지가 세운 쿠샨 시대의 불교 사원지가 발견된 곳이다. 이 기와에서 익숙한 무늬를 발견할 수 있는데, 그것은 앞에서 소개했던 플뢰르-드-리스와 연꽃무늬 로제트, 그리고 수탉이다. 필자는 이미 수탉이 조로아스터교에서 중요한 의미를 가진 동물이기 때문에 조로아스터교를 믿었던 선도성모 집단이 한반도에 나라를 세운 뒤 그 이름을 '계림'이라고 부른 것으로 추정한 바 있다. 또한 한반도 전역에서 발견되는 검은간토기가 파지리크 고분에서도 발견되었으며 이 토기에도 수탉의 그림이 그려져 있다는 것을 확인한 바 있는데, 같은 그림이 대월지가 남긴 카슈미르 하르완 지역에서도 발견됨으로써 이 모든 것이 월지라는 하나의 단일한 고리에 의하여 연결됨을 알 수 있다.

제15장

서왕모로 숭배 받은
선도성모

앞에서 우리는 신선술을 익히고 중국에서 건너왔다는 박혁거세의 어머니 선도성모가 당시 중국에서 성행한 서왕모 신앙과 관계가 있음을 살펴봤다. 그리고 『삼국사기』의 저자 김부식이 문한의 임무를 띠고 중국에 갔을 때, 송나라 관반학사 왕보가 사당의 여신상을 보고 '귀국의 신'이라고 칭한 것을 보면, 선도성모가 당시 중국에서도 여신으로 숭배를 받을 정도로 아주 높은 신분의 종교적 인물임을 짐작할 수 있다. 그러면 과연 선도성모는 당시 한나라에서 어떤 신분이었는지 알아보도록 하자.

일반적으로 서왕모 신화를 중국의 신화로 알고 있지만, 사실은 그렇지 않다. 장건이 한 무제에게 서왕모가 있다고 보고한 조지는 중국의 검색포털인 바이두에는 고대 서아시아에 위치했던 고대 국가 이름으로 지금의 이라크 영토의 티그리스 강과 유프라테스 강 사이에 위치한 곳이라고 설명하고 있다. 또한 『위서』「서역전」에는 페르시아가 옛날의 조지국이라고 기록되어 있다. 그리고 장건의 이러한 보고 내용은 지금까지 일반적으로 알려져 있던 것처럼 서왕모 신화의 근원이 사실은 중국이 아니라 바로 메소포타미아 지역임을 밝혀주고 있는 것이다.

아무튼 이런 까닭에 중국 각지에서 발견되는 서왕모 화상석 그림에는 날개달린 서왕모와 날개달린 사람鳥人의 모습이 자주 등장하는데, 이것은 메소포타미아 유적의 신화 그림에서도 자주 등장하는 모티프이다. 이와 관련하여 정수일은 가상현 만동향 송산 출토 서왕모 도상에 나타난 날개달린 사람 상에 대해 단정하기는 어렵지만 이들이 고대 아시리아나 페르시아 조형미술에서 비롯된 것일 가능성을 제기한 바 있다. 결국 서왕모 신화의 근원은 메소포타미아 지역이며, 이것이 고대에 중국과 메소포타미아 지역 간의 인적 교류에 의해 중국에 전파된 것으로 판단된다.

마찬가지로 유강하에 의하면 서왕모 등 뒤쪽의 날개 모티프 역시 당시 한나라의 수도 장안이 위치했던 섬서 지역에서 가장 먼저 나타나서 산서와 산동 지역으로 이동해갔다고 하는데, 서왕모의 날개 모티프는 초기 도상에서 찾아볼 수 없는 것으로 섬서 지역에서 가장 많이 나타났다. 특히 서왕모의 날개는 한나라 사람들에게 인식되던 날개와는 다른 모습을 가지고 있다고 보이는데, 실제로 불꽃처럼 등 뒤로 솟아오른 뾰족한 날개는 〈그림 15-1〉과 같이 서역과 페르시아, 바빌론의 영향으로 형성된 모티프라는 설이 제기되어 왔다고 한다.

그리고 중국의 신화에서 초기에는 신적인 모습을 보여주지 못하고 반인반수의 모습을 하고 있던 서왕모가 시간이 지남에 따라 점점 변모하게

그림 15-1. 괴물과 싸우는 바빌로니아의 주신 마르두크(출처 : History of Igypt, Chaldea, Syria, Babylonia and Assyria. vol. 3.)

되는데, 그것은 바로 서왕모가 불사약을 가지고 있다는 신화가 덧붙여짐에 따라서였다. 신들의 거주지인 곤륜산에서 사는데다가 불사약까지 가지게 됨으로써 서왕모는 태양신 복희와 달의 신 여와까지 좌우 보좌로 거느리는 최고의 여신으로 거듭나게 된다. 뿐만 아니라 서왕모의 모습도 과거의 기괴한 모습에서 완전히 벗어나 절세의 미모를 지닌 여신으로 변모하며, 그녀를 위해 먹이를 잡아주던 삼청조도 두 명의 예쁜 시녀로 변신하게 된다.

앞에서 소개한 서왕모 신화의 변천 과정을 살펴보면 한 무제 초기까지는 지역 명칭으로 나오거나, 반인반수의 원시적인 여신 형태로 나타난다. 이렇듯 반인반수의 원시적인 여신으로 인식되던 서왕모가 시간의 경과에 따라 어느 순간 사람들의 일상으로 들어오게 된다. 즉, 전한 말의 작품인 『역림』에는 서왕모에 대한 기록이 무려 24조나 되며, 서왕모와 함께 짝을 이루어 표현되던 곤륜산이 드물게 언급되는 대신 서왕모는 '사당'에 있으면서 사람들의 기도를 잘 들어주는 존재로 표현되고 있다. 또한 대중적인 서왕모 제사와 서왕모에게 점을 쳐서 길흉을 묻고 복을 빌었다는 기록은 서왕모가 종교적 형태로 존재했으며 다분히 주술적 기능을 포함하고 있다는 것을 말해준다.

이러한 서왕모 신화의 변천 기록들을 보다가 필자는 문득 이와 같은 중국에서의 서왕모 신화 변천사가 혹시 서역 지역에 있다가 중국 내륙으로 이동한 선도성모 집단의 이주시기와 직접적인 관계가 있지 않을까하는 생각이 들었다. 그래서 서왕모 신화 변천사와 선도성모 집단의 이주시기를 나란히 놓고 시간의 흐름에 따른 상호간의 관계를 분석하기 시작했다. 그리고 그 결과, 필자의 생각대로 선도성모 집단이 서역 지역에서 중국 내륙으로 들어오기 전에는 서왕모가 단순히 지명이나 반인반수의 신화적 인물로 존재하다가, 선도성모 집단이 서역 지역에서 중국 내륙으로 들어와 현지 사람들과 접촉하고 난 이후에는 선도성모 본인이 신앙의 대상인 서왕모로 숭배 받았음을 알 수 있었다.

즉, 선도성모 집단이 서역에서 중국에 들어오기 전인 한나라 초기에 저작된 책인 『이아』·『회남자』·『산해경』에서는 서왕모가 지명이나 반인반수의 형상으로 표현되다가, 선도성모 집단이 서역에서 중국 서안으로 들어온 후 시기[1]에 저작된 『역림』에서는 서왕모가 '사당에 있으면서 사람들의 기도를 잘 들어주는 존재'로 표현되어 종교적으로 숭배 받는 존재로 등장하게 된 것이다. 『역림』은 초연수가 지었는데, 그의 생몰연대는 미상이

---

1. 원래 파지리크 고분 지역에서 거주하던 선도성모 집단은 기원전 200년경 묵돌이 이끄는 흉노가 위세를 떨침에 따라 투루판과 타림분지로 밀려났다가 흉노와 한나라의 충돌 시기인 기원전 120년 경 또다시 한 무제의 이주정책에 의해 서안으로 이동한 것으로 추측된다.

지만 한 소제(생몰 기원전 94~기원전 74)때 양왕에게 총애를 받았다고 기록되어 있다. 따라서 사람들의 일상으로 들어온 서왕모에 대해서 초연수가 기록한 시점은 선도성모가 중국에서 한반도로 건너올 시점인 기원전 100년 전후와 부합된다.

그런데 여기서 짚고 넘어가야 할 것은 당시 중국에서 서왕모로 숭배 받았던 사람과 박혁거세의 어머니인 선도성모는 별개의 인물이라는 것이다. 즉, 기원전 120년경에 중국에서 서왕모로 숭배 받았던 인물이 기원전 70년경에 경주 지역에서 박혁거세를 출산하기는 물리적으로 불가능하다. 따라서 경주의 선도성모는 중국에서 서왕모로 숭배 받던 인물의 자리를 물려받은 월지족의 여제사장 후계자일 것이다. 그러나 이 책에서는 편의상 서왕모와 선도성모를 동일(지위에 있는)인물로 생각하고 논지를 전개하며, 이후로도 서왕모와 선도성모를 그때그때의 상황에 따라 혼용해서 사용하도록 하겠다.

선도성모가 중국에서 서왕모로 숭배 받던 인물이라는 추론을 뒷받침하는 사실로, 유강하의 연구에 의하면 서역에서 가까운 한나라의 수도 장안(서안)이 있던 섬서성 지역의 화상석에서 가장 먼저 서왕모의 배우자인 동왕공이 출현하고 있다고 한다. 즉, 동왕공은 섬서 지역에서 가장 먼저 등장하고 그 후 산서와 산동 지역이 거의 비슷하게 나타나서 섬서성 지역에서 산서와 산동 지역으로 영향을 미친 것으로 유강하는 파악하고 있다. 이처럼 서왕모 화상석에 동왕공이 섬서 지역에서부터 나타나게 된 이유에 대해 중국인들이 처음에는 서왕모를 단순히 신화로만 생각했기 때문에 서왕모 화상석에 동왕공이 없다가, 배우자가 있는 현실세계의 서왕모가 서역에서 장안으로 들어온 것을 본 뒤부터 동왕공을 등장시키게 된 것으로 추측한다.

그리고 기원전 110년경에 서왕모가 한반도로 건너간 이후에는 애제(생몰 기원전 26~기원전 1) 시기에 산동성을 중심으로 서왕모가 사는 곳으로 알려진 곤륜산으로 떠나가는 유민행렬이 대대적으로 일어나게 된다. 유강하는 이러한 유민행렬이 실제의 서왕모가 아닌 신화 상의 서왕모를 찾아가는 것으로 파악했지만, 필자는 이것이 서역에서 중국 내륙으로 건너왔다가 다시 한반도로 이주한 선도성모(당시 서왕모로 숭배 받았던)를 찾아나서는 유민행렬로 파악하고 있다. 당시 선도성모가 한반도로 떠난 것을 알지 못했던 산동 지방 사람들은 그녀가 곤륜산으로 되돌아간 것으로 생각하고 곤륜산으로 찾아간 것으로 추측할 수 있다.

자, 그러면 지금부터는 선도성모가 당시 중국에서 서왕모로 숭배를 받을 수 있었던 이유에 대해서 생각해보자. 단순히 그들이 서왕모 신화의 근거지인 서역으로부터 왔다는 이유만으로 그토록 열렬한 숭배를 받을 수는 없었을 것이다. 서왕모가 당시의 중국인으로부터 그렇게 숭배를 받을 수 있었던 이유는 장생불사와 관련된 서왕모 신화뿐만이 아니라 선도성모 집단이 원래 믿었던 조로아스터교의 신비적인 종교의식, 그리고 페르시아 지역에서부터 이어져 왔던 그들 집단의 뛰어난 의술과 관련이 있다고 본다.

앞에서 알영부인이 제왕절개수술을 통하여 탄생했음을 살펴본 바 있는데, 이처럼 선도성모 집단의 의술은 그 시대의 어떤 민족보다도 뛰어났다. 이것을 뒷받침하는 증거로 중세 유럽에 큰 영향을 미쳤던 이슬람의 발달된 의술은 페르시아와 그리스-로마의 의술을 도입했기 때문이다. 또한 예수의 탄생과 관련해 동방박사로 알려진 페르시아 고대 종교의 사제인 마기magi는 그리스어 '마고스'를 번역한 것으로, 점성술(천문학)과 연금술(화학), 의술(의학)에 정통한 과학자라는 의미의 고대 페르시아 언어 '마구magu'에서 유래한 말이라고 한다.

더욱이 2014년 9월 17일자 〈The Siberian Times〉 기사에 의하면 파지리크 지역에서는 약 2300~2500년 전에 뇌수술을 한 흔적이 있는 유골 2구가 발견되었다고 한다. 그리고 이것은 이들이 당시에 이미 뇌수술까지 할 수 있는 의술을 가졌다는 사실을 증명해준다. 이처럼 뛰어난 의술을 가진 것이 당시 중국에서 서왕모로 숭배받을 수 있었던 한 가지 이유로 추정된다.

　다음으로 조로아스터교는 차라투스트라라고도 알려진 예언자 조로아스터의 가르침에 종교적·철학적 기반을 두고 있으며, 유일신 아후라 마즈다를 믿는 고대 페르시아 종교로서, 불(광명)을 숭배한다고 해서 중국에서는 배화교 또는 현교祆敎라고 불렀다. 이러한 조로아스터교는 종교의식을 실시하는 동안 샤먼적 엑스터시를 경험하기 위해 대마초를 피웠으며, 차라투스트라 자신도 대마초를 이용하여 트랜스(무아지경) 상태에 들어갔다는 것이 아베스타 전승에 반복해서 언급되고 있다. 파지리크 고분군의 유물에서 대마초 상자, 누란 지역의 무덤에서 마황이 발견된 것도 이것과 관련된 것이며, 백제에서도 강력한 환각 성분을 함유한 마약의 일종인 오석산을 복용했음을 뒷받침하는 내용이 적힌 목간이 부여에서 발굴된 바 있다.

　또한 조로아스터교에서는 종교의식을 거행할 때 '하오마'라는 대마초로 만든 술을 사용했는데, 이 대마초 술을 마시거나 대마를 피움으로써 환각 상태에 빠지게 되는 것이다. 또한 대마초나 마황과 같은 마약류는 통증 완화제로 사용되거나 수술을 시행할 때 마취제로도 사용할 수 있는데, 선도성모 집단은 이처럼 뛰어난 의술과 대마초를 이용한 환각 상태의 신비한 종교체험을 이용하여 숭배를 받았을 것으로 추측된다. 그리고 이러한 추측을 뒷받침해주는 증거가 아돌프 핏셔의 화상석에 남아있다.

　유강하의 박사학위 논문에 의하면, 아돌프 핏셔가 소장한 화상석에는, 세 마리의 새(삼청조)가 인도하는 구름수레 옆에 서왕모가 앉아 있고 그

앞에는 식물을 든 참배자들의 그림이 있다. 이것은 다른 지역에서는 볼 수 없고 산동 지역에서 출토된 초기 도상에서 빠지지 않고 나타나는 모티프이다. 이 그림에 대해 신립상은 서왕모에게 선초를 바치는 것으로, 전호태는 풀줄기로서 불사약의 식물성 재료인 지초일 가능성을 제기하였다. 또한 무홍과 에브리는 볏짚 혹은 마의 줄기로 보았고, 제임스 진은 나뭇가지 혹은 작은 지팡이로 보았다. 결국 아돌프 핏셔의 화상석에 나타난 식물은 무홍과 에브리가 추측했듯이 대마초로서, 서왕모는 대마초를 이용한 신비한 종교체험과 뛰어난 의술을 통하여 당시 중국인들에게 숭배를 받았던 것이다.

또한 서왕모는 대마초를 이용하여 일반 민중들에게 숭배를 받았을 뿐만 아니라 무제의 환심을 사기도 했는데 그와 관련해서 다음과 같은 기록이 남아 있다.

"감천궁은 무제 때 교외 제사를 지내던 성지다. 기원전 120년 무제가 신임하는 방사인 제나라 사람 소옹이 이렇게 말했다.

"주상께서 신령과 통하려 하시나 궁실과 피복이 신령이 사용하는 것과 달라 신령이 이르지 않는 것입니다."

그의 말을 곧이들은 한 무제는 신령과 교류하기 위해 감천궁을 지어 태일, 천일, 지일의 여러 신을 그림으로 그리게 하고, 제사 도구를 완비하여 수시로 제를 올렸다. 그러나 한 해가 지나도록 신령이 강림하지 않아 신과 더불어 통할 수 있는 기회가 없었다. 두 해가 지난 어느 날(기원전 118년) 무제는 상군의 한 무술인을 불러 감천궁에서 신에게 제사를 올리도록 했는데 뜻밖에도 신과 이야기를 나눌 수 있었다. 당시 무제는 장안 경조의 정호궁에서 중병을 앓고 있었는데, 그 무술인이 신군의 말이라며 다음과 같이 무제에게 전했다.

"천자께서는 병 때문에 걱정하지 마십시오. 병은 조금 있으면 나을 것입니다. 병세가 좋아지거든 감천궁으로 와서 나와 만납시다."

이 말을 들은 무제는 매우 기뻐했는데, 얼마 후 병세가 호전되어 감천궁으로 행차하니 병이 모두 나았다. 당시 무술인들이 제사를 올리던 신이 상당히 많았는데, 그중 가장 존귀한 것이 태일이었다. 태일신은 비록 보이진 않지만 말하는 것을 들을 수 있었는데, 목소리가 일반 사람과 똑같았고 바람소리와 함께 강림했다고 한다. 무제는 신군이 하는 말을 기록하게 했고, 이를 '화법'이라고 했다."

앞에서도 한 번 언급했듯이 방사는 진나라와 한나라 때 연나라와 제나라에서 불로장생할 수 있다고 주장하면서 돌로 금을 만들고, 신선이 될 수 있다고 주장했다. 그들은 이를 위해 연단을 행하고 불로초를 찾아 헤맸는데, 한 무제는 장생불사를 추구하고 신선이 되고자 했기 때문에 방사를 신임하고 그들의 헛된 이야기를 믿었다. 『사기』「봉선서」, 『한서』「교사지」에 따르면 이소군과 제나라 사람 소옹, 난대가 당시 방사를 대표하는 인물이었다.

또한 이소군은 서왕모와 한 무제의 만남을 그린 지괴소설 『한무내전』에도 등장하며, 소옹 역시 『한무고사』에 이소옹이라는 인물로 등장한다. 이러한 사실은 오늘날의 〈반지의 제왕〉과 같은 종류의 지괴소설 『한무내전』이나 『한무고사』가 단순히 상상력에만 의존한 완전한 허구가 아니라 나름 역사적 사실에 바탕을 두고 작가의 상상력을 추가하여 이루어진 일종의 팩션(faction ; fact+fiction)이라는 것을 의미한다. 그리고 이들 방사가 연단술을 행하고 불로초를 찾아 헤맨 것으로 미루어 짐작컨대 이들은 아리안 계통인 선도성모 집단과 관련이 있을 것으로 생각된다.

여기서 잠깐 『한무내전』에서 서왕모와 한 무제가 만나는 장면을 살펴보도록 하자.

『한무내전』에서는 서왕모의 시녀인 옥녀 왕자등이 한 무제에게 와서 7월 7일에 서왕모가 방문할 것이니 백일동안 몸을 깨끗이 재계하고 인간사에 관여하지 말라는 서왕모의 전갈을 전한다. 그 후 7월 7일에 서남쪽 구름 속에서 서왕모가 여러 천선들과 함께 내려오는데 나이는 30세쯤 되었고 키가 적당하였으며, 얼굴이 빼어나게 아름다워 정말 신령스러웠다고 묘사되어 있다. 그리고는 시녀를 시켜 푸른 색 선도 7개를 가져오게 시킨 후 무제에게 4개를 주고 3개는 본인이 먹었다. 그런 후에 무제가 복숭아 씨앗을 챙기려 하자, 왜 그렇게 하느냐고 물었다. 무제가 대답하기를 이 씨앗을 심으려고 한다고 하자, 이 복숭아는 3천 년에 한 번 열매를 맺는데 중국 땅은 척박하여 심어도 자라지 않는다고 하자 무제가 씨앗을 챙기려는 행동을 그만 두었다고 한다.

이 이야기에서 등장하는 복숭아의 학명은 'Prunus persica'이며, 'persian apple', 즉 페르시아 사과라고도 한다. 이런 학명 때문에 서왕모 신화와 관련이 있는 복숭아가 원래부터 선도성모 집단이 페르시아에서 가져온 것이 아닐까 생각했는데, 자료를 찾아보면 곤륜산과 타림 분지가 원산지인데 페르시아를 거쳐 그리스와 유럽으로 전파되었기 때문에 이런 학명이 생겼다고 한다. 하지만 곤륜산과 타림 분지 역시 선도성모(서왕모) 집단인 월지족들이 생활하던 근거지이기 때문에 서왕모와 한 무제가 만나서 선도를 줬다는 『한무내전』의 기록이 사실에 근거한 것이라고 생각하는 것이다. 물론 하늘에서 내려왔다거나 3000년에 한 번 열매가 맺힌다는 이야기는 허구이겠지만 말이다. 그런 까닭에 『한무내전』이 사실과 허구가 결합된 팩션이라고 생각하는 것이다.

그리고 『한무내전』에서는 서왕모가 30세 정도의 미인으로 묘사되고 있지만, 한 무제 시대의 문인인 사마상여는 「대인부」라는 시에서 서왕모를 흰머리[白首]를 하고 있다고 묘사하고 있다. 다른 사람들의 작품들에서는 대부분의 경우 서왕모를 절세미인이나 신령스러운 모습으로 묘사하는데, 사마상여는 나이가 들어서 생긴 흰머리 혹은 아리안계의 은발로 묘사하고 있는 것이다.

그리고 사마상여의 「대인부」 시를 오래 전 필자의 전공인 '경영經營'이란 단어의 어원이 궁금해서 찾다가 발견한 이러한 표현이 혹시 사마상여가 한 무제 시절 궁중에서 실제의 서왕모(선도성모)를 본 후에 묘사한 모습이 아닐까 추측하고 있지만 사실 여부는 알 수 없다.

같은 맥락으로 이것은 뒤에서 다룰 고조선 시기의 시가라고 알려진 〈공무도하가〉에 나오는 백수광부(白首狂夫; 흰머리의 미친 사내)의 경우도 마찬가지이다. 즉, 백수광부라는 표현이 나이가 들어서 그렇게 된 것인지, 혹은 은발의 아리안 계통이어서 그런 것인지 알 수 없지만, 한 가지 단서는 〈공무도하가〉에 등장하는 공후라는 악기가 메소포타미아 지역에서 처음 만들어진 하프라는 것이다. 〈그림 15-2〉는 3년 전, 아일랜드 여행 때 대서양을 마주보고 있는 모허 절벽에서 하프를 연주하고 있던 여인을 찍은 사진이다. 아마도 필자의 추측대로라면 우리의 선조들은 대서양의 험난한 파도를 건너 이 모허 절벽 인근 지역으로 상륙했을 것이다.

앞에서 연단술을 행하고 불로초를 찾아 헤맨 방사들이 선도성모

그림 15-2. 아일랜드 모허 절벽에서 하프를 연주하는 여인

집단과 관련이 있을 것이라고 생각한 근거는 돌로 금을 만들려고 시도한 연금술이라는 것이 불 다루기와 금속 작업의 비밀을 지키던 대장장이들의 조합에서 생겨난 것으로서, 이집트와 그리스 특히 메소포타미아 등지의 사원들에서 번창한 것이기 때문이다. 또한 조로아스터교가 불을 숭배한 배화교라는 것과 청동기와 철기를 만드는 야금술이 메소포타미아 지역에서 시작되었다는 역사적 사실은 연금술이 이집트, 그리스, 그리고 메소포타미아 지역 중에서도 특히 메소포타미아 지역에서 시작되었을 가능성을 높여 준다. 그리고 불로불사약의 추구도 세계에서 가장 오래된 메소포타미아 지역의 서사시인 『길가메쉬 서사시』에 이미 등장하는데, 결국 이것이 선도성모 집단이 한반도로 이동하게 된 이유였던 것이다.

또한 한 무제가 방사인 소옹의 건의를 받아 들여 감천궁을 짓고 그곳에서 선도성모로 추정되는 무술인을 만났다는 역사 기록은, 감천궁을 짓고 그 곳에서 서왕모를 만났다는 지괴소설 『한무내전』의 기록과 일치한다. 그리고 감천궁에서 무술인과 만난 후 무제의 병이 호전되었다는 역사 기록은 바로 앞에서 설명한 선도성모 집단의 뛰어난 의술 때문이라고 추측된다. 이 무렵 선도성모 집단은 감천궁에 머물면서 무제로부터 귀빈 대접을 받으면서 지냈음에 틀림없는데, 왜냐하면 감천궁에서 발굴된 '장무상망 長毋相忘'이라는 글귀가 새겨진 와당은 경주 조양동에서 발굴된 한경에도 새겨져 있기 때문이다. 이 글귀와 관련된 자세한 내용은 후속 연구에서 밝히도록 하겠다.

다음으로 "무제는 신군이 하는 말을 기록하게 했고, 이를 '화법'이라고 했다"는 기록에 대해서 살펴보자. 처음에 필자는 이것을 일종의 복화술이라고 추측했다. 복화술이란 원래 예언자들이나 샤먼들이 입을 가만히 둔 채 배를 통해서 소리를 내어 목소리의 출처를 은폐하는 기술을 말한다. 커

비(E. T. Kirby)는 여러 나라의 무속적 연극을 고찰하는 가운데, 트랜스 상태에서 무당이 내뱉은 다양한 말이 서로 다른 여러 목소리로 나타나는 것에 주목하고 이를 복화술의 기원으로 보았다. 그리고 이 기록과 관련하여 한반도의 삼한에 있었던 제사장 천군은 여기서 나타나는 신군의 별칭일 것이다.

그 후 이러한 '화법'이 일종의 무당의 신내림(화육신) 현상일 수도 있다는 생각이 들었다. 이러한 생각이 든 것은 영국의 민속학자 제임스 프레이저가 지은 『황금가지』에서 무당의 신내림에 대한 내용을 읽고 난 후였다. 제임스 프레이저에 의하면 무당의 신내림을 초래하는 방법 중 하나는 신성한 나무나 풀을 사용하는 경우라고 하는데, 무당의 신내림에 대한 그의 설명은 다음과 같다.

"힌두쿠시에서는 신성한 상나무 가지로 불을 지핀다. 그러면 '다이니알', 이라 부르는 무녀가 머리에 보자기를 뒤집어쓴 채 코를 찌르는 연기를 들이마시다가 의식을 잃고 쓰러진다. 이윽고 다시 일어난 무녀가 목쉰 소리로 무언가를 읊조리면 사람들이 그것을 따라 반복적으로 음송한다. 또한 아폴론 신을 모시는 무녀들은 신탁을 내리기에 앞서 신성한 월계수 잎을 뜯어먹었으며, 바코스 신을 숭배하는 무녀들은 담쟁이덩굴 잎을 먹었다. 어떤 사람들의 말에 의하면, 이들의 영감에 찬 광란은 그들이 먹은 식물에 환각 성분이 들어 있기 때문이라고 한다.

한편 우간다의 사제는 신의 영감에 사로잡혀 광란상태에 빠질 때까지 맹렬히 담배를 피운다. 이때 흥분된 어조로 외쳐대는 사제의 말은 곧 그의 입을 통해 내린 신의 음성이라고 인식된다. 자바 북부의 마두라 섬사람들은 각각의 정령마다 정해진 영매가 있다고 믿는다. 대개 이 영매들은 남자보다 여자인 경우가 많다. 여성 영매로서의 무녀는 영감을 받기 위한 준비 단계에서 향로 위에 머리를 대고 향기를 맡는다. 그리고 소리를 지르면서 얼굴을 찡그린 채 경련과 함께 일종의 황홀 상태에 빠져든다. 이렇게 신이 지핀 무녀의 말은 곧 신탁으로 받아들여진다. 이처럼 일시적으로 신들린 사람은 신적 지식뿐만 아니라 때로는 신적 위력을 부여받은 자로 믿어지기도 했다."

제임스 프레이저의 설명에 의하면 무당들은 신내림을 유발하기 위한 방법 중 하나로 신성한 나무나 풀에 들어 있는 환각 성분을 이용한다고 하는데, 앞에서도 언급했듯이 선도성모(서왕모) 집단은 신비적인 제례의식을 위하여 대마초나 마황을 사용했다. 그리고 단군신화에서 웅녀가 사람이 되기 위하여 쑥과 마늘을 사용했다는 것 역시 같은 맥락인데, 한 무제를 만난 선도성모로 추정되는 무술인이 환각제를 이용하여 신내림 현상을 일으켰을 수도 있다는 것이 필자의 판단이다.

제16장

방사성탄소연대측정법의 문제점과
요하 문명권의 정체

　프롤로그에서 '한민족 뿌리 찾기'와 '한국 고대사 바로 알기'라는 이 연구를 위하여 이제껏 관행적인 방법론을 답습한 기존학자들과 전혀 다른 새로운 방식의 접근방법으로 첫째, 백지 상태에서 처음부터 다시 그림을 그리는 '제로베이스 사고', 둘째, 명탐정 셜록 홈즈가 문제해결을 위해 즐겨 사용한, 결과에서부터 그 원인을 거꾸로 추적하는 '가추법', 그리고 마지막으로 일정한 형태나 양식 또는 유형을 의미하는 '패턴을 이용한 분석기법'을 적용할 것이라고 밝힌 바 있다. 어느 덧 본 연작물 1권의 마지막 장이 된 이곳에서는 왜 필자가 이처럼 독특한 방법론을 사용했는지에 대해서 먼저 설명을 드린 후에 이 장의 주제로 들어가겠다.

　8장에서 필자는 역사학자 최병현이 중앙아시아의 이시크 고분과 알타이 고원지대의 파지리크 고분의 적석목곽분 및 부장 유물이 신라의 그것과 유사함에 착안하여 중앙아시아계 기마민족 신라정복설을 주장했다고 소개한 바가 있다. 이러한 기마민족에 의한 신라 형성론에 대하여 고고학자 강봉원은 기마민족설을 부정하고 토착민들에 의한 신라의 자생설을 그의 논문에서 지속적으로 발표해왔는데, 그 근거는 다음과 같다.

첫째, 중앙아시아와 신라의 시·공간적인 공백으로 인하여 고고학적으로 검증이 불가능하다는 것이다.

둘째, 경주 고분에서 발굴되는 등자(鐙子; 말을 탈 때 발을 거는 발걸이)가 파지리크 고분에서는 발견되지 않으며, 재갈의 경우는 그 양식이 다르다는 것이다.

셋째, 신라 적석목곽분에서 출토되는 외국제 유물은 기마민족 이동의 산물이 아니라 대외 교역의 결과로 해석해야 한다는 것이다.

그리고 이에 앞서 고고학자 이형구 역시 여러 편의 논문에서 기마민족 이론과 관련하여 '한국문화의 시베리아 기원설'에 대한 재고를 촉구하였다. 또한 강봉원은 앞에 제시한 그의 논문에서 "기마민족이동설은 아직 검증되지 않은 가설이며 향후에도 역사·고고학적으로 검증하기가 거의 불가능하다고 생각한다."고 밝히고 있다.

그러면 여기서 강봉원이 주장하는 중앙아시아와 신라의 시·공간적인 공백이라는 것이 무엇을 의미하는 것인지 잠시 살펴보도록 하자.

먼저 파지리크 고분의 거주자들은 기원전 6세기에서 기원전 3세기까지 활동하였고, 신라는 역사서에 의하면 기원전 1세기에 성립되었으므로 그 사이에 상당한 시간적 공백이 생긴다는 것이다. 즉, '기마민족이동설'을 주장하는 학자들 말대로 알타이 고원지대에서 말을 타고 달리면 신라까지 그다지 오랜 시간이 걸릴 이유가 없기 때문에,

200년이나 되는 그렇게 많은 시간적인 공백이 생길 수 없다는 것이 시간적인 공백과 관련된 기마민족이동설에 대한 반박 근거이다.

또한 알타이 지역에서 쿠르간을 건축하였던 스키타이인들은 흉노의 침입으로 인해 서쪽으로 이동한 흔적은 있지만 동쪽인 한반도로 이동한 흔적은 역사적·고고학적으로 찾기 어렵다는 것이 공간적 공백과 관련된 기마민족이동설에 대한 반박 근거이다. 알타이 고원지대에서 한반도로 급격히 이동하지 않고 서서히 몇 백년간에 걸쳐서 이루어졌다면 분명히 그 이동루트에는 그들이 거주했던 흔적이 남아 있어야 함에도 불구하고 흔적이 남아있지 않은 것이 결국 공간적인 공백이 되는 것이다.

이렇듯 중앙아시아 지역과 신라 사이에는 시간과 공간의 측면에서 많은 간극이 있기 때문에 고고학적으로 검증하기가 거의 불가능하다는 것이 '기마민족이동설'을 반대하고 신라 문화 자생설을 주장하는 강봉원의 주장이다.

이와 같이 신라의 형성주체와 관련하여 기존학계에서는 크게 북방 기마민족이동설과 자생설 두 가지가 존재하는데, 두 가지 이론 다 나름의 근거가 있기 때문에 그 두 가지 이론 중 어느 이론이 정확한지를 연구의 시작시점에서는 확신할 수가 없었다. 필자가 경영학자 출신이고 어린 시절 〈고전읽기〉나 〈한국의 위인전〉을 통하여 알았던 것 외에는 한국 고대사에 대해서 평소에 관심이 없었던 것이, 지나고 보니 역설적으로 본 연구를 완성하게 된 원동력이 되었다.

무슨 뜻인가 하면, 만약 필자가 역사학자였거나 한국 고대사에 대해서 관심이 많았다면 한국사에 대한 여러 가지 정보로 인하여 오히려 어떤 선입견을 가질 가능성이 많았을 것이다. 그런데 오히려 한국 고대사에 대해 무지했기 때문에, 차라리 아무런 선입견을 가지지 않고 기존의 학설들을 배제한 채 모든 가능성을 열어둔 원점에서 출발하는 것이 낫다고 판단한 것이다. 이것이 기존의 연구 결과 위에서 출발하지 않고 원점에서 출발하는 제로베이스 사고를 적용했던 이유이다.

다음으로 결과(나타난 현상)에서 원인을 역추적하는 가추법을 사용한 이유는 다음과 같다. 흔히들 살아가면서 문을 밀어서 열려고 애쓰다가 실패한 후에, 반대로 끌어 당겨야 문이 열리는 경험이나 혹은 옆으로 밀어야 열리는 경험을 한 번쯤은 해봤을 것이다. 마찬가지로 기존의 알타이 지역 파지리크 고분에서 출발하여 경주로 이동했다는 북방 기마민족이동설이 고고학자 강봉원의 지적대로 시·공간적 공백이라는 약점이 노출되었기 때문에, 사건의 현장인 경주에서 출발하여 거꾸로 근원을 찾아 거슬러 올라가 문제를 해결하려는 발상의 전환이 필요하다고 판단했기 때문이다. 그리고 연구 초기에는 사실 가추법이라는 것이 있는지도 몰랐다. 다만 이러한 방법으로 연구를 완성한 뒤에 필자가 사용한 방법이 과연 학문적으로 실제로 존재하는지 확인해 본 결과, 이 방법이 바로 셜록 홈즈가 즐겨 사용하던 가추법과 동일한 것임을 확인할 수 있었다.

마지막으로 패턴에 의한 분석법을 사용한 이유는 다음과 같다. 패턴이라는 것은 사전적인 의미로 "일정한 형태나 양식 또는 유형"을 의미한다. 그리고 필자가 본 연구를 위하여 사용한 패턴은 크게 '무늬의 공통된 양식(문양)', '그림에서의 공통된 유형', 그리고 '언어 서술에 있어서의 일정한 형태' 등을 포함한다.

특히 이 연구에서 문양과 그림에서의 공통된 유형은 중요한 단서가 되었다. 왜냐하면 우리 고대사와 같이 역사기록이 부족한 상태에서는 문자로 남아 있는 기록보다는 차라리 중국의 화상석과 고구려 고분벽화에 남아 있는 그림들로부터 우리 민족의 뿌리를 찾는데 아주 좋은 단서들을 얻을 수 있었기 때문이다. 뿐만 아니라 우리 민족의 뿌리와 관련 있는 특정한 문양은 한반도뿐만 아니라 전 세계 곳곳에서 등장함으로써, 우리 민족의 뿌리를 찾는데 좋은 단서가 되기도 했다.

즉, 특정한 문양은 동서고금을 막론하고 고대에서 사용되던 것이 지금까지 이어져 내려와서 강한 생명력을 보여주고 있다. 예를 들어 〈그림 16-1〉은 왼쪽에서부터 고대 바빌로니아 이슈타르 문에 그려진 이슈타르 여신을 상징하는 16개의 잎을 가진 연꽃무늬, 일본 천황가의 상징 문양, 한국의 떡살 무늬, 그리고 경주 황성동에서 출토된 수레바퀴 토기인데, 잎이나 수레 살이 모두 16개라는 공통점을 가지는 것을 알 수 있다.

혹시라도 이것을 단순히 우연의 일치에 불과하다고 주장하는 역사학자가 아직도 있다면, 필자가 밝혀낸 한·중·일 고대사의 비밀 중에서 우연의 일치라는 것은 결코 없었으며 반드시 그 사이에는 인과관계가 엄연히 존재했다는 것을 밝혀둔다. 그리고 그런 일들을 단지 '우연의 일치'라고 말하는 학자들은 겉으로는 우연처럼 보이는 그 사건들의 배후에 존재하는 명확한 인과관계를 밝히지 못한 스스로의 무지

그림 16-1. 한민족의 뿌리와 관련 있는 이슈타르 문 연꽃무늬 적용 사례들

를, 단지 '우연의 일치'라는 단어로 덮어버리려는 어리석은 행위를 하는 것에 불과하다.

그리고 이슈타르 여신을 상징하는 16이라는 숫자는 본 연작물의 구성을 각각 고대사 비밀을 밝히는 16가지 이야기로 정하는데도 영향을 미쳤음을 여기서 밝혀둔다. 이러한 문양은 오늘날에도 여전히 주위에서 흔히 볼 수 있는데, 이 연구를 진행하는 도중인 어느 날 동료 교수와 술을 한 잔하러 갔던 가게 화장실 바닥에 붙어있는 타일에 그려진 8개 혹은 16개의 잎을 가진 문양을 보고 속으로 빙그레 웃었던 적도 있다.

연작물 중 제1권의 마지막인 이번 장에서 살펴볼 내용은 이제까지 계속 지적해오던 방사성탄소연대측정법의 문제점과 이것을 통하여 밝혀낸 요하 문명권을 포함한 소위 중국 신석기 문화의 정체이다. 특히 요하 문명권은 중국의 동북공정론으로 인하여, 단순히 한국과 중국 간의 고대사 문제가 아니라 당면한 현대사까지 이어져 내려오고 있는 중요한 문제이며, 두 나라의 학자들 간에 첨예하게 의견이 대립되고 있는 부분이기도 하다. 〈그림 16-2〉는 우실하 교수가 밝힌 고조선 유적과 요하 문명의 관계에 대해 밝힌 것인데, 번호는 시기별로 오래된 문화의 순서이다.

요하 문명권의 정체를 알기 위해서는 먼저 방사성탄소연대측정법의 원리와 그 문제점에 대해서 살펴보아야 한다. 이것은 가덕도 유골의 연대측정값이 기원전 6000년 전까지 거슬러 올라가는 잘못된 결과

그림 16-2. 고조선 유적과 요하 문명권(번호는 시기별로 오래된 문화의 순서, 출처 : 우실하, 동북 공정 너머 요하문명론)

를 나타내는 것과도 관련이 있다.

방사성탄소연대측정법은 1940년대 후반 W. F. Libby에 의해 발견된 절대연대를 알려주는 방법의 하나로 고고학에서 가장 많이 사용되고 있는데, 기본 원리는 다음과 같다. 방사성탄소는 대기권 속에서 이산화탄소를 형성하며, 모든 생물체는 호흡을 통해 계속적으로 받아들이므로 대기권 속의 방사성탄소의 농도와 평형을 이룬다. 그런데 그 탄소 안에는 C^{12}가 98.89%, C^{13}은 1.11%, C^{14}는 0.0000000001%의 일정한 비율로 존재하는데, 죽은 생물체는 호흡을 멈추기 때문에 방사성탄소의 교환이 중단된다. 그런데 탄소 중에서도 안정탄소 C^{12}, C^{13}는 생물체가 죽은 후 시간이 지나도 그 양이 변하지 않는 반면, C^{14}의 경우는 일정한 시간이 지나면 반으로 줄어든다. 소위 말하는 반감기라는 것인데, 그 양이 얼마나 줄었는지를 측정해서 양이 변하지 않는 안정탄소 C^{12}, C^{13}와의 비율을 계산해보면 그 생물체가 어느 시기에 사망했는지 그 연대를 추정할 수 있는 것이다.

문제는 방사성탄소연대측정법은 대부분의 사회과학이나 자연과학 이론이 그러하듯이 기본 가정을 전제로 하고 있는데, 그 기본 가정이라는 것은 유물 또는 유골인 시료가 고탄소나 현대의 탄소에 의하여 오염되지 않아야한다는 것이다. 여기서 고탄소와 현대탄소의 구분은 절대적인 개념이 아니라, 상대적인 개념이다.

즉, 필자가 오염과 관련된 간단한 사례를 만들어 실제 비율을 계산해본 결과, 특정 유골이 사망했던 시기보다 더 이전 시기에 만들어진 탄소가 고탄소이며, 이러한 고탄소가 그 지역에 퍼져 있는 상태에서 유골을 매장하여 오염되었는데, 후세에 그 유골을 측정하면 원래 그 유골이 생존했던 시기보다 훨씬 이전 시기에 존재한 것이라고 측정값이 나타난다. 반대로 그 유골이 사망했던 시기보다 뒤에 만들어진 탄소가 현대탄소이며, 이러한 현대탄소에 오염되면 그 측정값은 원래보다 최근 시기로 나타나는 것이다.

이것은 탄소연대측정법을 실시하는 연구자가 측정하고자 하는 유골(시료)을 아무리 조심해서 다룬다고 하더라도 그 유골이 아예 근원적으로 오염이 되어 있어서 어떻게 해볼 수가 없는 문제인 것이다. 또한 표본의 종류에 따라 필요량도 달라지는데 골탄화된 뼈는 300g, 콜라겐 뼈의 경우 1kg 이상이 필요하다고 하며, 표본의 양이 클수록, 그리고 계측시간이 길수록 통계의 정밀도는 높아지게 된다.

이것과 관련하여 필자는 중국 요동반도 인근의 요하 문명 유물이나 가덕도 신석기 시대 유골이 근본적으로 고탄소에 의하여 오염되었다고 판단한다. 그렇지 않고서는 그 유물들이 지금까지 연구해온 결과와 시기적으로 전혀 일치하지 않는 것을 설명할 방법이 없다. 그렇지만 필자의 연구결과와 맞지 않으니까 그 유물들이 무조건 오염되었다고 주장할 수는 없는 것이며, 필자의 이러한 주장에 대한 합당한 과학적 근거가 있어야 할 것이다.

그리고 그 과학적 근거는 다음과 같다. 지질학자 소원주는 그의 책 『백두산 대폭발의 비밀─한국 고대사의 잃어버린 고리를 찾아서』에서 10세기에 발생한 두 번의 백두산 대폭발과 발해의 멸망 원인을 연결시키는 증거를 찾으려고 노력했다. 결국 원래의 목적은 달성하지 못했지만, 10세기에 발생한 백두산 대폭발은 지금껏 지구에서 일어난 화산 폭발 중 가장 대규모라고 설명하고 있다. 즉, 백두산 화산 폭발은 화산 폭발 지수 VE 7에 해당하는데, VE 5 이상만 되어도 거대분화에 해당하고 VE 6급인 1815년의 탐보라 화산과 1883년 크라카토아 화산 폭발로 인해 인도네시아의 지도를 다시 그려야했다고 하니 백두산 폭발의 규모를 짐작할 수 있을 것이다.

문제는 이러한 화산 폭발 때 형성된 화산재나 화산 가스에 탄소 성분이 다량 존재한다는 것이며, 이러한 탄소가 그 일대 지층을 뒤덮고 있다는 것이다. 예를 들어 10세기에 발생한 백두산 폭발로 인하여 그 화산재가 멀리 일본에까지 날아가서 쌓였다고 한다. 물론 그것은 제트기류의 영향을 받은 것이긴 하겠지만, 백두산 바로 인근에 위치한 요동반도는 이 화산 폭발의 영향에서 결코 벗어나지 못했을 것이다.

물론 10세기에 발생한 백두산 대폭발은 선도성모 집단보다도 더 뒤에 일어난 것이기 때문에 문제가 되지 않는다. 그런데 백두산은 그 이전부터 수많은 분화를 했다는 것이다. 휴화산 상태인 최근에도 백두산 분화 가능성과 그 위험을 언급할 정도이니, 고대에는 엄청난 분화가 있었을 것이다. 이런 추측을 뒷받침하는 근거자료로 신라 자비왕 시절에도 "21년(478년) 봄 2월 밤에 붉은 빛이 한 필의 표백한 명주를 편 것처럼 땅에서 하늘까지 뻗쳤다"는 기록이 있는데, 역사학자 이병도는 이것을 화산 폭발로 보고 있다.

결국 선도성모 집단이 이주하기 훨씬 전인 고대로부터의 잦은 화산 폭발로 인해 요동반도를 비롯한 그 일대 토양은 고탄소로 오염이 되어 있는 상태였던 것이다. 그리고 이처럼 고탄소로 오염이 된 장소에 선도성모 집단의 일원을 매장했으니, 그 시체 역시 고탄소에 의해 오염이 될 수밖에 없었고, 그 결과 오늘날에 와서 방사성탄소연대측정법을 이용하여 아무리 조심스럽게 측정을 하더라도 방사성탄소연대측정법의 기본 가정을 위배했기 때문에 측정오차가 엄청나게 큰 기원전 6000~7000년의 측정값이 나타나게 된 것이다. 결국 현대의 기술적인 측정 잘못의 문제가 아니라, 애당초 검사 시료 자체가 오염되어 있는 상태였던 것이다.

그러면 얼마 전 〈KBS 파노라마〉에서 방영한 가덕도의 신석기 시대 유골이라는 것도 화산 폭발의 영향으로 인해 고탄소에 오염된 것인가? 그럴 수도 있을 것이다. 그런데 부산 가덕도 지역이 화산재로 오염되었다면 그것은 백두산의 영향이 아니라 한라산 폭발의 영향이 더 가능성이 높을 것이다. 그리고 가덕도의 경우는 화산재의 영향이 아니라 그 유적지가 위치한 곳의 토양 자체의 문제라고 생각한다. 즉, 한반도는 토양이 대부분 산성이어서 고대 유골의 경우 쉽게 삭아 없어져 버린다. 그런데도 고대 유골이 발견되는 경우는 대부분 석회암 지대 혹은 석회암 동굴이라고 한다. 이와 관련하여 필자는 이미 앞에서 서양인 유골이 발견된 황석리와 정선 아우라지 지역이 이러한 석회암 지대라고 밝힌 바 있다.

과학저술가인 이종호 박사에 의하면 석회암 지대에서 유독 고대 유골이 발견될 수 있는 원리는 다음과 같다. 침수된 지하수는 석회암 속의 가용성 물질을 용해시키기도 하고 결정으로 만들기도 한다. 그러므로 석회암으로 된 장소에 시체가 묻히게 되면 석회암이 녹으면서 형성된 광물질이 많은 지하수나 물기가 계속 유골에 작용하여 뼈세포 속에서 광물질이 석출(析出; 액체 속에서 고체가 생기는 것)되어 그곳에 채워지고 또 삭아 없어지는 빈자리에도 광물질이 들어가게 된다. 또 분자 수준에서 유골과 광물질 사이의 자리바꿈도 진행된다. 이 경우 유골은 돌과 같이 굳어지면서 본래의 형태를 유지하게 되며 부패 작용뿐만 아니라 물리적인 외력에 대해서도 저항력이 강해지므로 상황에 따라 장기간 보존이 가능한 것이다.

그런데 석회석 성분은 탄산칼슘인데, 이것은 산 성분을 만나면 이산화탄소를 발생시키게 된다. 결국 석회암 지대 역시 석회암 성분인 탄산칼슘에 빗물 등에 섞여 있는 산과 결합함으로써 탄소가 발생되어 원래부터 고탄소로 오염이 되어 있는 곳이었던 것이다. 그리고 바닷가는 패총이나 조개껍질 등이 많이 있는 곳인데, 조개껍질의 주성분이 바로 탄산칼슘이며, 바닷물 속에는 각종 산 성분이 많기 때문에 역시 이 둘의 결합으로 인하여 원천적으로 고탄소 오염 지역이 되었던 것이다. 그리고 석회암 지대 역시 아주 고대에는 바다여서 그곳에 살던 조개 등과 같은 해양생물의 시체가 쌓여서 이루어진 곳이라고 한다. 결국 석회암 지대나 가덕도의 바닷가는 근본적으로 같은 환경이었던 것이다.

이것이 바로 선도성모 집단의 일원이었던 가덕도 유골의 방사성탄소연대측정 결과가 기원전 백 년 전후가 아니라 기원전 몇 천 년 전으로 뻥튀기되어 나오게 된 이유인 것인데, 보다 자세한 내용은 조금 아래에서 설명하도록 하겠다. 그리고 이런 결과가 나오게 된 것은 이들 유골이 묻힌 해안 지역의 태고적 형성과 관련된 전체의 흐름 속에서 자료를 파악하지 못하고, 단지 눈앞에 있는 유골에 대한 방사성탄소 연대측정이라는 단편적인 조각만으로 나타난 결과를 파악했기 때문에 그 측정법의 기본적인 가정이 훼손된 것을 알지 못해서 일어난 일이었다. 이것은 필자로 하여금 마치 인드라망 그물에서 수많은 인과관계가 얽히듯이, 세상의 모든 일들이 '열린 계open system' 안에서 끊임없는 상호작용에 의해서 발생하며, '닫힌 계closed system'에서 독자적으로 일어나는 일은 결코 없음을 새삼 깨닫게 해준 사건이었다.[1]

그런데 이러한 방사성탄소연대측정법에 대하여 사회과학을 한 필자가 이해가 안 되는 부분이 있다. 그것은 사회과학의 경우 어떤 이론이 특정한 가정을 전제로 할 때, 그 이론을 적용시켜서 연구한 결과를 분석할 때에는 가장 먼저 하는 작업이 그 연구결과가 그 연구에서 적용한 이론의 기본적인 가정을 위반했는지를 먼저 검사를 한다는 것이다.

예를 들어보겠다. 필자의 제자 중 중국에서 유학 온 학생이 있었는데, 본교를 졸업한 후에 서울에 있는 K대 대학원에 진학을 했다. 올 초에 그 제자로부터 논문 자료와 관련된 통계 분석 부탁을 받았는데, 그 학생이 논문에서 적용한 통계방법론은 하나의 종속변수의 변화를 설명하기 위하여 두 개 이상의 독립변수가 사용되는 회귀분석 방법인

---

1. 시스템 이론에서 '열린 계open system'는 어떤 대상과 그것을 둘러싸고 있는 환경 간에 끊임없이 상호 작용을 하는 것을 말하고, '닫힌 계closed system'는 반대로 대상과 환경 간에 아무런 상호작용을 하지 않는 것을 의미한다. 우주로부터 날아오는 광선인 우주선은 지구 속도 통과하기 때문에 엄밀한 의미에서 환경과 아무런 상호작용을 하지 않는 '닫힌 계'라는 것은 실제 세계에서는 존재할 수 없다.

다중회귀분석이라는 것이었다. 그런데 이 다중회귀분석은 기본적인 가정을 전제로 하는데, 모형구성에 대한 가정, 측정오차에 대한 가정, 정규성에 대한 가정, 등분산성에 대한 가정 등이 그것이며, 통계프로그램에는 이러한 가정을 만족시키는지 여부를 검사하는 기능을 갖추고 있다. 물론 석사 논문에서는 보통 이 정도로 치밀하게 검증을 하지는 않는다.

또한 다중회귀분석 방법을 적용할 때, 두 개 이상의 독립변수들 사이에 높은 상관관계를 가지면 예측 값이 불안정하게 나타나는 현상인 소위 다중공선성이란 문제가 발생하기 때문에 이것 역시도 검사하는 기능을 갖추고 있어서, 이런 문제가 일어나지 않도록 예방을 하는 것이다. 그리고 필자는 제자의 논문 자료에서 이러한 다중공선성 문제가 혹시 발생하지 않았는지, 일일이 검사한 다음에 정확한 통계처리를 해준 경험이 있다.

이와 관련하여 필자가 궁금하게 여기는 부분은 다음과 같다. 방사성탄소연대측정법에 대한 최진식 교수의 논문에는 이 방법이 다음과 같은 세 가지 가정 아래에서 그 타당성이 인정된다고 한다.

첫째, 지난 70,000년간 동·식물 조직 내의 C^{14}의 초기활동은 일정하였으며, 시간과는 독립적이었다.

둘째, C^{14}의 초기농도는 지리적 위치나 동·식물종과는 독립적으로 일정하다.

셋째, 표본은 어떤 현대탄소Modern Carbon나 고탄소Old Carbon로도 오염되지 않았다.

이러한 가정에서 필자가 주목하는 부분이 바로 세 번째 가정인 현대탄소나 고탄소에 의한 오염부분이라는 것은 앞에서 밝힌 바와 같다. 따라서 필자가 궁금하게 생각하는 부분은 방사성탄소연대측정법에서 "표본은 어떤 현대탄소나 고탄소로도 오염되지 않았다"라고 가정하고 있는데, 과연 방사성탄소연대측정법에서도 사회과학 연구방법에서처럼 기본적인 가정을 위반했는지 여부를 사전에 체크할 수 있는 기능이 있느냐하는 것과 연대측정 사전단계로 기본적인 가정을 위반했는지 여부에 대해서 반드시 먼저 체크를 실시하느냐이다. 만약 이러한 가정 위반 여부가 사전에 테스트되지 않는다면, 무엇으로 그 연대측정의 신뢰성을 보장받을 수 있을 것인가?

물론 방사성탄소연대측정법에서도 사전처리pretreatment 단계를 통하여 시료의 오염 가능성을 제거하려고 노력한다. 방사성탄소연대측정 전문기관인 Beta 연구소 자료에 의하면, 사전처리 방법에는 크게 물리적 사전처리 방법과 화학적 사전처리 방법이 있다고 한다. 그리고 이 연구소의 다른 자료에 의하면 석회석은 유골보다 이전에 형성된 물질이기 때문에 석회석 지대에서 발견된 유골은 고탄소에 의해 오염되어 실제보다 이전의 값으로 측정되어진다고 한다. 이와 관련하여 필자의 연구에 많은 도움을 준 Beta 연구소 조용수 한국 지사장에게 지면을 통해 감사드린다.

먼저 물리적 사전처리 방법에는 시료에 묻어 있는 잔뿌리를 핀셋이나 겸자로 제거하는 것과 시료의 표면을 벗겨냄으로써 표면에 묻어 있을지도 모르는 오염물질을 제거하는 것 등이 있다. 다음으로 화학적 사전처리 방법은 시료에 따라서 다른 화학물질로 오염물질을 제거하는데, 목탄·나무·토탄·직물과 같은 재료에는 산-알칼리-산AAA 방법으로 사전처리를 하며, 침전물이나 토양 같은 재료들에는 알칼리 없이 산 세척을 한다. 그리고 무기 탄소(탄산염)로 연대를 측정해야

하는 조개껍질과 같은 물질들에는 전형적으로 사전처리 전에 부식 처리를 먼저 한다.

앞에서 이종호 박사가 석회암 지대에서 유독 고대 유골이 발견될 수 있는 원리를 설명했는데, 필자가 이해하기로는 한 마디로 석회석 녹은 물이 사람의 뼛속에 침투해서 딱딱하게

Effect of sample contamination by Modern or Radiocarbon Dead Carbon on the True sample age (Polach and Golson 1966)

True Sample Age	Approximate Age after contamination with Modern (1950 AD) Carbon on the true sample age			
	1% Modern	5% Modern	20% Modern	50% Modern
900 BP	890	850	700	440
5000 BP	4950	4650	3700	2100
10000 BP	9800	9000	6800	3600
20000 BP	19100	16500	10600	5000
30000 BP	27200	21000	12200	5400
100000 BP	37000			

True Sample Age	Approximate Age after contamination with Old (Radiocarbon Dead) Carbon on the true sample age			
	5% OLD	10% OLD	20% OLD	50% OLD
500 BP	900	1300	2200	6000
900 BP	980	1770	3200	6630
5000 BP	5400	5800	6700	10500
10000 BP	10400	10800	11700	15500
20000 BP	20400	20800	21700	25500

표 16-1. 탄소 오염 정도에 따른 측정 오류(Beta 연구소 자료)

고체화됨으로 해서 유골이 오랫동안 보존될 수 있다는 것이었다. 따라서 앞에서 설명한 사전처리 방법은 약간의 오염 물질이 시료의 표면에 묻어 있을 경우에나 효과가 있는 것이지, 석회석 녹은 물이 유골 깊이 침투해서 고체로 굳어 버리는, 소위 유골이 석회석이고 석회석이 유골이 되어버린 혼연일체渾然一體 혹은 물아일여物我一如의 경지에 이른 시료에는 효과가 있을 리가 없는 것이다. 그리고 이러한 고탄소나 현대탄소에 의해 오염되었을 때 생기는 측정 오차는 〈표 16-1〉과 같다.

표의 윗부분은 현대탄소에 의하여 오염되어서 측정값이 원래보다 현대 값으로 나타나는 경우이며, 아래 부분은 고탄소에 의해 오염되어 측정값이 원래보다 오래된 값으로 나타난 것이다. 이 표에서 고탄소에 의해 오염된 경우 실제 값은 900 B.P.(1950-900 = 기원 후 1050년)인데, 고탄소에 의해 50%가 오염되면 6630 B.P.(1950-6630 = 기원전 4680년)로 나타나는 것을 알 수 있다. 그리고 이 표에서 5개의 샘플이 50% 오염된 경우 모두 5500년 정도의 오차를 나타내는 것을 알 수

있다. 앞에서 이종호 박사가 고대 유골이 지금까지 보존이 가능한 이유로 설명한, 석회석 지대에서 발견된 유골처럼 석회석 녹은 물과 물 아일여의 경지에 오른 시료는 오염의 정도가 50% 정도에 이르렀다고 보아야할 것이다. 왜냐하면 유골의 뼈 안에 석회석 녹은 물이 침투해서 고체화가 되었으니, 피아를 구분할 수 없는 경지에 이른 것이기 때문이다.

이러한 자료들을 종합해보면 필자가 기원전 100년 전후(1950-(-)100 = 2050 B.P.)로 추정하는 가덕도 유골이 기원전 6000년(1950-(-)6000 = 7950 B.P.)으로 표의 자료에서 50% 오염된 데이터보다 오차가 더 큰 5500년 이상의 차이가 나는 방사성탄소연대측정 결과가 나오는 것은 그 시료들이 고탄소에 의해 50% 이상 오염된 결과 값임을 추정할 수 있다.

그리고 위와 같이 석회석에 포함된 고탄소와 사람 뼈에 포함된 탄소가 서로 섞이게 되었을 때, 과연 방사성탄소연대측정법에 의해 측정된 탄소의 연대 측정값이 고탄소를 포함하고 있는 석회석의 탄소를 측정한 것인지, 아니면 원래 유골의 탄소를 측정한 것인지, 이도 저도 아니고 석회석과 유골의 탄소가 서로 섞인 것을 측정했는지 과연 구분할 수 있겠는가? 필자가 상식적으로 생각하기에는 이것은 톰 크루즈가 출연한 영화 제목과 같이 "Mission Impossible불가능한 임무"이라고 여겨진다.

필자가 불가능하다고 생각하는 근거를 밝히기 위해 프롤로그에서 한국 고대사의 '통일장 이론' 운운하는 거창한 소리를 했으니 거기에 걸맞게 아인슈타인이 상대성 이론을 만들 때 자주 이용했다는, 순전히 머릿속에서만 이루어지는 간단한 사고 실험을 한 번 해보도록 하자.

예를 들어 그릇에 소금과 물의 비율이 50대 50인 소금물을 담아서 쨍쨍 내리 쬐는 햇볕 아래에 두었다고 가정해보자. 혹은 소금물이 담긴 그릇 밑에서 불을 서서히 가열한다고 가정하더라도 상관이 없다. 소금과 물의 비율이 처음에 얼마인지 아는 것은 생물이 호흡한 탄소 안에 안정탄소인 C^{12}, C^{13}과 일정한 시간이 흐르면 반감하는 C^{14}의 비율이 처음에 어떤 비율로 존재하는지 알고 있기 때문이다.

소금물을 가열하면, 이 소금물의 농도는 서서히 짙어질 것이다. 이 것은 가열로 인하여 원래 일정했던 소금과 물의 비율에서 물이 점점 증발하기 때문에 생기는 현상이다. 여기서 소금은 방사성탄소연대측정법에서 생물체가 죽은 후 시간이 지나도 그 양이 변하지 않는 안정 탄소인 C^{12}, C^{13}에 해당하고, 증발하는 물은 일정한 시간이 흐르면 반감하는 C^{14}에 해당한다. 그리고 우리는 시간의 경과에 따른 물의 감소량도 알고 있는데, 이것은 C^{14}의 반감기를 알기 때문이다.

그런데 일정한 시간이 지난 뒤, 증발이 진행된 이 소금물에 소금을 더 부은 뒤에 휘휘 저어 원래의 소금물과 완전히 섞었다고 가정해보자. 이것은 고탄소가 포함된 석회석 녹은 물이 유골의 뼈 속에 들어가서 고체화되면서 원래 석회석에 포함된 고탄소와 유골의 탄소가 뒤섞이게 되는 것을 의미한다. 그러면 그 소금물의 농도는 처음과는 달라질 것이다. 소금을 더 부으면 농도가 더 짙어진다. 이것은 물이 그만큼 더 많이 증발된 것과 같기 때문에 실제보다 더 오랜 시간 동안 가열이 일어난 것으로 착각하게 된다. 이것은 결국 유골이 고탄소에 의해 오염되어서 실제 값보다 더 이전 시기의 값이 측정되는 것과 같은 것이다.

반대로 증발이 진행되고 있는 소금물에 맹물을 더 부으면, 소금물의 농도가 더 옅어지게 된다. 이것은 실제보다 가열 시간이 더 적게 이루어진 것으로 생각되기 때문에, 유골이 현대탄소에 의해 오염되어 실제 값보다 더 최근 시기의 값이 측정되는 것과 같은 것이다.

이랬을 때, 농도가 달라진 소금물에서 원래의 소금과 나중에 들어간 소금(고탄소 오염), 혹은 원래의 물과 나중에 들어가 섞인 물(현대탄소 오염)을 구분할 수 있겠는가? 이것이 가능하다면 오염된 시료(유골)에서 원래의 탄소와 오염된 탄소를 구분하는 것 역시 가능할 것이다. 그러나 이것이 실제로 가능하겠는가?

그리고 어쩌면 요동반도 일대의 홍산 문화 유적지 부근도 석회암 지대가 아닌지 조사해볼 필요도 있을 것이다. 그런 생각이 머리에 떠오른 순간 즉시 이 내용에 대해 확인을 해본 결과 요녕성, 길림성, 흑룡강성 등과 만주 지역을 포함하는 중국 동북 지방과 요동반도 지역은 카르스트 지형이 발달한 석회암 지대라고 한다.

그렇다면 홍산 문명 등과 같은 요하 문명이 신석기 시대라고 방사성탄소연대측정 결과가 잘못 나오는 것은 화산재로 인한 오염이 아니라, 이 지역 역시 석회암 지대이기 때문에 그렇게 나왔을 가능성이 높거나, 혹은 두 가지 이유가 복합적으로 적용될 가능성도 있다고 본다. 이와 관련하여 중국 전역에서 발견된 신석기 문화 역시 카르스트 지형의 영향으로 인하여 고탄소에 오염된 시료로 잘못 측정되었을 것으로 추측되는데, 앙소·대문구·용산 문화와 관련된 내용은 잠시 후에 다루기로 하겠다.

역시 필자의 블로그에도 짧은 경구로 적었듯이 "아는 만큼 보이고, 알고자 하는 만큼 알게 되는 것"이다. 그리고 한때 어느 개그맨의 유행어처럼 "조사하면 다 나와"인데, 문제는 이 책의 서두에서도 밝혔듯이 올바른 방향으로 조사를 해야 하는 것이지 엉뚱한 방향을 정하고 아무리 열심히 조사해봐야 그것은 헛수고에 불과한 것이다.

그리고 이러한 결과는 우리나라뿐만 아니라 전 세계 고고학 분야에서 아주 중요한 것을 시사한다. 즉, 전 세계에서 신석기 시대의 유골이라고 발견된 것 중 우리나라의 단양 고수동굴같이 석회암 동굴에서 발견된 유골은 이런 이유로 해서 원래 그 유골이 살던 시기보다 훨씬 고대로 추정되었을 가능성이 높다는 것이다. 유럽의 동굴에서 발견된 유골 중 필자가 불로초를 구하러 간 우리 선조들의 흔적이 아닐까하는 의심을 가진 유골이 있었는데, 고고학자들이 방사성탄소연대측정의 결과 값으로 신석기 시대 인물로 추정하는 경우를 본 적이 있었다.

아무튼 방사성탄소연대측정법에 대한 이야기는 이 정도로 그치고, 지금부터는 가덕도에서 발견된 유골의 특징인 몸을 굽힌 상태에서 묻

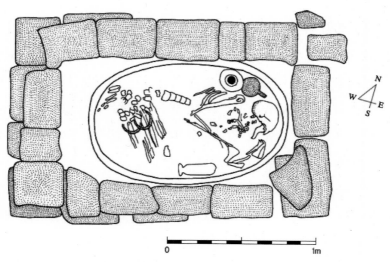

그림 16-3. 아케메네스 왕조 굴신장 유골(출처 : Gil J. Stein, Oriental Institute, Univ. of Chicago)

힌 굴신장(굽혀묻기)에 대해서 알아보겠다. 굴신장은 영어로 'flexed burial'이라고 한다. 구글에서 이 단어로 자료를 검색해보면, 몇 가지 재미있는 사실들을 발견하게 된다. 첫 번째로 터키 동남부 지역에 있는 Hacınebi라는 곳에서, 아케메네스 왕조 시대에 굴신장을 한 유골을 발견했다는 것이다. 〈그림 16-3〉이 그것인데, 이 유골은 몸을 굽힌 상태에서, 욕조처럼 생긴 관 속에 묻혀 있다.

이것은 월지족의 뿌리인 고대 페르시아 아케메네스 왕조 때부터 굴신장의 풍습이 있었다는 증거이며, 이러한 장례 풍습은 또한 월지족의 터전이었던 파지리크 지역의 고분에서도 나타난다. 결국 지금까지 학자들이 기원전 6000년 전의 신석기인이라고 추정했던 가덕도 유골들은 모두 아케메네스 왕조에 뿌리를 둔 선도성모 집단의 일원이었던 것이다.

두 번째는 중국 고고학 자료에 나타난 굴신장의 풍습이다. 이 자료에 의하면 20세기 초에 황하 계곡 유역에서 굴신장을 한 것을 처음 발견했고, 그 후에 양자강 계곡 중류, 중국 남부, 감숙성, 청해성, 북경 오른편에 있는 연산燕山, 신장위구르자치구, 그리고 티베트에서 발견되었다. 지금까지 필자와 함께 선도성모 집단의 이동 과정을 추적해온 독자 여러분들은 이 지역의 공통점을 한 눈에 알 수 있으실 것이다. 이미 눈치 채셨겠지만, 이 모든 곳이 월지족 또는 월지족과 같이 생활했던 티베트족이 살았던 곳이다.

그리고 앞의 중국 고고학 자료에 의하면 태국 북부 강 유역에서 기원전 7000년에서 기원전 5000년 사이의 굴신장 유골을 발견했다고 한다. 즉, 100구 이상의 유골이 굴신장 형태로 발견되었는데, 그 장소는 다름 아닌 패총이다. 독자 여러분들도 이 장소의 의미를 이제는 알

것이다. 결국 기원전 7000년에서 기원전 5000년 사이라고 추정했던 이 연대측정도 패총의 조개껍질로 인한 고탄소 오염으로 측정 연대가 실제보다 훨씬 높게 나타난 것이다. 그리고 태국 눙눅빌리지에도 고인돌이 있다고 하니, 굴신장 형태를 한 이 유골들도 불로초를 찾아 세계 방방곡곡을 돌아다녔던 우리 선조의 유골일 가능성이 높다.

이제 다시 중국 학자들이 신석기 시대 및 청동기 시대 문화라고 주장하는 앙소·용산·홍산 문화 유적지에서 출토된 유물과 관련된 단서들을 살펴보도록 하자. 이제까지 중국 학자들이 중국 내륙의 신석기 시대 혹은 청동기 시대 문화 유물이라고 주장했던 것은, 사실은 대부분 선도성모 집단의 이동과 관련이 있는 것이다. 그리고 이들 문화가 신석기 시대 및 청동기 시대 문화라고 추정되었던 것은 바로 방사성 탄소연대측정법에 의한 결과였을 텐데, 이제 그 측정법의 문제점으로 인하여 그런 결과는 전혀 신뢰할 수 없게 된 것이다.

왜냐하면, 홍산 문화가 있는 요동반도 지역 외에도 중국에는 대표적인 카르스트 지형이 여러 곳 있는데, 중국 학자들이 이제껏 방사성 탄소연대측정법에 의해 신석기 시대 및 청동기 시대 문화라고 추정했던 지역들과 겹치는 것을 알 수 있다. 즉, 카르스트 지형과 동굴을 연구한 서무송에 의하면 중국의 석회암지대와 카르스트 지역은 총 7개 지구 62개 지역으로 분류되며, 각기 다른 지질시대와 기후대를 거쳐 다양한 형태의 방대한 카르스트지형을 발달시키고 있다고 한다.

다시 말하면, 광대한 국토면적에 어울리게 모든 지질시대의 석회암이 전국에 산재되어 있으며 카르스트지형 또한 열대형, 온대·냉대형, 극지사막형 등 다양한 형태로 발달되어 있다는 것이다. 따라서 이러한 석회암 지대에서 형성된 중국의 고대 문화 유적에 대한 방사성탄소 연대 측정 결과가 역시 고탄소에 의해 오염되어 기원전 6000년 전후의 측정값으로 나타나게 된 것이다.

또한 앙소·용산·홍산 문화 유적이 바로 고고학자 강봉원이 "알타이 지역에서 쿠르간을 건축하였던 스키타이인들은 흉노의 침입으로 인해 서쪽으로 이동한 흔적은 있지만 동쪽인 한반도로 이동한 흔적은 역사적·고고학적으로 찾기 어렵다"고 지적한 '기마민족의 한반도 이동'에 대한 공간적인 공백을 메꿔주는 증거자료이다. 즉, 파지리크 쿠르간 지역에서 살았던 우리 조상들은 몽고 사막 위쪽의 동쪽 루트를 통하여 한반도로 이동한 것이 아니라, 중국 내륙의 서역과 서안, 산서, 산동을 거쳐 요동반도를 탐사한 후에 서해를 건너 한반도로 이동한 것이다. 이들이 산동반도에서 한반도로 이주한 과정은 후속 연구서의 「선도성모 집단의 한반도 이주 목적 및 경로」에서 자세히 다루도록 하겠다.

선도성모 집단의 중국 내 이주 경로에 대한 이러한 가설을 지지하는 자료가 바로 선도성모의 정체와 이주 과정을 파악하는 필자의 연구에 큰 도움을 주었던 유강하의 서왕모 화상석 연구이다. 이 연구에 의하면 서역에서 가까운 한나라의 수도 서안이 있던 섬서성 지역의 화상석에서 가장 먼저 서왕모의 배우자인 동왕공이 출현하고 있다고 한다. 즉, 동왕공은 섬서 지역에서 가장 먼저 등장하고 그 후 산서와 산동 지역이 거의 비슷하게 나타나서, 섬서성 지역에서 산서와 산동 지역으로 영향을 미친 것으로 유강하는 파악하고 있다.

마찬가지로 서왕모의 날개 모티프도 똑같이 섬서성 지역에서 산서와 산동 방향으로 전파되고 있다고 밝혔다. 그리고 이것은 선도성모 집단이 서역에서 서안이 있는 섬서성 지역으로 옮겼다가 그 후 산서

성과 산동성을 거쳐, 요동반도와 한반도로 이
주한 것으로 필자가 파악한 중국 내 이주 경
로와 일치하는 것이다.

그러면 먼저 서안 근처의 앙소 문화에
서 나타나는 선도성모 집단의 유물을 확인해
보자. 앙소 문화는 중국 각처에서 발견되는 채
도가 처음으로 발견된 곳이 황하 중류의 하남

그림 16-4. 인면어문분 중국
반파유지(출처 : 정한덕. 중국
고고학 연구)

성 민지현 앙소촌이므로 앙소 문화라고 이름 짓게 되었다. 이것들은
크게 세 시기로 나누어 발전되고 있음을 알 수 있는데 즉, 초기의 서
안 반파 문화, 중기의 삼문협 묘저구 문화, 후기의 정주 대하촌 문화
이다. 중국의 채도 문화를 서양 학자들은 메소포타미아 지역에서 전
파되었다고 주장하고, 반대로 중국 학자들은 중국 자체에서 만들었다
고 주장한다. 필자는 중국의 채도 문화가 선도성모 집단이 중국에 머
무는 동안 전파했던 것으로 추정한다.

〈그림 16-4〉는 앙소 문화 반파 유적지에서 발견된 인면어문분인
데, 좌우로 물고기 두 마리가
그려져 있는 것이 허왕후의 쌍
어무늬를 연상시키지 않는가?
요즘도 마찬가지겠지만, 그 당
시에 어떤 그림을 그릴 때에는
그 그림이 중요한 의미를 가지
고 있었기 때문이었다.

마찬가지로 메소포타미아
지역에서 출토되는 유물 중에서

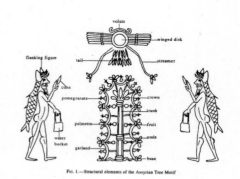

그림 16-5. 생명의 나무를 지키는 물고기 옷을 입은
사람(출처 : Simo Parpola, The Assyrian Tree of Life:
Tracing the Origins of Jewish Monotheism and Greek
Philosophy)

〈그림 16-5〉와 같이 중국 신화에서 나오는 불로초의 원형으로 생각되는 '생명의 나무tree of life'를 그린 것이 많이 있는데, 대부분의 경우는 좌우에 물고기 옷을 입은 사람 두 명 혹은 물고기 두 마리가 좌우에서 시립하여 지키고 있다.

이러한 그림은 '생명의 나무'를 지키는 물고기에 대한 메소포타미아 지역의 신화와 관련이 있는 것인데, 허왕후의 쌍어도 결국은 메소포타미아 신화와 관련된 것이다. 그리고 앞의 인면어문분이 발견된 앙소 문화 반파 유적지나 감숙성 무위시에서는 두 개의 독을 연결한 옹관이 발견되었는데, 그 형태는 앞에서 소개한 메소포타미아 칼데아 지역에서 발견된 것과 비슷하다.

다음으로 대문구 문화는 산동 태안 대문구에서 발견되었으며, 분포 지역은 산동 태안을 중심으로 강소성 북부 지역으로 보고 있다. 〈그림 16-6〉은 중국 대문구 문화 유적지에서 출토된 토기인데, 토기

그림 16-6. 대문구 문화 토기　그림 16-7. 대문구 문화 토기 그림 부분 확대　그림 16-8. 소욤보 문양 일부

에 그려진 그림을 잘 관찰해보기 바란다. 그림 부분만 확대하면 〈그림 16-7〉과 같다. 어디서 많이 본 느낌이 들지 않는가?

그렇다. 순서만 바꾸었을 뿐이지, 11장에서 소개한 몽고와 부리야트공화국의 국기에 등장했던 〈그림 16-8〉 소욤보 문양의 일부임을 알 수 있다.

즉, 위에서부터 태양, 달, 그리고 조로아스터교의 상징인 불꽃이다. 다만 소욤보 문양에서는 불꽃이 세 개였지만, 이 토기에서는 다섯 개로 그린 것만 다를 뿐이다. 처음에 필자는 이 그림을 보고 불꽃을 산 모양으로 파악했기 때문에, 선도성모 집단이 불로초를 찾으러 떠난 오신산과 관계가 있는 것으로 생각했었다. 중국 신화에 의하면, 삼신산은 원래 오신산이었는데 두 개의 산이 떠내려가고 삼신산만 남았다고 한다. 그래서 필자가 처음에는 다섯 개의 산봉우리 모양으로 파악해서 오신산으로 착각한 것이었다. 그러다가 소욤보 문양을 보고서야 이것이 오신산을 상징하는 그림이 아니라, 사실은 조로아스터교의 상징인 불꽃 문양임을 알아차리게 되었다. 그리고 이러한 불꽃 문양은 백제의 무령왕 왕관의 금제 장식품에서도 나타난다.

다음으로 용산 문화는 성자애城子崖 유적이 있는 산동성 제남의 구舊 역성현 용산진으로부터 명명된 것인데, 〈그림 16-9〉는 용산 문화 도기로서 발이 세 개 달려있기 때문에 '삼족기'라고 부르는 것이다.

필자는 혹시 한반도에서 이런 삼족기가 발굴

그림 16-9. 용산 문화 삼족기

그림 16-10. 기대(좌로부터 용산 문화, 가야 토기, 백제 토기, 출처 ; 공공누리)

된 것이 없는가하고 열심히 찾아봤는데, 원래 없어서 그런 것인지 아니면 필자가 못 찾아서 그런 것인지 모르겠지만 아직 찾지 못했다.[2] 그래서 이번에는 거꾸로 이들의 근원인 페르시아 지역에 삼족기의 흔적이 있는지 구글에서 열심히 검색해봤다. 그 결과 이런 모양의 삼족기가 기원전 10세기 페르시아 유적에서 발굴되어서 현재 스미소니언 미술관에 전시되고 있는 것을 찾을 수 있었다. 앞에서 언급했듯이 밀어서 열리지 않을 때, 반대로 당기면 열린다는 사실을 다시 한 번 깨닫는 순간이었다.

결국 중국의 용산 문화에서 자주 볼 수 있는 삼족기 역시 페르시아 출신의 선도성모 집단이 중국에 전파했던 것이다. 또한 〈그림 16-10〉의 왼쪽 역시 용산 문화의 토기[3]인데, 똑 같은 모양의 토기가 한반도에서는 백제와 가야 지역에서 발굴되었다. 차이점은 한반도와 중국에서 발굴된 기대의 위아래를 뒤집어 놓은 것뿐이다. 즉, 한반도에서 발굴된 기대는 주둥이가 넓은 쪽을 아래로 두었는데, 중국은 반대로

---

2. 세 발이 달린 그릇은 경기도 발안 지역 등지에서 발견된 바 있다.

3. 출처 : 中國 古代 酒具的 發展

주둥이가 좁은 쪽을 아래로 둔 것 외에는 똑같은 모양인 것을 알 수 있다.

이처럼 앞에서 필자가 거론한 유물들이 바로 중국 학자들이 지금까지 중화 민족의 신석기 시대 및 청동기 시대 문화라고 주장해왔던 유적지에서 발견된 선도성모 집단의 거주 흔적들이다. 혹시라도 중국 역사학자나 고고학자들이 이 책을 읽게 된다면 땅을 치고 통곡을 하고 싶은 심정이 들겠지만, 어쩌겠는가? 이것이 바로 한국과 중국 고대사의 진실인 것을 …. 혹시라도 독자 여러분들은 필자의 이런 주장에서 어떤 논리의 오류나 비약을 발견했는가?

한편 중국 사회과학원 고고연구소 출신의 유국상은 2004년 7월 24일부터 홍산 문화의 중심도시인 적봉시 적봉학원에서 열린 '제1회 홍산문화국제학술연토회'에서 1987년 내몽고에서 발견된 소하서 문화가 기원전 6500년까지 올라가는 '동북 지역에서 가장 오래된 신석기 유적'이라는 사실을 밝힌 연구 논문을 발표하였다. 소하서 문화 유적지에서 세 곳의 주거지가 발굴되었는데, 주거지는 반은 지하로 파내려간 수혈식이었다.

이러한 수혈식 주거양식은 서왕모 신화에서는 혈처로 묘사되고, 선도성모 집단이 서역에 있을 때부터 시작해서 한반도에 건너온 이후에도 계속 사용했던 주거양식인 움집을 말하는 것임을 앞에서 이미 살펴본 적이 있다. 그리고 소하서 문화의 바로 뒤를 이어 흥륭와 문화, 조보구 문화, 홍산 문화가 나타난다. 이와 관련해서 자세한 사항은 생략하고 핵심적인 내용만 살펴보자.

우선 발해 연안 북부 대릉하 유역 요녕성 건평현 우하량의 홍산 문화 시기의 여신묘에 대해서 살펴보자. 1986년 7월 24일 신화사통신은 우하량 유적에서 기원전 3500년까지 올라가는 대형제단, 여신묘, 적석총군이 발굴되었다는 소식을 전 세계를 향해 전했다. 그런데 우하량 유적이 발견된 곳은 만리장성 동쪽의 연산燕山 산맥으로부터 흘러나와 발해만 북쪽 요하 하구에 유입되는 대릉하 상류에 위치한 곳인데, 우리는 이미 앞에서 연산 오른쪽에서 가덕도에서 발견된 것과 똑같은 굴신장을 한 유골이 발견되었다는 사실을 살펴본 바 있다.

또한 필자는 이미 9장에서 파지리크 고분 기사도, 서왕모 화상석, 그리고 댄 브라운의 『다빈치 코드』에서 나오는 시온수도회, 이 세 가지 요소의 공통점은 바로 여신 혹은 대모신 숭배 신앙이라고 밝힌 바 있다. 즉, 이 책에서 각 장의 도입 부분과 본론 부분을 구분해주는 표시로 사용된 동서양에서 공통적으로 나타나는 팔메트 무늬의 기원은 메소포타미아 지역에서의 '여신 숭배 신앙'에서 비롯되었다고 밝힌 바 있으며, 이러한 여신 숭배 신앙은 홍산 문화에서도 등장한다고 언급한 바 있다. 그리고 홍산 문화에서 나타나는 여신묘와 여신상 등은 바로 앞에서 살펴봤던 여신 혹은 대모신 숭배 신앙과 관련이 있는 것이다. 결국 이제까지 소개했던 각종 유물이나 문화 등은 어느 것 하나도 따로 존재하지 않고 '여신 숭배 신앙'이라는 하나의 공통점으로 귀결되는 것을 알 수 있다.

또한 우실하의 책『동북 공정 너머 요하문명론』에 의하면 우하량 제2지점에서 3원 구조로 된 거대한 원형 제단과 방형 제단이 발굴되었다고 한다. 독자 여러분들도 지금쯤이면 〈그림 16-11〉의 3원 구조로

그림 16-11. 우하량 원형제단 추정도(출처 : 우실하)

된 거대한 원형 제단이 무엇을 의미하는지를 훤히 꿰뚫어 볼 것이니 더 이상의 설명은 생략하겠다. 혹시라도 잊은 분들은 「제3장 조로아스터교의 장례 흔적인 고인돌과 스톤헨지」 부분으로 되돌아가서 〈그림 3-5〉를 확인해보기 바란다.

다음으로 적봉시 흥륭와 문화 지역에서 발견된 옥으로 만든 귀걸이에 대해서 생각해보자. 흥륭와 문화는 그 추정시기가 기원전 6200~기원전 5200년으로 소하서 문화가 발견되기 전까지는 동북 지역에서 가장 오래된 신석기 유적으로 추정되었던 곳이다. 여기서도 중요한 유물들이 많이 발견되었는데, 그 중에 첫 번째 것은 '세계 최고의 옥 귀걸이'가 발굴되었다는 것이다. 그리고 이것 외에도 옥도끼 등 현재까지 100여 점의 옥기가 발굴되었다. 놀라운 사실은 흥륭와 유적에서 발굴된 '세계 최고의 옥 귀걸이'에 사용된 옥이 흥륭와 문화가 발견된 적봉시에서 동쪽으로 450km나 떨어져 있는 압록강에 인접한 요녕성 수암에서 나온 '수암옥'임이 밝혀졌다는 것이라고 한다.

과연 이것이 가능한 일일까? 기원전 6000년 전에 생활필수품도 아닌 단순한 장식품을 만들기 위해 450km나 떨어져 있는 곳에 가서 옥을 구해온다는 것이 가능할 것이라고 보는가? 이 책에서는 450km라고 말했지만 〈그림 16-12〉에서 보듯이 이것은 직선거리이며, 실제로 이동할 거리는 적어도 이 직선거리의 2배 이상은 잡아야 할 것이다. 게다가 편도가 아닌 왕복이기 때문에 또 다시 2배를 하면 옥을 구하기 위해 이동할 거리는 최소한

그림 16-12. 적봉-수암 직선거리(출처 : 구글 어스)

2,000km 정도이다. 이 거리는 필자가 살고 있는 경주에서 평양까지의 직선거리가 약 460km이기 때문에, 이 거리를 산 넘고 강 건너 왕복하는 것과 비슷하다.

그리고 기원전 6000년 전은 아직 말을 타고 다니던 시기가 아니다. 말이 언제 가축화되었는지에 대해서 많은 논란이 있지만, 많은 증거들에 의하면 대략 기원전 4000~기원전 3500년 경 유라시아의 초원지대에서 말이 가축화되었다는 가설이 지지된다고 한다. 결국 말이 교통수단으로 이용되기 전인 신석기 시대에 단순히 귀걸이를 만드는 원재료를 구하기 위해서 2,000km에 가까운 거리를 산 넘고 강 건너 걸어서 다녀왔다는 것인데, 독자 여러분들은 그것이 가능할 것이라고 보는가? 그것도 오늘날과 같이 도로가 닦여있는 것도 아니고, 호랑이, 늑대, 곰 등과 같은 맹수가 우글거리는 위험한 지역을 말이다.

자, 이것이 얼마나 말이 안 되는 지를 증명하기 위해 간단한 계산을 해보자. 필자가 군복무 시절에 주간행군을 할 때 1시간에 6km의 속도였다. 이 속도로 하루에 10시간을 걷는다면 60km이고, 2,000km를 가기 위해서는 한 달이 더 걸린다. 그런데 이것은 오늘날과 같이 도로가 잘 닦여져 있고 중간 중간에 식당과 숙소가 잘 구비되어 있을 때의 이야기이고, 신석기 시대에는 길 없는 길을 헤쳐 나가야 했다. 그리고 이 지역은 지금은 다소 달라졌지만, 사람이 별로 살지 않던 시절인 신석기 시대에는 숲이 빽빽하게 우거져있었을 것이다. 유럽의 경우에도 기원전후에만 하더라도 워낙 넓은 지역에 걸쳐 숲이 우거져서 그 숲을 통과한 사람이 드물었다는 기록이 있다. 그러니 그보다 더 이전인 신석기 시대에는 오죽 숲이 우거졌겠는가? 그런데 그렇게 우거진 숲을 통과해야만 했다. 과연 그것이 가능했을까?

또한 그들은 스스로 사냥이나 채집을 통해 식량을 구하고, 숙소를 마련하면서 가야했다. 비록 신석기 시대부터 경작이 이루어졌다지만, 길을 가는 도중에 농사를 지으면서 갈 수는 없었을 것이니 이때는 과일 채집과 사냥만이 가능했을 것이다. 그런데 이 요동반도 지역은 다들 잘 알다시피 우리에게도 익숙한 백두산 호랑이의 서식지이다. 당시 신석기인들은 돌도끼, 창, 활만을 가지고 길을 가다가 맹수를 만나기도 했을 것인데, 이런 우여곡절 끝에 2,000km를 다녀오려면 시간이 얼마나 걸릴지 혹은 무사히 돌아올 수는 있을지 상상이 안 된다. 따라서 그런 위험과 어려움을 무릅쓰고 단순 장식품 귀걸이 원재료인 옥을 구하러 그 먼 길을 다녀왔다는 주장은 어불성설이라고 판단된다.

마지막으로 기원전 6000년 전에 옥을 구하기 위해서 직선거리 450km를 다녀왔다는 것이 말이 안 되는 것이, 이때는 아직 나침반이 발명되지 않을 때였다. 그런데 도대체 무엇으로 방향을 잡아서 정확한 지점을 찾아갔다가 다시 자신이 사는 곳으로 돌아오느냐 말이다. 어차피 밤에는 이동하지 못했을 것이고, 낮에 하늘에 떠있는 해의 방향만으로 정확한 지점을 파악해서 직선거리 450km를 찾아갈 수 있겠는가?

그리고 위의 내용에는 적봉에 있던 사람들이 직선거리 450km가 떨어진 수암에서 옥이 난다는 사실을 우연히도 알고 있었다는 확률적으로 발생하기 힘든 가정이 추가적으로 밑바탕에 깔려 있다. 만에 하나 백번을 양보해서 왕복한 것이 아니라 압록강 유역의 수암에 거주하던 사람들이 옥을 가지고 돌아다니다가 우연히 적봉에 정착해서 홍륭와 문화를 일으켰다면, 그것은 오히려 중국의 주장과는 반대로 한반도에 거주하던 우리 조상이 적봉으로 가서 새로운 문화를 탄생시킨 것이니 홍륭와 문화는 우리 민족이 주인이 된다. 그렇지 아니한가?

따라서 필자에게는 홍륭와 유적에서 발굴된 '세계 최고의 옥 귀걸이'에 사용된 옥이, 홍륭와 문화가 발견된 적봉시에서 동쪽으로 450km나 떨어져 있는 압록강에 인접한 요녕성 수암에서 나온 수암옥임이 밝혀졌다는 것이 놀라운 사실이 아니었다. 그보다는 신석기 시대에 빙하기와 같이 목숨이 위급한 상황을 피해서 불가피하게 그 먼 거리를 이동한 것이 아니라, 단순히 귀걸이 장식품을 구하기 위해 그렇게 위험하고 먼 거리를 걸어서 다녀왔다고 주장하는 중국 학자가 있다는 사실과 또한 그런 중국 학자의 주장을 아무 의심 없이 믿는 한국 학자들이 있다는 사실이 더 놀라웠다. 이 모든 것이 기본가정을 위반한 시료에 대한 방사성탄소연대측정 결과를 한국과 중국의 학자들이 추호도 의심해보지 않고 맹신했기 때문에 생긴 일이다.

또한 홍산 문화 유물은 옥으로 만든 물건이 많기 때문에 어떤 학자는 홍산 문화를 옥기 시대라고 부르는 것을 보았다. 그런데 이 옥은 서왕모(선도성모)가 살고 있던 곤륜산 지역이 중국에서 옥으로 가장 유명했으며, 선도성모 집단이 원래 거주했던 파지리크 지역과 그들이 이동해온 한반도 곳곳에도 옥기가 발견된다. 그리고 앞에서 소개한 홍륭와 유적지에서 발견된 옥 귀걸이와 같은 모양의 옥 귀걸이가 한반도 곳곳에서 발견되었다. 2012년 7월 25일자 〈제주도민일보〉 기사에 의하면, 한국에서 옥으로 만든 귀고리가 발견된 곳은 제주 고산리를 포함해 총 7곳인데, 부산 동삼동 패총·사천 선진리 유적·강원도 고성 문암리 유적·여수 안도 패총 등으로, 모두 신석기 시대 유적지라고 한다.

그런데 앞에서 언급한 바와 같이 패총이 있는 지역은 석회암 지대이기 때문에 방사성탄소연대측정이 제대로 이루어질 수 없는 곳이다. 혹시 유적지에서 나온 유물에서 청동기와 철기가 출토되지 않아서 신석기 시대로 추정했다면, 그런 추정이 얼마나 허무맹랑한 것인지는 후속 연구서에서 다룰 「신석기·청동기·철기 시대 구분의 맹점」에서 자세히 밝히겠지만 핵심 내용만 여기서 짚고 넘어가겠다.

청동기와 철기가 출토되지 않아서 신석기 시대로 추정하는 것의 문제점을 살펴보기 위하여 형식논리학으로 접근해보겠다. 논리학이라는 것이 중고등학교 무렵 수학시간에 배운 것이라서 골치가 아플 수도 있겠지만, 내용이 그렇게 복잡하지 않으니 쉽게 이해할 수 있을 것이다. 우선 다음과 같은 첫 번째 명제에 대해서 한 번 생각해보자.

"유적지에서 철기 유물이 나오면, 그 시대는 철기 시대다."

이 명제는 더 생각할 것도 없이 무조건 참이다. 철기 유물이 나왔는데, 철기 이전 시대인 청동기 시대나 신석기 시대일 리가 없지 않은가?

문제는 두 번째 명제의 경우이다.

"유적지에서 철기 유물이 나오지 않으면, 반드시 철기 시대가 아니다."

자, 이 명제는 참인가? 아니면 거짓인가? 우리가 일반적으로 신석기 시대의 패총이니, 청동기 시대의 패총이니 하고 구분하는 것은 그 패총에서 철기가 나오지 않았기 때문일 것이다. 물론 그런데다가 방사성탄소연대측정법 결과에 의해 소위 그 시대의 대표적인 유물이 분류되었고, 그런 유물들이 그 패총에서 출토되었기 때문일 것이다. 그런데 앞에서 필자는 이미 방사성탄소연대측정법의 문제점에 대해서 지적한 바가 있다.

다시 논리학적 접근방법으로 되돌아가보자.

"유적지에서 철기 유물이 나오지 않으면, 반드시 철기 시대가 아니다"라는 앞의 명제는 참인가? 아니면 거짓인가?

이것을 형식논리학에서 확인하는 방법이 명제 "p → q이다(p이면 q이다)"를 그것의 대우인 "~q → ~p이다(q가 아니면, p도 아니다)"로 바꿔서 생각하는 간접증명법이다. 여기서 만약 "p → q이다"가 참이면, 그 대우인 "~q → ~p이다"도 역시 참이고, 반대로 "p → q이다"가 거짓이면, 그 대우인 "~q → ~p이다"도 역시 거짓이다. 기호를 사용해서 다소 복잡해 보이는데, 실제 사례를 들어보자.

"유적지에서 철기 유물이 나오지 않으면, 반드시 철기 시대가 아니다."

이 명제의 대우는 다음과 같다.

"철기 시대이면, (모든) 유적지에서 반드시 철기 유물이 나온다."

자, "철기 시대이면, (모든) 유적지에서 반드시 철기 유물이 나온다"는 이 명제가 참인가? 아니면 거짓인가? 독자 여러분들이 이해하기 쉽게, 말을 조금 바꿔보겠다.

"전기 시대에 살면, (모든) 가정집에서 반드시 전기를 사용한다."

이 말이 참인가? 아니면 거짓인가?

이해하기 쉽게 비유적인 예를 들어 보겠다. 초등학교에 입학할 무렵인 1960년대 말에 필자의 시골집은 호롱불을 사용했고, 집안에 가전제품이란 것은 하나도 없었다. 이 상태에서 가정하여 그 주변에 있던 화산이 분화해서 필자의 집을 덮어 버렸다면, 몇 백 년 후 혹은 몇 천 년 후에 고고학자들이 우연히 필자의 집을 발굴했을 때 필자의 집이 20세기 전기 시대에 살았다고 생각하겠는가?

당시 필자의 집에는 조선 시대부터 사용하고 물려받았을 조선 시대 백자기나 놋쇠 밥그릇 등이 있었다. 그리고 그런 유물들이 나오는 것을 본 고고학자들은 당연히 이 유적지에 살았던 사람들이 조선 시대 사람이겠거니 하고 생각할 것이다. 그리고 경제 사정이 좋아서 라디오와 같은 가전제품을 가지고 있던 이웃집은 전기 시대의 유적지로 판단했을 것이다. 하지만 진실은 당시에 필자 역시 20세기 전기 시대에 살았다는 것이다.

지금까지 우리나라 역사학자(혹은 고고학자)들이 유적지에서 나오는 유물을 보고 시대 구분을 한 것은 이런 식의 오류를 범한 것이다. 즉, 이처럼 같은 20세기 전기 시대인데도 불구하고 비유적으로 예를 들어 어떤 집은 철기 시대의 표지 유물인 TV를 소유하고 있고, 어떤 집은 TV는 없지만 청동기 시대의 표지 유물인 라디오를 소유하고 있고, 어떤 집은 아예 아무 것도 없는 신석기 시대에 사는 상황이 동일한 시대에 공존하고 있었던 것이다.

같은 철기(혹은 전기) 시대를 살아도 누리는 문화 수준은 이렇게 천지 차이가 있는 것이다. 이런 까닭에 한반도 내 같은 유적지에서 역사학자들의 분류에 의하면, 소위 신석기 · 청동기 · 철기 · 삼국 시대의 유물이 같이 출토되는 사례가 빈번했던 것이다. 3장에서 언급한 춘천 중도에서 고인돌과 같은 선사 시대 유적과 삼국 시대 유적이 같이 발굴되는 것도 이런 이유 때문이다.

패총의 시대 구분이나 신석기 · 청동기 · 철기 시대의 구분이란 것도 필자에게는 이것처럼 아무 의미 없는 것으로 보인다. 문제는 이런 엉터리 이론이 한국사 교과서에 수록되어서 틀린 내용으로 지금까지 학생들에게 가르치고, 평가를 해왔다는 것이다. 시대를 대표하는 유물, 예를 들면 고등학교 국사 교과서에 신석기 시대의 대표적인 토기로 거론되는 빗살무늬토기가 과연 정말로 신석기 시대의 유물이고, 청동기 시대를 대표하는 유물인 고인돌이 과연 정말로 청동기 시대에 만들어졌을까?

구석기 시대와 신석기 시대는 돌을 도구로 만드는 방법이 차이가 나기 때문에 분명히 구분되어야 할 것이다. 그러나 신석기 후기 · 청동기 · 철기 시대는 서로 다른 시기에 존재했던 것이 아니라, 같은 시기의 사람들이 문화 수준과 신분의 차이에 따라 서로 다른 재질의 도구를 사용했다는 것이 필자의 판단이다.

이와 관련하여 필자는 한 자료에서 서양의 어느 여류 역사학자가 시베리아 지역에서 출토되는 빗살무늬토기가 중국의 환발해 지역에서도 출토되는 것을 보고 서로 다른 문화권에서 우연의 일치로 똑같은 빗살무늬토기를 사용했다고 말한 것을 본 기억이 있다. 이것 역시 우연의 일치가 결코 아니었다. 파지리크 고분 시대에 시베리아 지역에서는 그때까지 빗살무늬토기를 사용했으며, 우리 선조들이 그 지역을 떠나 중국을 거쳐 한반도로 이동하던 과정에서 환발해 지역에도 그 토기들이 흔적으로 남게 된 것이었다. 그럼에도 불구하고 현재의 국사책에는 시대별 대표 유물이라고 잘못 분류해 왔고, 그것을 학생들에게 가르쳐 왔던 것이다. 참으로 통탄할 일이다.

아무튼 지금까지 앞에서 필자가 밝힌 증거들만 하더라도 옥기 시대로 불리는 홍산 문화를 포함한 중국의 주요 신석기 문화가 우리 선조들이 한반도로 이동하는 과정에서 남긴 흔적들이라는 필자의 주장이 타당하다는 것을 충분히 증명하고도 남음이 있을 것이다.

에필로그

이야기 하나_예고편

연작 드라마에서는 시청자의 관심을 끌기 위해 드라마 마지막 부분에서 항상 다음 회의 주요장면을 보여주는 예고편으로 마무리한다. 마찬가지로 필자 역시 독자 여러분들께 다음 연작물에서 다룰 한국사의 주요내용 중 일부를 제시하고자 한다.

먼저 단군신화와 관련된 부분을 소개하면 다음과 같다.

"비 구름 바람 거느리고 인간을 도우셨다는 우리 옛적"으로 시작되는 제헌절 노래 가사는 위당 정인보 선생이 작사한 것으로, 천제 환인의 아들 환웅이 풍백·우사·운사를 거느리고 하늘에서 내려왔다는 단군신화에 근거한 것이다.

이 책 전반부에서 소개한 중국의 화상석에는 단군신화에 나오는 풍백·우사·운사 중 풍백·우사와 함께 운사 대신 천둥의 신 뇌공과 주몽 신화에 나오는 강물의 신 하백이 등장한다. 그런데 천둥은 원래 먹구름 속에서 일어나는 법이니 화상석에 등장하는 뇌공이 바로 단군신화의 운사에 해당하는 것으로 파악할 수 있겠다. 〈그림 1〉은 하백을 그린 화상석인데 물고기들이 마차를 끌고 가는 것으로 마차를 탄 주인공이 하백임을 알 수 있으며, 뇌공의 경우에는 마차에 북이 실려 있는 것으로 알 수 있다.

또한 이슈타르 여신에 해당하는 페르시아 신화의 아나히타 여신에 대한 연구서인 『Anahita: Ancient Persian Goddess and Zoroastrian Yazata』에는 여신의 마차를 끄는 네 마리 말 이름이 비, 구름, 바람, 그리고 진눈깨비라고 소개되어 있다. 결국 화상석에 나타난 풍백·우사·뇌공이나, 단군신화에 등장하는 풍백·우사·운사는 모두 이슈타르 여신과 관련이 있는 것이며, 이슈타르 여신 자체가 지상에 있는 모든 물의 여신이기도 해서 주몽의 어머니 하백녀 유화부인도 이슈타르 여신과 관련이 있는 인물임을 알 수 있다.

처음에 필자는 선도성모 집단의 이주와 관련 있는 서왕모 신화에 등장하는 삼위산과 화상석에 나타나는 풍백·우사·뇌공 등의 그림, 그

그림 1. 하백 화상석(출처 : 中國畵像石全集)

리고 각저총의 씨름도에 등장하는 나무 주위의 곰과 호랑이 등 단군신화와 겹치는 모티프가 자주 나타났지만, 선도성모 집단의 이주시기와 단군신화와의 시간적 차이가 너무 컸기 때문에 단순히 선도성모 집단의 이주신화를 후대에 단군신화 기록자가 차용한 것이라고 생각했었다.

그래서 단군신화가 선도성모 집단의 이주와는 직접적인 관계가 있다고 생각하지 않았고, 이로 인해 선도성모 집단의 한반도 첫 정착지가 평양·안악 고분군이 집결해있는 대동강 유역이라고 오판했었다. 연작물 두 번째 책에서 자세히 설명하겠지만 이들의 한반도 내 첫 정착지는 단군신화의 태백산에 해당하는 묘향산 아래 평남 성천 부근으로 추정되며, 이곳은 송양의 비류국이었다가 뒤에 주몽이 이주해서 고구려의 도읍지가 된 곳이다.

그러다가 무씨사당의 화상석 내용이 단군신화를 나타내는 것이라는 김재원 박사의 책을 읽게 되었으며, 또한 단군신화에서 환웅이 3,000명의 무리를 이끌고 내려왔다는 묘향산 인근의 청천강 유역을 시발점으로 해서 평양, 황해도 아래로 선도성모 집단의 표지 유물인 검은간토기와 옹관이 밀집되어 나타나는 것을 알게 되었다. 〈그림 2〉는 각종 자료를 조사하여, 후속 연구서의 한 장인 「선도성모 집단의 한반도 이주 경로」에서 제시할 한반도 내 검은간토기와 옹관 출토 지역을 표시한 것이다. 그런데 이 그림에서 백두산 위쪽의 무산

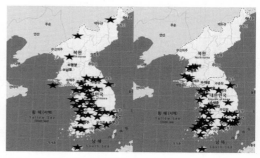

그림 2. 검은간토기(좌)와 옹관(우) 출토 지도

호곡동과 그 아래쪽의 강계 풍룡동에서 출토된 검은간토기를 제외하면, 검은간토기와 옹관의 출토 지역이 거의 겹치는 것을 알 수 있다. 즉, 단군신화에서 환웅이 무리를 이끌고 내려왔다는 청천강을 시발점으로 그 밑으로 분포되어 있는 것이다.

또한 청천강 이남의 검은간토기와 옹관 출토 분포 지역을 분석해 보면 이들 집단의 한반도 내 이동 경로를 알 수 있으며, 이 경로는 바로 중·남부 지역 철기 문화가 최소한 두 가지 통로로 유입되었다는 기존 연구 결과와 일치한다. 즉, 〈한국학중앙연구원〉에서 제공한 '철기 시대' 자료에 의하면, 한반도 중·남부 지역의 철기 문화는 육로와 해로 두 갈래로 전파되었다고 한다. 육로의 경우 대동강유역으로부터 한강유역을 거쳐 낙동강유역으로 파급되었으며, 해로의 경우 서해안과 남해안을 거쳐 동남부 지역으로 파급되었고, 이 두 계열의 문화가 낙동강 하류 지역에서는 어느 정도 혼합되는 경향을 보이고 있다고 한다. 이러한 철기 전파 경로를 〈그림 3〉은 정확하게 보여주고 있는데, 결국 한반도의 철기 시대를 선도성모 집단이 열었음을 알 수 있게 하는 대목이다.

그림 3. 검은간토기 출토 지역_철기 전파 경로

다만 〈그림 3〉에서 철원 인근-화천-양구-강릉을 잇는 경로는 북부여에서 동부여의 수도인 강릉 가섭원으로 이동하는 경로를 보여주고 있는 것이다. 동부여의 수도인 가섭원의 위치와 관련하여 단재 신채호가 『조선상고사』에서 훈춘을 가섭원으로 추정한 이후로 많은 역사학자들이 그의 견해를 쫓아 훈춘을 가섭원이라고 주장하고 있으나 이는 잘못된 견해이다. 이와 관련된 내용은 후속 연구에서 밝히도록 하겠다.

한편 〈그림 2〉에서 각종 철기가 발견된 무산 호곡동 주거유적은 패총과 관련이 있다고 하는데, 패총과 철기의 관계는 잠시 후에 소개하겠다. 그리고 풍룡동 돌널무덤에서 발견된 청동으로 만든 단추형 장식은 중국 내몽고 자치구인 오르도스 지방과 적봉 홍산 문명의 돌널무덤에서 발견된 예가 있으며, 벽옥제 옥제품들은 미누신스크 지방에서 나오고 있다.

이와 같은 사실로 보아 이 풍룡동 유적은 시베리아에서 한반도로 내려오는 요령 청동기 문화와 관계있는 유적으로 학자들은 판단하고 있는데, 오르도스 지역은 선도성모 집단이 서역에서 중국 내륙을 통해 한반도로 이동하는 도상에 위치하고 있고, 시베리아 미누신스크 지역은 월지족의 생활 터전이었던 파지리크 지역 인근의 예니세이강 동쪽 연안에 접하고 있는 곳이다. 결국 무산 호곡동과 풍룡동 돌널무덤에서 발견된 유적과 유물들도 모두 선도성모 집단과 관련이 있는 것이다.

또한 『삼국유사』의 곰과 호랑이에 대한 이야기 대신 『제왕운기』에는 손녀孫女에게 약을 먹여 사람이 되게 하여 단수신과 결혼하여 단군을 낳았다고 되어 있다. 그리고 필자가 참고한 『제왕운기』에는 단군이 "조선의 땅을 차지하여 왕이 되었고, 이런 까닭에 시라·고례·남북옥저·동북부여·예와 맥은 모두 단군이 다스리던 시대였다(據朝鮮之域爲王故尸羅高禮南北沃沮東北扶餘穢與貊皆檀君之壽也)"라고 원문이 번역되어 있다.

이 대목에서 눈여겨 볼 부분은 단군이 "한반도의 땅을 차지해서 조선을 세운 것"이 아니고, 직역하면 "조선의 땅을 근거지로 하여 왕이 되었다(據朝鮮之域爲王)"고 기록된 부분과 "시라(신라)·고례(고구려)·남북옥저·동북부여·예와 맥이 모두 단군이 다스리던 시대였다"고 기록된 부분이다. 즉, 이 부분을 있는 그대로 해석하면 단군 이전에 '이미' 조선이 있었다는 것이며, 그 조선 땅을 차지해서 왕이 되었고, 단군이 다스리던 강역은 신라·고구려·남북 옥저·동북 부여·예맥을 모두 포함한다는 것이다. 결국 우리가 지금까지 배워왔던 단군조선은 실상은 선도성모 집단이 한반도로 건너와서 가장 먼저 세운 부여(조선)를 의미하는 것이며, 이것 때문에 『환단고기』「태백일사」에서 선도성모를 부여 제실의 딸이라고 소개한 것이다.

이러한 사실들과 후속 연구서에서 자세히 설명할 단군신화와 관련된 각종 내용, 그리고 단군왕검의 유적지라고 알려진 강화도 지역의 각종 유적과 메소포타미아 문명과의 관계 등을 종합하여 볼 때, 단군신화가 바로 선도성모 집단의 한반도 이주를 묘사한 것임을 알 수 있다.

그리고 한반도 각지에서 발견되는 패총은 지금까지 역사학자들이 주장해왔듯이, 단순히 선사시대 바닷가 지역의 음식물 쓰레기 더미가 아니었다. 김해 지역의 산 위에서도 패총이 발견되기 때문에 선사시대에는 그곳까지 바닷물이 올라왔을 것이라는 주장을 하는 학자들이 있는 것을 보고 실소를 금치 못했다. 그렇다면 비슷한 시기에 그곳보다 해발이 훨씬 낮은 인근의 가덕도에서 살았던 사람들은 당시에 벌써 21세기인 오늘날에도 이루지 못하고 있는 꿈의 해저 도시를 세우고 살았단 말인가? 지식의 경계를 넓히기 위해 상상력을 발휘하는 것은 좋지만, 다른 단서들과 종합해서 합리적으로 파악하지 않으니 아무 근거가 없는 SF 소설로 흐르게 되는 것이다.

얼마 전 필자가 다녀온 김해의 패총도 야산의 밭에서 그 흔적을 발견했다. 위치를 몰라서 동네 주민들에게 물어물어 찾아갔던 야산의 밭에 흩어져 있는 패총의 흔적을 보고서는, 예전에도 산행을 하다가 비슷한 흔적을 본 기억이 떠올랐다. 그때는 그것이 패총인지도 모르고 그냥 지나쳤었는데, 야산에 흔적이 남아 있는 김해 패총을 본 후에 생각해보니 그것도 패총이었던 것이다. 그러면 바닷가는 물론이고 왜 야산에까지 패총이 존재했는가? 그 이유는 패총이란 것이 단순히 선사 시대 바닷가 지역의 음식물 쓰레기장이 아니라, 선도성모 집단이 다양한 제품을 만드는데 필요한 일종의 원자재 창고였기 때문이었다.

한 가지 예를 들자면 필자가 다녀온 〈그림 4〉의 창원 성산패총에는 야철지가 같이 있었고, 이제껏 선도성모 집단의 표지 유물 중 하나로 삼아 왔던 곡옥도 전시되어 있었다. 성산패총 외에도 야철지와 패총이 같이 발견된 곳이 한반도에서 여러 군데 있으며, 북한 지역에서도 패총에서 철을 만드는 과정에서 나오는 철 찌꺼기slag가 발견된 곳이 있는데, 이것은 우연의 일치일까? 절대 그렇지가 않다. 지금까지 누누이 말했지만 필자가 '한 민족 뿌리 찾기'와 '한국 고대사 바로 알기'의 이 연구를 진행하면서 깨달았던 것은, "한국 고대사에서 우연의 일치라는 것은 결코 없었으며 반드시 분명한 인과관계가 존재한다"는 것이었다.

그림 4. 성산패총 야철지(정면 아래)와 패총 흔적(오른쪽 벽면)

오늘날 용광로에서 철을 정련할 때는 코크스와 석회석이 사용된다. 코크스는 산소와 반응하여 일산화탄소를 만들어내는데, 일산화탄소는 환원성이 매우 큰 물질이기 때문에 산화철과 함께 있으면 산화철을 철로 환원시킨다. 이 과정을 통하여 순수한 철을 얻을 수 있기 때문에 코크스를 넣는 것이다. 또한 석회석을 넣는 이유는 석회석의 주성분인 탄산칼슘에서 나온 칼슘 산화물이 철광석의 각종 불순물과 결합해서 찌꺼기로 떨어져 나가기 때문이다. 그런데 앞에서도 밝혔듯이 조개껍질의 주성분은 탄산칼슘이다. 결국 패총에서 야철지가 같이 발견된 것은 제철작업 과정에서 조개껍질이 중화제로 필요했기 때문이었다.

고대의 제철 과정에서 탄산칼슘이 주성분인 조개껍질을 중화제로 넣었다는 사실은 필자가 조개껍질의 용도에 대하여 인터넷에서 검색한 결과와 필자가 직접 성산패총을 방문한 결과가 결합되어 파악된 것이었다. 즉, 필자는 고대 메소포타미아 지역의 산업에 대해 기술한 영국의 역사학자이자 고고학자인 Roger Moorey의 자료에서 조개껍질이 고대 메소포타미아에서 유리 제조와 같이 다양한 용도로 사용되었다는 사실에 대하여 먼저 파악했다. 그 후에 조개껍질의 주성분인 탄산칼슘의 또 다른 용도에 대해서 인터넷에서 검색하다가 탄산칼슘이 제철작업에서 중화제로 사용된다는 사실을 알았다.

그 순간 필자의 머리에는 예전에 다녀왔던 성산패총에 야철지가 같이 있었던 기억이 불현듯 떠올랐고, 조개껍질의 용도에 대해 이처럼 흩어져 있던 단서들이 하나로 연결되어 마침내 조개껍질이 고대의 제철작업에서 중화제로 사용되었음을 깨달을 수 있었던 것이다. 필자가 조개껍질의 용도에 대하여 이렇게 다양한 자료를 통하여 찾아

본 이유는 한반도에서 흔히 볼 수 있는 패총이 이제까지 역사학자들이 주장하듯이 단순히 선사시대의 바닷가 음식물 쓰레기 더미가 아닐지도 모른다고 처음부터 의심을 가졌기 때문이었다. 그래서 구글에서 'shell'과 'Mesopotamia'라는 두 단어를 이용하여 검색한 결과, 검색된 웹문서 처음에 나타난 메소포타미아의 원자재와 산업에 대하여 저술한 영국의 고고학자이자 역사학자인 Roger Moorey의 자료를 발견하게 된 것이었다.

그런데 완성된 원고를 출판사에 넘긴 며칠 후에 포항제철에서 근무한 경험이 있던 대학원 후배 황석해 박사가 제철 작업을 할 때 석회석과 함께 코크스도 용광로에 같이 넣는다는 사실을 알려줬다. 그래서 인터넷에서 제철 작업에서의 코크스의 역할을 파악한 후 그 내용을 추가적으로 덧붙인 것이다.

한편 조개껍질은 이와 같이 한 가지 용도만으로 이용된 것은 아니었다. 가장 기본적으로 한반도에서 이제껏 신석기 시대 유물로 잘못 알려져 왔던 조개 팔찌나 목걸이, 조개껍데기 가면과 같은 장식품 원료에서 시작해서, 삼국 시대 당시 유리 제조의 원재료, 나전칠기의 원재료, 그리고 5장에서 언급한 바와 같이 뿔고둥 같은 경우는 자주색 안료의 원재료로 사용되었다. 또한 인면어문분이 발견되었던 중국 앙소 문화의 무덤에서는 조개껍질을 사용해 만든 실물크기의 용과 호랑이가 발견되었다.

삼국시대 당시 유리 제조의 원재료로 조개껍질이 사용되었을 것이라는, 이러한 추측을 증명해주는 기사 자료가 2008년 3월 18일 〈연합뉴스〉 기사에 전남 나주 패총 유적에서 유리제품을 만드는 과정에서 생긴 찌꺼기인 슬래그slag가 확인됐다고 실려 있다. 이 기사는 필자가 예전에 인터넷에서 읽은 적이 있는 패총 지역에서 발견된 철 슬래그에 대한 자료를 다시 찾기 위해, '패총'과 '슬래그'라는 두 단어로 인터넷에서 검색을 하다가 찾게 된 내용이었다.

삼국시대에 조개껍질을 이용하여 직접 유리를 만들지 않았을까하는 추측은 앞에서 소개한 Roger Moorey의 자료에서 고대 메소포타미아 지역에서 모래와 조개껍질 등이 유리를 만드는 원재료로 사용되었다는 기록을 본 이후에 하게 된 것이었다. 이러한 기록을 본 후에 삼국시대의 유물로 자주 등장하는 유리 제품이 지금까지 학자들이 주장하는 것처럼 서역의 실크로드를 통하여 수입된 것이 아니라 신라에서 자체적으로 만들었지 않았을까하고 추측했던 것인데, 이러한 추측이 올바른 것이었음을 패총에서 발견된 유리 슬래그를 통하여 마침내 확인된 것이다. 그리고 조개껍질을 이용한 유리 제조에 대한 단서들을 추가적으로 파악하는 과정에서, 마침내 제철작업에 조개껍질이 사용되었다는 사실까지도 파악하게 된 것이었다.'

조개껍질은 이처럼 삼국시대 당시 다양한 용도로 사용되었던 원자재였으며, 패총은 일종의 저장 창고역할을 한 것이다. 이처럼 중요한 패총을 역사학자들은 이

그림 5. 패총 출토 지역

제껏 단순히 선사 시대의 음식물 쓰레기장으로만 파악해왔던 것이다. 그들의 상상력 부족 및 통찰력의 부재가 안타까울 뿐이며, 진실은 결국 이렇게 드러나고야 마는 법이다. 〈그림 5〉는 패총을 신석기·청동기·철기 시대로 구분하여 시대별 패총 분포를 그린 〈한국학중앙연구원〉의 자료에 강릉을 추가하여 다시 그린 것이다. 독자 여러분들은 이 그림에서 나타나는 패총의 분포도가 눈에 익지 않은가?

혹시 앞의 〈그림 2〉 검은간토기와 옹관의 분포도를 떠올렸다면 정확하게 파악한 것이다. 물론 바닷가에서 주로 발견되는 패총이기 때문에 내륙에서 발견된 검은간토기와 옹관의 분포가 빠져 있는 분포도이다. 그밖에 〈그림 2〉와의 차이점은 남한에는 강릉에 패총이 표시되지 않고, 북한에는 함경북도 지역에 패총이 여러 군데 표시되어 있다는 것이다.

이런 차이를 보이는 이유는 다음과 같다. 우선 〈한국학중앙연구원〉의 패총 분포도 자료에서 강릉에 패총이 표시되어 있지 않은 것은 오류이다. 〈한국학중앙연구원〉의 패총 분포도 그림에서 검은간토기와 옹관이 공통적으로 출토되는 바닷가 지역인 강릉에 패총이 없는 것으로 나타나서 이상하게 생각하고 확인해본 결과, 강릉에서도 패총이 발견되었다. 다음으로 무산 호곡동을 제외하고는 검은간토기가 발견되지 않은 함경북도에서 패총이 많이 분포하고 있는데, 이 지역에서는 검은간토기 대신 〈그림 6〉과 같이 붉은간토기가 다수 발견되었다.

이러한 붉은간토기는 1장에서 소개한 서양인 골격의 황석리인 유골이 발견된 황석리 고인돌군에서도 발견된 적이 있다. 그리고 필자는 그때 붉은간토기가 검은간토기와 함께 우리나라 고대국가 형성

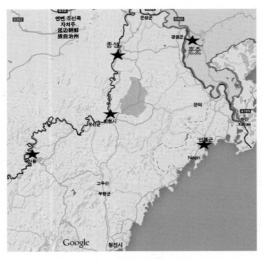

그림 6. 함경북도 붉은간토기 출토 지역

과정을 밝히는 주요 단서가 된다고 밝힌 바 있다. 즉, 〈그림 6〉에서는 청천강 이남 지역에서 집중적으로 발견되는 검은간토기 대신에 함경북도 지역에서는 붉은간토기가 주로 발견되는 것을 볼 수 있다. 이것은 동부여의 수도가 가섭원인 강릉에서 훈춘으로 이동함에 따라 생긴 현상으로서, 이들 집단이 한반도에 이주한 이후에 처음에는 검은간토기를 주로 사용하다가 나중에야 붉은간토기를 사용했다는 것을 시사한다. 특히 붉은간토기가 발견된 함경북도 지역 중에서도 무산 호곡동의 경우 검은간토기와 붉은간토기가 같이 발견되었는데, 이것이 시사하는 의미는 다음과 같다.

〈한국학중앙연구원〉의『한국민족대백과』에 실린 설명에 의하면 붉은간토기는 중국의 홍도와는 다르고, 청동기 시대의 고인돌과 돌널무덤에서 주로 발견되나 집터에서의 출토 예가 늘어나고 있으며, 남해안 지방에서는 신석기 시대 유적에서도 단丹을 바른 토기가 출토된다고 한다. 이런 까닭에 붉은간토기를 단도마연토기 혹은 적색마연토기라고도 한다. 또한『두산백과』에서는 이러한 붉은간토기가 신석기 시대부터 사용되었으며, 대체로 민무늬토기 문화의 전기에 성행하였고 검은간토기보다 선행한 토기라고 기술하고 있다.

그러나 필자가 검은간토기를 선도성모 집단의 표지 유물 중 하나로 선택한 이유는 이들 집단이 중국에서 한반도로 이동하는 경로 상에 있는 백령도와 경주 조양동에서 검은간토기가 공통적으로 발견되었기 때문이었다. 그리고 연구를 진행함에 따라 이들 집단이 원래 살고 있던 파지리크 고분에서도 수탉의 그림이 그려져 있는 검은간토기가 출토된 것을 알았다.

결국 검은간토기가 먼저 사용되었으며, 한반도에 도래한 이후에는 검은간토기와 함께 붉은간토기가 사용되었던 것이다. 그러다가 강릉에서 훈춘 지역으로 이동한 후에는 처음에는 검은간토기와 붉은간토기를 같이 사용하다가, 나중에는 붉은간토기를 주로 사용하게 된 것이다. 따라서 『두산백과』에서 기술한 것처럼 붉은간토기가 검은간토기를 선행한 것이 아니라, 검은간토기가 붉은간토기보다 선행한 토기였던 것이다.

결국 패총을 신석기·청동기·철기 시대로 구분한 것은 아무 의미 없는 짓이며, 한반도 곳곳에 패총이 생긴 것은 모두 선도성모 집단이 한반도에 도래한 이후의 일이었다. 또한 가덕도 유골 방송에서도 돌로 만든 귀걸이를 본 기억이 있는데, 그 모습은 〈그림 7〉 요하 문명 유

그림 7. 홍산 문화 우하량 출토 옥기(遼寧省考古研究所主編, 『遼寧省文物考古研究所藏文物精華』, 科學出版社, 2012年.)

그림 7-1. 사해 문화 출토 옥귀고리(國家文物局, 中華人民共和國科學技術部, 遼寧省人民政府 編, 『遼河尋根 文明溯源』, 文物出版社, 2011)

적지에서 발견된 귀걸이 형태와 꼭 같았다. 즉, 반지처럼 동그란 모양에서 한 쪽이 조금 뚫려 있는 모습이었다. 그리고 이러한 형태의 귀걸이는 강원도 고성군 죽왕면 문암리 유적에서 나온 옥 귀걸이(사적 426호)와 안도 패총의 옥 귀걸이와도 똑 같았다. 이런 모든 것들은 앞에서도 말한 바와 같이 결코 우연의 일치가 아니며, 하나의 일관된 흐름 속에서 나타나는 것이다.

그럼에도 불구하고 역사학자들은 이제까지 이 모든 것들을 따로따로 분절(分節 ; 사물을 마디로 나눔)해서 생각하고, 통합된 관점에서 파악할 생각을 못하다 보니, 마치 여러 장님이 코끼리를 더듬어서 자기 멋대로 추측하는 군맹무상의 어리석음을 범하고 만 것이다. 그리고 선도성모 집단이 경주에 터를 잡은 이유 중 하나도 경주 남산에서 나온 옥이 곤륜산에서 나온 옥과 가장 품질이 비슷했기 때문이다.

예고편이 생각 밖으로 너무 길고 자세해서 오히려 후속 연구서에 대한 독자 여러분들의 흥미를 잃게 만들지나 않았을까하는 걱정이 들기도 하는데, 이것은 필자가 다루는 한국 고대사의 비밀이 너무나 다양한 주제이며, 마치 한 편의 48부작 대하드라마 시리즈와 같기 때문이다. 한·중·일 고대사의 비밀과 관련된 다양한 이야기를 다루는 후속 연구서 역시 독자 여러분의 지적 호기심 및 흥미를 충분히 불러일으킬 것을 자신하니 독자 여러분들의 지속적인 관심을 부탁드린다.

그리고 아무쪼록 '한민족 뿌리 찾기'와 '한국 고대사 바로 알기'를 목적으로 발간한 이 책을 주변에 많이 알려주시기 바란다. 지금 현재 써져 있는 오류투성이의 한국 고대사는 반드시 바로 잡아야 하며, 그러한 작업을 더 이상 소위 전공자라는 권위 의식에 사로잡혀 진실을 눈앞에 제시해도 알아보지도 못하는 청맹과니와 같은 일부 역사학자들의 손에 맡겨 두어서는 안 된다는 것이 필자의 판단이다. 최근에 필자가 만나본 필자의 아버지뻘에 해당하는 고령의 역사 전문 모 출판사 사장님께서도 한국의 사학계는 '환골탈태'해야 한다고 강하게 비판하시는 말씀을 들었다. 필자도 그 분의 의견에 적극 동의하며, 위에서부터 스스로 알아서 문제를 바로 잡지 못하면, 반대로 아래에서부터 힘을 모아 문제를 바로 잡아가야 하는 것이다.

그런 까닭에 필자와 함께 건전한 상식을 가진 눈 밝은 독자 여러분들께서 '한민족 뿌리 찾기'와 '한국 고대사 바로 알기'에 대한 이 책의 내용을 주변 지인들에게 널리 전파를 해야 하는 것이다. 그리하여 이 시대를 살아가는 우리들이 먼저 올바른 한국 역사를 파악하고 정립해서, 우리의 후손들에게 올바른 한국 역사를 물려주는 것이야말로 이 시대를 살아가고 있는 모든 사람들의 공통된 책무라고 생각한다.

특히 중고등학교 교육 현장에서 한국사를 직접 가르치시는 국사 선생님의 역할이 중요하다고 본다. 지금까지는 비록 몰랐기 때문에 엉터리 고대사를 가르칠 수밖에 없었지만, 한국 고대사의 진실이 밝혀진 지금부터는 제대로 된 한국 역사를 가르쳐야 하며, 따라서 한국사 교과서 개편을 위하여 적극적인 목소리를 내야만 한다고 본다. 왜냐하면, 지금까지 경험한 바로는 배타적인 역사학자들은 절대 쉽게 변하지 않을 것으로 판단되기 때문이다. 따라서 실제 교육현장에서 국사 선생님들이 변화를 위해 더 큰 목소리를 내야하며, 최종적으로는 올바른 한국 역사서를 만들기 위해 한국의 교육정책을 책임지고 있는 교육부가 발 벗고 나서야만 한다고 본다.

이야기 둘_자기유사성^{self-similarity}

그림 8. 프랙털_자기유사성(출처 : 제임스 글리크, 카오스)

프랙털 이론의 창시자인 만델브로트는 혼돈스럽게 진행되는 주식시세나 다른 불규칙한 측정값(기상자료나 체온곡선 등)의 변화를 분포도로 표현했을 때 동일한 형태가 반복되는 것을 발견했다. 좀 더 자세히 관찰해본 결과, 그것은 완전한 일치가 아니라 고도의 유사성, 즉 자기유사성인 것을 알았다. 예를 들어 영국 해안선의 형태나 고사리와 같은 양치식물에는 〈그림 8〉과 같이 동일한 모양과 패턴이 반복해서 나타나는 것을 관찰할 수 있다.

만델브로트는 이런 동일 패턴을 체계적으로 탐구한 끝에 자연이 온통 그와 같은 자기유사성으로 가득 차 있음을 발견한다. 그런데 이처럼 큰 그림 속에 그것과 비슷한 구조의 작은 그림이 계속 반복되는 프랙털은 작은 그림을 계속해서 쪼개나가도 본질적으로 그 구조가 바뀌지 않는다. 그리고 이것을 뒤집어 생각해보면, 어느 한 부분을 알면 그것을 이용해서 나머지 전체를 추정할 수 있다는 것을 알 수 있다. 그 이유는 큰 그림 속에 똑 같은 모양의 작은 그림이 있고, 반대로 작은 그림 속에 자신이 나온 큰 그림의 속성이 내포되어 있기 때문이다. 이것은 마치 동일한 주제를 가지고 조금씩 바뀐 변주가 반복해서 등장하는 음악과도 같다.

필자가 박혁거세의 어머니인 선도성모를 통하여 '한민족 뿌리 찾기' 연구를 진행하면서, 어느 순간 떠올랐던 생각이 바로 만델브로트의 '자기유사성' 개념이었다. 즉, 파지리크 지역에서 서역을 통해 서안으로 이동했던 선도성모 집단이 불로초를 찾기 위해 중국 내륙과 요동 지역·한반도, 그리고 일본을 거쳐 태평양과 대서양을 건너는 큰 그림 속에서, 또한 각 지역 내에서의 불로초 찾기를 위한 끊임없는 작은 이동 그림이 있었던 것이다.

그리고 이런 자기유사성이 우리 '한민족 뿌리 찾기'에 적용되고 있다는 사실을 깨달은 순간부터는 연구가 훨씬 쉬워졌다. 앞에서 언급했다시피 이들의 행동에는 자기유사성을 가졌기 때문에 전체 그림에서 일부분의 퍼즐 조각을 찾을 수 없는 경우에도 맥락의 흐름으로 인하여 그 부분에 어떤 것이 있을지 추정이 가능했던 것이다. 그리고 서로 먼 거리에서 떨어져서 나타나는 단서들도 자기유사성 때문에 쉽게 그것들 상호간의 연관성을 파악할 수 있게 되었던 것이다.

예를 들어 한반도에 도착했던 선도성모 집단들이 끊임없이 이동한 후에 경주에 정착하고, 그 뒤에는 일본으로 건너가게 되었다. 결국 그들이 찾던 불로초를 한반도에서 찾지 못하고 일본까지 건너간 그들이 일본에서도 찾지 못했을 것은 너무나 쉽게 상상할 수 있다. 그 무렵 필자의 고민은 이들 집단이 일본으로 건너간 것은 비록 『삼국유사』의 연오랑·세오녀 설화와 『삼국사기』 신라 아달라왕 시절 기록의 행간의 의미를 통해 파악이 되었지만, 일본에서도 불로초를 찾지 못한 그들이 계속적인 탐색을 진행했느냐 혹은 포기를 했느냐를 판단하기가 어려웠다.

그러다가 고고학자 김병모의 책에서 제주도의 돌하르방과 비슷한 것이 멀리 남아메리카 대륙에서 발견되고, 앞에서도 언급했듯이 남태평양 폴리네시아 문화의 특징이 끊임없는 이동에 있다는 내용을 보고서는 깨달았다. 역시 우리 조상은 의지의 한국인(한반도인)이었음을. 그들 여행의 종착지는 일본이 아니었던 것이다. 이런 사실을 깨닫게 해준 것 역시, 우리 조상의 이주과정에서 보여준 자기유사성 개념이 었다. 그리고 이것이 바로 필자가 프롤로그에서 밝힌 한·중·일 고대사의 모든 비밀뿐만 아니라 전 세계에 흩어져 있는 거석문화의 비밀까지 밝히는 통일장 이론의 핵심이었다.

연작 연구서 중 제1권을 이제 마치면서 사족으로 덧붙일 말씀은 다음과 같다. 프롤로그에서 본 연구를 위하여 역사학·고고학·언어학·문학·문화인류학·종교학·신화학·천문학·지질학·생물학·화학·물리학·논리학 등과 같은 다양한 학문분야에서 기존에 이미 밝혀진 자료들과 필자의 적절한 추론 및 분석에 의해 각 분야에서 새롭게 밝혀진 자료들을 결합하여 정확한 해답을 본 연구서 연작물에서 제시할 것이라고 밝힌 바 있다. 그리고 지금까지 필자가 제시한 내용들을 보면 앞에서 언급한 학문 분야 중에서 어느 하나도 아무 근거 없이 거론한 것이 아님을 알 수 있을 것이다.

아무튼 필자가 이 연구를 완성할 수 있었던 것은 학부에서 독문학을 전공했고, 석·박사는 경영학을 전공하여 경영학자가 된 후 사회과학 분야에만 몰두한 것이 아니라 평소에 다양한 분야에 관심을 가지고 꾸준히 시간을 투자했기 때문일 것이다. 한국에 '융합'과 같은 개념인 '통섭(統攝; consilience)'이라는 단어를 처음 소개했던 생물학자 최재천 교수가 "우물을 깊게 파려면, 처음 시작 단계에는 넓게 파야 한다"는 내용의 글을 쓴 것을 본 적이 있다. 결국 오늘날에는 예전처럼 한 우물만 파면 성공한다는 법칙이 모든 분야에서 공통적으로 적용될 수가 없고, 분야에 따라서는 여러 우물을 파서 그 우물들을 연결해야 성공할 수 있는 그런 시절이 된 것이다.

앞에서 "오늘날의 전문가들은 그 시야가 너무나 좁다. 그리하여 현실세계를 쪼개고 또 쪼개서 퍼즐 몇 조각으로 전체 그림을 파악하려고 하니 당연히 그 결과가 맞을 리가 없는 것이다. 전체 그림을 파악하기 위해서는 쪼개고 또 쪼개는 환원주의적인 접근방법이 아니라, 전체 그림을 통합적으로 파악하는 전일주의적인 접근방법인 융합만이 그 해답이다. 진정한 지식인은 포괄적인 지식의 소유자이다"라고 말한 것도 이런 맥락에서이다.

그리고 제1권을 끝낸 이 시점에서 필자 스스로 이 책의 성격을 규정짓자면, 이 책은 단순히 우리 민족의 뿌리를 밝히는 인문역사서인 것만은 아니다. 물론 이 연구를 시작할 때의 주목적은 우리 '한민족 뿌리 찾기'와 '한국 고대사 바로 알기'였다.

하지만 후속 연구에서는 우리 선조들이 걸어왔던 길을 밝힘과 동시에, 후손인 우리들이 앞으로 어떻게 살아가야 할지 그 나아갈 방향을 같이 제시하고자 한다. 왜냐하면 우리가 역사를 배우는 이유는 단순히 과거를 아는 것에서 끝나는 것이 아니라, 과거를 제대로 이해함으로써 미래에 우리와 우리의 후손들이 나아가야 할 길을 정확하게 파악하는 것이기 때문이다. 따라서 이것과 관련된 내용들이 앞으로 나올 후속 연구서에서 우리 선조들이 걸어온 길과 함께 조금씩 언급될 것이다. 그런 까닭에 앞으로 나올 후속 연구서에 대해서도 독자 여러분들의 지속적인 관심을 기대하는 바이다.

고집불통 고대사 다시 쓰기

지은이 | 이준한
펴낸이 | 최병식
펴낸날 | 2015년 7월 15일
펴낸곳 | 주류성출판사
서울특별시 서초구 강남대로 435 (서초동 1305-5)
TEL | 02-3481-1024 (대표전화) • FAX | 02-3482-0656
www.juluesung.co.kr | juluesung@daum.net

값 15,000원
잘못된 책은 교환해 드립니다.

ISBN 978-89-6246-243-2   03910